Bildung gegen Populismus?!

Krassimir Stojanov

Bildung gegen Populismus?!

Über antidemokratische Halbbildung und ihre Alternativen

Krassimir Stojanov
Münchner Institut für philosophische Bildungsforschung und Beratung
Katholische Universität Eichstätt-Ingolstadt
Eichstätt/München, Deutschland

ISBN 978-3-658-37638-3   ISBN 978-3-658-37639-0 (eBook)
https://doi.org/10.1007/978-3-658-37639-0

Die Deutsche Nationalbibliothek verzeichnet diese Publikation in der Deutschen Nationalbibliografie; detaillierte bibliografische Daten sind im Internet über http://dnb.d-nb.de abrufbar.

Springer VS
© Der/die Herausgeber bzw. der/die Autor(en), exklusiv lizenziert an Springer Fachmedien Wiesbaden GmbH, ein Teil von Springer Nature 2022
Das Werk einschließlich aller seiner Teile ist urheberrechtlich geschützt. Jede Verwertung, die nicht ausdrücklich vom Urheberrechtsgesetz zugelassen ist, bedarf der vorherigen Zustimmung des Verlags. Das gilt insbesondere für Vervielfältigungen, Bearbeitungen, Übersetzungen, Mikroverfilmungen und die Einspeicherung und Verarbeitung in elektronischen Systemen.
Die Wiedergabe von allgemein beschreibenden Bezeichnungen, Marken, Unternehmensnamen etc. in diesem Werk bedeutet nicht, dass diese frei durch jedermann benutzt werden dürfen. Die Berechtigung zur Benutzung unterliegt, auch ohne gesonderten Hinweis hierzu, den Regeln des Markenrechts. Die Rechte des jeweiligen Zeicheninhabers sind zu beachten.
Der Verlag, die Autoren und die Herausgeber gehen davon aus, dass die Angaben und Informationen in diesem Werk zum Zeitpunkt der Veröffentlichung vollständig und korrekt sind. Weder der Verlag, noch die Autoren oder die Herausgeber übernehmen, ausdrücklich oder implizit, Gewähr für den Inhalt des Werkes, etwaige Fehler oder Äußerungen. Der Verlag bleibt im Hinblick auf geografische Zuordnungen und Gebietsbezeichnungen in veröffentlichten Karten und Institutionsadressen neutral.

Planung/Lektorat: Frank Schindler
Springer VS ist ein Imprint der eingetragenen Gesellschaft Springer Fachmedien Wiesbaden GmbH und ist ein Teil von Springer Nature.
Die Anschrift der Gesellschaft ist: Abraham-Lincoln-Str. 46, 65189 Wiesbaden, Germany

Für Sissi und Vessko

Vorwort

Wie viele andere Menschen in Deutschland war auch ich erschrocken über den rasanten Anstieg vom Rechtspopulismus nach der so genannten „Flüchtlingskrise" 2015. Da die erste Hälfte meines Lebens in einem damals totalitären Staat mit einer nationalistisch überformten kommunistischen Ideologie verlaufen ist, haben viele Phänomene, die bislang in der deutschen Öffentlichkeit so nicht präsent waren, ein unangenehmes Wiedererinnerungs-Gefühl bei mir ausgelöst: Selbsternannte Sprecher/innen des Volkes, die lautstark und aggressiv beanspruchen, seinen wahren und einheitlichen Willen unmittelbar auszudrücken und dabei jede und jeden als „Verräter" brandmarken, die oder der von diesem angeblichen Willen abweicht. Offene und öffentliche Hasstiraden gegenüber all denjenigen, die dem sogenannten „Volkskörper" fremd seien. Verdrängung von Argumenten durch allgemeine und aggressive Slogans. Persönliche Angriffe gegen alle, die versuchen, gegen diese Slogans argumentativ vorzugehen. Ungeniertes Reden von „kulturfremden Gruppen" bzw. von „fremden Kulturkreisen", die kollektiv zu Sündenböcken für alle möglichen Probleme in Deutschland gemacht werden – von Kriminalität bis zum schlechten Abschneiden des Landes in international-vergleichenden Bildungsstudien …

In der aktuellen, während des Verfassens dieses Buches entstandenen, COVID-Krise haben Positionen und Reaktionen der zahlenmäßig signifikanten Gruppe der Impfgegner/innen ein weiteres Phänomen zum Ausdruck gebracht, das Rechts- und Linkspopulismus gleichermaßen teilen: Den Glauben an eine böse globale Elite, welche die Weltbevölkerung mit der Hilfe der Mainstream-Medien manipuliert und sie zu ihrem eigenen Vorteil modelliert – einschließlich mit genetischen Mitteln. Es stellt sich heraus, dass sich dieser Glauben wohl kaum mit wissenschaftlichen Erkenntnissen oder vernünftigen Argumenten erschüttern lässt.

Diese und viele andere populistische Positionen scheinen nicht nur menschen- und demokratiefeindlich, sondern auch zutiefst irrational. Umso erstaunlicher ist es, dass viele Vertreter/innen und Anhänger/innen des Populismus über überdurchschnittlich hohe Bildungsabschlüsse verfügen. Dies ist als ein erstes Indiz dafür zu deuten, dass die in die Öffentlichkeit erst seit kurzem eingebrochenen Erscheinungsformen des Populismus auf längerfristige, auf ihnen entgegenkommende Tendenzen und Strukturen im Bildungswesen zurückverweisen.

Dieses Buch ist ein Versuch, diesen Tendenzen und Strukturen auf die Schliche zu kommen und Alternativen zu ihnen vorzuschlagen. Als Bildungs- und Sozialphilosoph gehe ich von einer Annahme aus, die für einige Forscher/innen aus anderen sozialwissenschaftlichen Disziplinen naiv erscheinen mag, die ich aber als unverzichtbar für eine nicht-reduktionistische bzw. nicht-naturaliristische Analyse der sozialen Wirklichkeit betrachte. Diese Annahme ist, dass soziale Institutionen von bestimmten Ideen geprägt werden, bzw. bestimmte Ideen verkörpern. Dementsprechend wird das institutionelle Bildungswesen entscheidend davon geprägt, was in seinem Rahmen unter „Bildung" explizit und implizit verstanden und praktiziert wird. Die Tatsache, dass das Bildungswesen nicht die Verbreitung von und die Affinität zum Populismus vorbeugt, und es in manchen Hinsichten diese Verbreitung und Affinität sogar begünstigt, muss also etwas mit der aktuell institutionell dominanten Idee von Bildung zu tun haben.

Aufgrund dieser Annahme stellen sich drei zentralen Fragen, die dieses Buch adressiert:

(1) Inwiefern und wie arbeitet das heute institutionell dominante Verständnis von Bildung mitsamt seinen Verkörperungen in Bildungspolitik und Pädagogik der Entstehung und der Verbreitung von populistischen Einstellungen zu?
(2) Wie lässt sich die humanistische und die demokratische Linie in der Geschichte des Bildungsbegriffs als Alternative zu diesem Bildungsverständnis heute aktualisieren und weiterführen?
(3) Welche Formen des pädagogischen Handelns und welche institutionelle Reformen des Bildungswesens erfordert die praktische Umsetzung des humanistisch-demokratischen Bildungsbegriffs?

Ich versuche in diesem Buch, Antworten auf diesen Fragen auf einer Sprache zu formulieren, die auch für diejenigen Leserinnen und Lesern verständlich ist, die nicht bildungstheoretisch und bildungsphilosophisch vorgebildet sind. Daher reduziere ich die Nutzung von Fachterminologie auf ein notwendiges Minimum. Aus diesem Grund musste ich Abstriche bei der Darlegung von einigen wichtigen Bezugstheorien in Kauf nehmen, hoffe aber, dass dadurch die Qualität und die

Überzeugungskraft der Argumentation des Buches nicht allzu sehr gelitten hat. Das letzte Wort darüber werden jedoch seine Leserinnen und Leser haben.

Der Vorläufer dieses Buches ist ein Aufsatz von mir mit dem Titel „Bildung gegen Populismus?", den ich 2018 in der Online-Zeitschrift *praefaktisch* veröffentlicht habe.[1] Ich bin der Redaktion dieser Zeitschrift sehr dankbar, dass sie sich mit der Nutzung eines (fast) identischen Titels für das vorliegende Buchs einverstanden erklärt hat.

Ich habe in den vergangenen drei Jahren einzelne Thesen und Argumenten dieses Buches auf verschiedenen Tagungen, Seminaren und Kolloquien vorgestellt. Für kritische Rückmeldungen zu diesen Thesen und Argumenten bin ich unter anderem Julian Culp, Johannes Drerup, Johannes Bellmann, Karin Hutflötz, Thomas Steinforth, Christopher Martin, Manuel Rühle, Miguel Zulaica, Konstantinos Masmanidis, Corinna Eich, Tobias Lensch sowie den Teilnehmer/innen an meinen Seminaren zu Persönlichkeitsbildung sowie zu Bildungsphilosophie und Politischer Theorie an der KU Eichstätt-Ingolstadt zu Dank verpflichtet. Bedanken möchte ich mich auch bei Nicole Thöne nicht nur für das Korrekturlesen des Manuskripts, sondern auch für ihre wertvollen Einschätzungen seiner Lesbarkeit. Meine wichtigste und profundeste Kritikerin und Diskussionspartnerin bei dem Verfassen dieses Buches war meine Frau Asya Markova. Sie hat mir zahlreiche wertvolle Korrektur- und Verbesserungsvorschläge zum Manuskript unterbreitet. Einige von ihnen habe ich wegen meiner Sturheit zunächst abgelehnt, um nach ein paar Tagen Nachdenken festzustellen, dass Asya doch Recht hatte. Durch ihre Unterstützung sind die Schwächen und die Unzulänglichkeiten des Buches sicherlich weniger geworden. Für den verbliebenen Rest davon trage ich die alleinige Verantwortung.

München, Deutschland Krassimir Stojanov
August 2021

---

[1] Stojanov, Krassimir (2018): Bildung gegen Populismus?, in *praefaktisch von 30.10.2018*. Online unter: https://www.praefaktisch.de/bildung/bildung-gegen-populismus/#more-776 (Letzter Zugriff am 13.08.2021).

Inhaltsverzeichnis

1 Einleitung 1

Teil I Antidemokratischer Bildungspopulismus als bedrohlicher Trend

2 **Bildung und (Rechts-)Populismus: ein Gegensatz?** 13
   Kosmopolitischer Individualismus als das Bildungsideal des
   Neuhumanismus 16
   Kosmopolitismus als Schimpfwort 20
   Deutschnationale und eurozentrische Bildungsideologien als
   Wegbereiterinnen vom Populismus 26

3 **Populismus als Ausdruck von Halbbildung** 35
   Grundzüge des Rechtspopulismus 37
   Linkspopulismus und der antiliberale Querfront 43
   Islamismus als radikale populistische Ideologie 45
   Volk und Kultur als pluralistische und dynamisch-offene Entitäten 47
   Kulturalismus als Ausdruck von Halbbildung 53
   Der Begriff der Halbbildung jenseits Adornos Elitismus 58
   Halbbildung und Halbwissen. Das Beispiel „Identität" 63

4 **Bildungspolitik und Pädagogik als Entstehungsdomänen von Kulturalismus und Populismus** 69
   Bildungspopulismus in der medialen Öffentlichkeit 71
   Das Gespenst des Migrationshintergrunds 78

"Bildungsferne" und Verdinglichung von Bildung als Mittel sozialer
und kultureller Exklusion 88

Teil II Ein Gegenentwurf – Bildung als demokratische Selbst-Verwirklichung

5 Eine notwendige Voranmerkung zum Begriff "demokratische Selbst-Verwirklichung" 95

6 Grundzüge eines freiheitlichen und demokratischen Bildungsbegriffs 97
Warum Hegel? Vorzüge eines neuhegelianischen Ansatzes zum
Bildungsbegriff 98
Die begriffliche Artikulation des Besonderen im Zusammenspiel des
Einzelnen und des Allgemeinen 101
Das Selbst als das Besondere des Individuums 105
Begriffliche Selbst-Artikulation als Bildung 107
Bildung als gegenständliche Selbst-Verwirklichung 113
Intersubjektive und soziale Quellen von Selbst-Artikulation und
Selbst-Objektivierung 116
Konsequenzen für pädagogisches Handeln 121

7 Demokratiebildung als Persönlichkeitsbildung 125
"Politische Bildung" und "Demokratiepädagogik" als notwendige,
aber nicht ausreichende Ansätze zur Demokratiebildung 127
Demokratiebildung als Persönlichkeitsbildung im inklusiven
Kontext: Das Beispiel "Derksen-Gymnasium" 133
Persönlichkeitsbildung, human flourishing und demokratische
Selbst-Verwirklichung 138
Zum Begriff der Inklusion als Grundlage für Demokratiebildung
und human flourishing 145

8 Unterwegs zur Demokratiebildung – einige Reformvorschläge 151
Auf schulische Selektion verzichten 153
Der "Migrationshintergrund" als statistische Kategorie abschaffen 159
Das erweiterte Inklusionsverständnis konsequent umsetzen 161
Praktische Philosophie als zentrales Schulfach etablieren 164
Kompetenzorientierung überdenken 168

9 Schlussbemerkung 173

Literatur 177

Einleitung 1

Als ich vor einigen Jahren an der Universität der Bundeswehr München tätig war, haben rechtsradikale studierende Offiziere die Leitung der dortigen Studentenzeitschrift übernommen und den studentischen Konvent weitgehend dominiert. Trotz ihren intensiven Bemühungen fiel es der Hochschulleitung nicht leicht, diesem Trend entgegenzutreten, da die fraglichen Studierenden ein gewisses (quasi-)intellektuelles Appeal ausstrahlten, von dem sich auch einige Professoren blenden ließen. Einige von diesen Studierenden sind später zu Führungspersönlichkeiten der berühmtberüchtigten „Identitären Bewegung" aufgestiegen. Diese gilt deshalb als verfassungsfeindlich, weil ihre Protagonisten Einwanderung als solche ablehnen und Migrantinnen und Migranten pauschal als Bedrohung für die „Identität" der Nation und ihrer Mitglieder stilisieren. Die nationale Identität wird dabei nicht etwa staatsbürgerlich-demokratisch definiert, sondern als determiniert durch eine homogene Abstammungskultur verstanden.

In dieser Situation habe ich befürchtet, dass wenn schon rechtsradikale, ethnonationalistische Positionen bei angeblich hochgebildeten Akademikern in dem Militär so viel Rückhalt finden, diese Positionen eine umso stärkere Verbreitung unter den „einfachen" Soldaten haben müssten. Ich habe diese Befürchtung gegenüber einer guten Freundin geäußert, die selbst bei der Bundeswehr gedient hatte. Sie hat mich allerdings eines Besseren gelehrt: Nach ihrer Erfahrung waren es keine einfachen Soldaten, sondern Offiziere und Unteroffiziere, die rechtsradikale bis offen nationalsozialistische Ideologien in die Truppe hineintrugen. Denn – so meine Freundin – der Einsatz für und die Verbreitung von solchen Ideologien sei mit einem gewissen intellektuellen Anspruch verbunden, sich in Politik und Geschichte auszukennen, sich also durch Bildung von der „Masse" abzuheben.

© Der/die Autor(en), exklusiv lizenziert an Springer Fachmedien
Wiesbaden GmbH, ein Teil von Springer Nature 2022
K. Stojanov, *Bildung gegen Populismus?!*,
https://doi.org/10.1007/978-3-658-37639-0_1

Aber von welcher „Bildung" ist hier eigentlich die Rede? Bei dem Nachdenken über diese Frage musste ich seltsamerweise an meine bulgarische Großmutter denken, die nie eine Schule besuchen durfte, sich dafür aber durch eine große Lebensklugheit auszeichnete. Großmutter war im ethnisch gemischten Gebiet Mazedoniens aufgewachsen und musste vor schrecklichen, ethnonationalistisch motivierten, Kriegen fliehen. Ihr war jede Form vom Nationalismus oder „Nationalstolz" auf eine natürliche Art und Weise fremd – genauso wie Vorurteile gegenüber Angehörigen anderer Ethnien oder Religionen. Damit stand sie in einem krassen Gegensatz zu vielen Vertretern der bulgarischen Inteligenzija während meiner Studienzeit in Sofia in den 1980er-Jahren, welche – genauso wie die „Identitären" heute – Menschen als Verkörperungen einer homogenen, in sich geschlossenen „Kultur" betrachteten, die sich gegenüber fremdartigen „Kulturen" behaupten muss.

Also noch mal: Welche Art von „Bildung" ist die, die in dieses dogmatische, in der Regel gegen jede Kritik und Selbstzweifel immunes Verständnis von der Determiniertheit der Menschen durch die „Kultur" ihrer Abstammungsethnie gipfelt, und dabei zu einer obsessiven Entgegensetzung zwischen „Volksgenossen" und „Fremden" führt? Welche Art von „Bildung" ist die, die sich einem Jargon bedient, der sich durch eine oberflächige und inflationäre Verwendung von scheinbar anspruchsvollen Termini wie „Identität" auszeichnet, und dabei – ganz im Gegenteil zum klassischen Bildungsbegriff – keinen Raum für individuelle Autonomie lässt? Denn diese impliziert, dass der Einzelne imstande ist, sich reflexiv und selektiv zu seiner Abstammung und Sozialisation zu beziehen und ihre jeweiligen Einschränkungen zu überwinden.

Bei der Suche nach einer Antwort auf diese Frage bin ich auf einen Begriff gestoßen, der von Theodor W. Adorno in seiner vor 60 Jahren veröffentlichten „Theorie der Halbbildung" entscheidend geprägt wurde, und der sich heute erstaunlich gut zu tiefgreifender Beschreibung von falschem und zugleich ausgrenzendem Denken und Handeln eignet. Besonders aktuell an dem hier gemeinten Begriff der Halbbildung scheint ihre Tendenz, gesellschaftliche Kräften zuzuarbeiten, die „[d]as Besondere und Einzelne samt seiner Widerstandskraft zu zertrümmern"[1] bedrohen, und zwar zugunsten einer abstrakten und amorphen Homogenität. Dadurch fördert die Halbbildung autoritäre Charaktere, die sowohl ihre eigene Individualität wie auch die Individualität ihrer Mitmenschen durch Eigen- und Fremdkollektivierung abwürgen bzw. nicht anerkennen; eine Eigen- und Fremdkollektivierung, bei der die autoritären Charaktere sich selbst und die Anderen zu Teilen von sie

---

[1] Vgl. Adorno, Theodor (1971): Erziehung zur Mündigkeit. Vorträge und Gespräche mit Helmut Becker 1959–1969 (hrsg. von Gerd Kadelbach), Frankfurt a. M. Suhrkamp, S. 91

1 Einleitung

übergreifenden und ihnen vorgegebenen quasi-natürlichen, organischen Gemeinschaften reduzieren.

Die zentrale These dieses Buches ist, dass sich diese Eigenschaften der Halbbildung heutzutage politisch am ehesten in der Ideologie des Populismus und insbesondere in dem Denkmuster des Kulturalismus ausdrücken, der als zentrales tragendes Element dieser Ideologie fungiert, und sich in der Betrachtung der Menschen als determiniert durch ihre „Herkunftskultur" äußert. Diese These ist zugleich als eine gewisse Modifizierung und Re-Aktualisierung von Adornos Theorie der Halbbildung zu verstehen: Obwohl Adorno sich an vielen Stellen detailliert mit den Phänomenen des Rechtspopulismus und Rechtsradikalismus befasste, zog er seine Theorie der Halbbildung kaum explizit bei den entsprechenden Analysen mit ein.[2] Vielleicht erschienen in seiner Zeit diese Phänomene nicht als die Gesamtgesellschaft umgreifend, und deshalb nicht als repräsentativ für ihren Bildungsstand.

Allerdings beobachten wir heute einen dermaßen rasanten Aufstieg von Rechtspopulismus unter anderem in Deutschland, sodass er zwangsläufig als ein Trend ins Zentrum von sozial- und humanwissenschaftlichen Analysen rücken muss, der sich auf keine gesellschaftlichen Randgruppen mehr beschränkt, sondern *gesamtgesellschaftliche* Schieflagen zum Ausdruck bringt. Ich bin der Ansicht, dass dieser Aufstieg nicht nur mit ökonomischen oder sozialpsychologischen Faktoren zu erklären ist. Vielmehr ist er *auch* einem Defizit in dem allgemeinen Bildungszustand der Gesellschaft verschuldet. Dieses Defizit ist nicht primär als ein quantitativer Mangel an formellen Kulturtechniken der Einzelnen wie etwa Lesen, Schreiben, Rechnen, Fremdsprachen beherrschen etc., zu verstehen. Es handelt sich hierbei eher um eine strukturelle Schieflage, die sich am ehesten eben als Verbreitung von Halbbildung bezeichnen lässt. Diese kommt in erster Linie in klischeehaften und zugleich prätentiös-narzisstischen Wirklichkeitsdeutungen zum Vorschein, die eine differenzierte Sachlichkeit im Denken und Debattieren sowie die Anerkennung von Mitmenschen als eigenständige und eigenartige Subjekte verunmöglichen.

Die Halbbildung, von der hier die Rede ist, äußert sich vor allem in kulturalistischen Zuordnungen und Kollektivierungen von menschlichen Individuen – vor allem von solchen mit so genanntem „Migrationshintergrund". Paradoxerweise kommt sie in erster Linie durch die Art und Weise zustande, wie über „Bildung" selbst und insbesondere über „bildungsfremde" und „bildungsnahe" Schichten in der breiten Öffentlichkeit diskutiert, und wie sie pädagogisch umgesetzt wird. Dies ist eine der zentralen Thesen des Buches, die sicherlich an die bekannte Behauptung

---

[2] Siehe Adorno, Theodor (2019): Aspekte des neuen Rechtsradikalismus. Ein Vortrag (mit einem Nachwort von Volker Weiß), Berlin: Suhrkamp.

Adornos erinnert, wonach Bildung in der Epoche der Kulturindustrie notwendigerweise zur Halbbildung werde.[3]

Allerdings ist Adornos Begriff der Kulturindustrie als angeblich objektive Seite von Halbbildung selbst nicht frei von Übergeneralisierungen und Hypostasierungen. Bekanntermaßen hat er in diesen Begriff sehr verschiedene kulturelle Phänomene wie Schlagermusik und Jazz, faschistische Propaganda und Hollywood-Filme reingepackt. Dabei hat Adorno emanzipative und gesellschaftskritische Potenziale nicht erkennen können, die in der Massenkultur – etwa in der Rockmusik der 1960er-Jahren – *auch* enthalten sind. Vor allem kann die kommerzielle Unterhaltungskultur nicht *alleine* für die Verbreitung von Halbbildung und die damit zusammenhängenden gesellschaftlichen Rückschritte und Fehlentwicklungen verantwortlich gemacht werden. Vielmehr wird Halbbildung – so meine These – in erster Linie durch politische, publizistische und pädagogische Diskurse über „Kultur" und „Identität" erzeugt, die in Zeitungen, Sachbüchern sowie in den sozialen Medien stattfinden. Diese Diskurse werden zwar sicherlich durch bestimmte kulturindustrielle Mechanismen beeinflusst, aber Halbbildung lässt sich nicht auf die letzteren zurückführen: Klischeehafte Etikettierungen von menschlichen Individuen als Vertreter/innen einer gewissen „Kultur" etwa sind bei weitem nicht immer kommerziell motiviert.

Dabei kommen kulturalistische und identitäre Denkmuster und Erklärungen wohl nirgendwo so klar zum Vorschein wie in den öffentlichen Diskussionen über „Bildung" selbst. Ich meine an dieser Stelle nicht nur die bereits angedeutete De-Individualisierung von Kindern und Jugendlichen „fremdkultutreller" Abstammung durch ihre kollektivierende Etikettierung als Schüler/innen mit Bildungsdefiziten bzw. als ein „Problem" für das deutsche Bildungssystem. Darüber hinaus ist in diesem Zusammenhang auf das breit verbreitete Verständnis von „Bildung" als Aneignung eines einheitlichen hochkulturellen Kanons hinzuweisen, der als Verkörperung, wenn nicht unmittelbar *der* „deutschen", so zumindest *der* „europäischen" Kultur (im Singular!) ausgedeutet wird.[4]

In diesem Buch möchte ich aufzeigen, warum dieses Verständnis von Bildung notwendigerweise zur Halbbildung führt; welche unheilvolle soziale und politische, weit über den Bereich institutionalisierter Bildung hinausreichenden Konsequenzen es hat; und warum dieses Verständnis gerade vor dem Hintergrund von

---

[3] Vgl. Adorno, Theodor (2006 (1959)): Theorie der Halbbildung, Frankfurt a. M., Suhrkamp, S. 61

[4] Zu diesem Verständnis vgl. etwa Fuhrmann, Martin (2002): Bildung. Europas kulturelle Identität. Stuttgart: Reclam, S. 65–73; auch Schwanitz, Dietrich (1999) Bildung. Alles, was man wissen muss. Frankfurt a. M.: Eichborn, S. 7 f, 397 f.

maßgebenden Klassikern der Bildungstheorie wie Humboldt, Hegel oder Dewey falsch und ausgrenzend ist. Aber das Buch versucht auch ein positives Gegenprogramm aufzuzeichnen. Zum Beginn des zweiten Teils des Buches, im *fünften* und *sechsten* Kapitel, lege ich systematisch einen sich in den vorherigen Kapiteln bereits abzeichnenden Bildungsbegriff dar, der sich an die genannten Klassiker anlehnt. Dieser Bildungsbegriff ist nicht auf die Präservation einer homogenen, in sich geschlossenen, und „Nicht-Angehörigen" ausschließenden Hochkultur ausgerichtet. Vielmehr ist er auf die Kultivierung von individueller Autonomie durch die begriffliche Selbst-Artikulation der je einzigartigen Erfahrungen, Anliegen, Lebensziele, Ideale und Werte der Einzelnen fokussiert. Die Befähigung zu dieser Selbst-Artikulation erfordert zwar die Befassung mit objektiven akademischen Inhalten, diese brauchen aber nicht kanonisiert und in einen homogenen Zusammenhang hineingepresst zu werden. Dieser Bildungsbegriff impliziert *nicht*, dass jede/r, die/der als „gebildet" gelten möchte, etwa Latein lernen *muss*. Vielmehr äußert sich das „Gebildet-Sein" vor allem in der Fähigkeit und Disposition zur möglichst präzisen und erfahrungsbezogenen Argumentation, zur Ausbildung und Kommunikation von eigenen Lebensprojekten und -idealen auf der Grundlage eines tiefgreifenden Verständnisses sozialer Zusammenhänge, sowie zum intelligenten und differenzierenden Handeln. Dieses „Gebildet-Sein" kann grundsätzlich von jedem Menschen erreicht werden, solange er oder sie nicht zum Gegenstand von ausschließenden Stigmatisierungen gemacht worden ist, so wie sie etwa in der Floskel der „Bildungsferne" durchsickern.

Der so skizzierte erfahrungsbezogene Bildungsbegriff, der auf soziale Selbstverwirklichung heterogener Individuen ausgerichtet ist, wird in diesem Buch allerdings zuerst *ex negatio* entwickelt. Er wird zunächst als Ausweg aus und als Antipode zur demokratiefeindlichen Halbbildung konzipiert. Diese wird in ihren heute zentralen Erscheinungsformen des Populismus und des Kulturalismus sowie in ihren Ursprüngen in dem traditionalistisch-elitären Bildungsverständnis in den ersten drei Kapiteln dargelegt. Im *zweiten* Kapitel widme ich mich dem Umstand, dass die herkömmliche Annahme, dass die Akzeptanz zur liberalen Demokratie mit einem höheren Bildungsstand des Einzelnen wächst, heute stark ins Wanken geraten ist. Viele Vertreter/innen rechtspopulistischer Parteien und Gruppierungen zeichnen sich durch hohe formelle Bildung aus, wobei manche dieser Parteien und Gruppierungen eine überdurchschnittliche Anzahl von promovierten „Vollakademikern" aufweisen. Dies ist m. E. als ein Indiz dafür zu deuten, dass formelle, institutionalisierte Bildung nicht unbedingt mit den normativen Grundvoraussetzungen einer offenen demokratischen Gesellschaft übereinstimmt. Offenbar kann formelle „Bildung", so wie sie traditionell an Schulen und Hochschulen betrieben wird, diesen Voraussetzungen vielfach zuwiderlaufen. Schließlich hatten und haben weite Teile des deutschen Bildungsbürgertums geschichtlich ein angespanntes bis offen feindseliges Verhältnis zur Demokratie. Der kosmopolitisch-individualistischen Ausrichtung des klassischen humanistischen Bildungsbegriffs setzt sich eine nicht weniger wirkungsvolle völkische Traditionslinie seiner Auslegung, die sich breite Teile ebendieses Bildungsbürgertums zu eigen gemacht haben.

Das *dritte* Kapitel beginnt mit einer systematisierenden Darlegung der inzwischen gut erforschten Haupteigenschaften vom Populismus. Es wird aufgezeigt, dass sich dieser vor allem durch einen individualitätsfeindlichen Anti-Pluralismus auszeichnet. Er kommt in erster Linie in die Konstruktion vom „Volk" als eine organische Einheit, als eine homogene Entität mit einheitlichem kollektivem Willen zum Ausdruck. Nicht die Staatsbürgerschaft mit ihren individuellen Bürgerrechten definiert nach populistischer Auffassung die Zugehörigkeit zum Volk, sondern geteilte quasi-natürliche, vor-politische Eigenschaften – letztlich die ethnische Herkunft. Populisten gehen davon aus, dass die gemeinsame Abstammung ein natürliches Band darstellt, auf dessen Basis sich ein Kollektivbewusstsein einstellt. Gerade weil dieses als natürlich fundiert angesehen wird, erscheint es keineswegs als Ergebnis von Deliberationen, Auseinandersetzungen, oder Aushandlungen von interessen- oder wertebasierten Positionen von und zwischen autonomen Individuen. Vielmehr konsolidiert sich das Kollektivbewusstsein der Volksgenossen, zu dem die Populisten einen direkten Zugang zu haben beanspruchen, durch eine Abschottung nach außen und durch die Identifizierung und Bekämpfung von Feinden, die angeblich die Integrität des „Volkskörpers" bedrohen.

Diese Eigenschaften des Populismus lassen sich als Ausdrucksformen dessen begreifen, was Hegel als „abstraktes Denken" bezeichnete. „Abstraktes Denken" im hegelschen Sinne ist keineswegs etwas Positives, vielmehr lässt es sich als typisches Anzeichen für Halbbildung deuten. Es besteht durch das beschneidende Hineinstecken von individuellen Menschen und konkreten Sachverhalten in generalisierende und vorurteilsbehaftete Denkschemata. Dabei abstrahiert man von der jeweiligen Besonderheit der Individuen oder der Sachverhalte. So z. B. bleibt der oder die Halb-Gebildete in seinem oder ihrem Denken bei dem an sich nicht falschen Postulat stehen, dass Menschen durch die kulturellen Umgebungen, in denen sie aufgewachsen und sozialisiert worden sind, in ihrem Denken und Handeln beeinflusst werden. Er oder sie ignoriert jedoch die weiterführende Erkenntnis, dass erstens diese kulturellen Umgebungen in sich heterogen und oft widersprüchlich sind, sowie dass, zweitens, Einzelmenschen ihre je individuellen Weisen entwickeln, mit kulturellen Einflüssen umzugehen und sie reflexiv und selektiv in ihrem Denken und Handeln zu transformieren. Im Übrigen hängt die Art und Weise, wie das Individuum sich zur eigenen „Herkunftskultur" positioniert, entscheidend davon ab, ob es Anerkennung für sein Autonomiepotenzial durch seine Mitmenschen

1 Einleitung

sowie durch die gesellschaftlichen Institutionen erfährt, oder nicht. Wenn das Individuum etwa dauerhaft als eine Person adressiert wird, die „kulturell andersartig" ist, und nicht (vollständig) „dazu gehört", dann wird es dazu tendieren, sich an seine „Herkunftskultur" zu klammern, sich mit ihr zu identifizieren, sie hochzustilisieren.

Im *vierten* Kapitel stehen kulturalistisch ausgerichtete Formen des abstrakten Denkens im Fokus, welche sich ausgerechnet in den politischen und pädagogischen Diskursen über schulische Bildung besonders stark ausbreiten. Diesbezüglich ist zunächst auf den bemerkenswerten Umstand hinzuweisen, dass jedem und jeder hohe öffentliche Aufmerksamkeit garantiert ist, der oder die behauptet, „Klartext" über problematische „Mentalitäten" von Schüler/innen aus „bestimmten Kulturkreisen" reden zu können. Dies geschieht erstaunlicherweise auch dann, wenn dieser „Klartext" aus recht abstrusen Behauptungen besteht – so wie etwa der Anspruch einer prominent gewordenen einschlägigen Autorin, die kulturellen Einstellungen muslimischer und „südländischer" Schüler/innen zu kennen, weil sie unter anderem für einige Jahre auf einer Insel in Griechenland gelebt habe.[5] Solche Diskursfiguren tragen nicht nur zu dem empirisch vielfach belegten Umstand bei, dass Schüler/innen „mit Migrationshintergrund" durch eine kollektivierende und defizitäre Optik betrachtet werden, und dass sie dementsprechend schlechtere Benotungen und Übertrittempfehlungen bei gleichen Leistungen wie die Schüler/innen „ohne" erhalten. Darüber hinaus generieren diese Figuren eine allgemeine, über die Bildungsdiskurse weit hinausreichende Vorstellung von der kulturellen Determiniertheit von Menschen und von fixen „kulturellen Differenzen", welche auf Herkunft und Abstammung zurückgeführt werden. Diese Vorstellung ist vielleicht der wichtigste Nährboden für Populismus im oben skizzierten Sinne.

Der Umstand, dass diese Vorstellung von kultureller Determiniertheit des Einzelnen und von herkunftsbasierten „kulturellen Differenzen" viel stärker in den Domänen der Bildungspolitik und Pädagogik als etwa in denjenigen von Wirtschaft, Kunst oder Sport hervorgebracht wird, legt es nahe, dass diese Vorstellung wesentlich mit institutionell vorherrschenden Vorstellungen von Bildung zusammenhängen muss. Dieser Zusammenhang wird ebenfalls im dritten Kapitel herausgearbeitet. Ich lege hier dar, dass das Verständnis von Bildung als Weitergabe eines tradierten hochkulturellen Kanons, dessen angeblichen „Verfalls" von manchen einflussreichen Bildungspublizisten bitter beklagt wird, eine zentrale Quelle für die Modellierung von „Herkunft" und „Kultur" als diskriminierende Ideologiekonstrukte ist. Hierzu lässt sich einmal mehr mit Adorno festhalten, dass eine zum

---

[5] Vgl. Freimuth, Ingrid (2018): Lehrer über dem Limit. Warum die Integration scheitert, München: Europa Verlag, S. 11

Bildungsfetisch gemachte, von den sozialen Verhältnissen abstrahierte Hochkultur bereits an sich Halbbildung hervorbringt. Dies ist zum einen deshalb der Fall, weil die Fetischisierung von Hochkultur eine kritische Reflektion über ihre soziale Genese und ihre sozialen Funktionen, sowie über die lebensweltliche Relevanz ihrer Inhalte unterbindet. Die Reflexion über Sinn und Funktionen von kulturellen Inhalten und Geltungen ist aber eine notwendige Voraussetzung „vollständiger" Bildung. Zum anderen wird der hochkulturelle Kanon insofern zur Ware, als sein Erwerb durch den Einzelnen ihm einen privilegierten Status zu sichern verspricht. Es liegt auf der Hand, dass der vermeintliche Wertverlust dieser Ware im Zeitalter von Studien wie PISA, die eine Umorientierung von kanonisierten Bildungsinhalten auf Kompetenzen nahelegen, Abstiegsängste bei Großteilen des Bildungsbürgertums auslösen musste. Dies könnte einige ihrer Vertreter in der Tat dazu veranlasst haben, direkt nach den rassistischen Ausgrenzungsmechanismen des Rechtspopulismus zu greifen, um ihre privilegierte Stellung gegenüber angeblich „bildungsfernen" Schichten aufrechtzuerhalten.[6]

Das zweite, das „positive" Teil des Buches beginnt mit einer kurzen aber notwendigen Voranmerkung zu oft missverständlichem Begriff „demokratische Selbstverwirklichung". Diese Voranmerkung mach das *fünfte* Kapitel aus. Im darauffolgenden, *sechsten* Kapitel lege ich den bereits oben angesprochenen alternativen, demokratischen und inklusiven Bildungsbegriff als Gegenentwurf zu den populistischen und kulturkonservativen Bildungsvorstellungen dar. Im nächsten, *siebten* Kapitel diskutiere ich einige konkrete pädagogische Ansätze für die praktische Verwirklichung wesentlicher Elemente dieses Begriffs. Dies soll zeigen, dass er nicht eine pure theoretische, realitätsferne Konstruktion ist. Generell gesprochen ist die Botschaft dieses Kapitels, dass demokratische Bildung letztendlich als Persönlichkeitsbildung zu verstehen ist, dessen Kern die Entwicklung der Fähigkeit zur oben erwähnten begrifflichen Selbst-Artikulation des Individuums ist. Daher gilt es, sie ins Fokus pädagogischen Handelns zu rücken. Begriffliche Selbst-Artikulation führt zur Herausbildung einer souveränen, in sich kohärenten und zugleich entwicklungsfähigen Persönlichkeit, die sich durch Partizipation an gleichberechtigter demokratischer Kooperation und demokratischer Willensbildung verwirklicht; Kooperation und Willensbildung, die die wechselseitige Anerkennung

---

[6] Wie Cornelia Koppetsch darlegt, rekrutieren sich viele (wenn auch bei weitem nicht alle) Anhänger vom Rechtspopulismus aus der konservativen Oberschicht. Diese propagiert nach Koppetsch eine starre soziale Hierarchie, an deren Spitze sie selbst steht, und zu deren höheren Positionen Migrant/innen grundsätzlich keinen Zugang haben könnten, weil sie über eine unterdurchschnittliche Bildungsfähigkeit verfügen würden. (vgl. Koppetsch, Cornelia (2019): Die Gesellschaft des Zorns. Rechtspopulismus im globalen Zeitalter, Bielefeld: Transkript, S. 138)

1 Einleitung

der Beteiligten als individuelle und zugleich aneinander angewiesene Subjekte verkörpert.

Schließlich diskutiere ich im letzten, *achten*, Kapitel die allgemeine Frage, welche bildungspolitischen und pädagogischen Reformen der in den vorherigen Kapiteln rekonstruierte demokratisch-inklusive Bildungsbegriff impliziert. Solche Reformen sollen unter anderem bewirken, dass Bildungspolitik und Pädagogik die Verbreitung von Populismus zumindest nicht weiter direkt oder indirekt unterstützen und verstärken. Diesbezüglich stelle ich die These auf, dass in erster Linie strukturelle Veränderungen vonnöten sind, die Fremd- und Selbstkulturalisierungen im Bereich der institutionellen Bildung verhindern. Dazu gehören neben der Abschaffung des „Migrationshintergrunds" als bildungsbezogene Kategorie und als Gegenstand von Bildungsstatistiken, auch ein konsequenter Verzicht auf schulische Selektion, welche vielfach ethnisch gefärbt ist. Dazu gehört auch die Betrachtung und Behandlung von Heterogenität und Diversität als bildungsfördernde Ressourcen, anstatt wie bisher als Hindernisse. Dazu gehört auch die Etablierung einer *alle* Schüler/innen miteinbeziehende Vermittlung zwischen ihren individuell-lebensweltlichen Erfahrungen bzw. Perspektiven und begrifflichen akademischen Inhalten als explizites Ziel formeller Bildung; Inhalte, die zwar in ihren objektiven logischen Zusammenhängen darzulegen, aber nicht zu kanonisieren sind. Ich werde in diesem Zusammenhang auch einige Überlegungen darüber aufstellen, welche Fächerumstellungen und Revisionen von Unterrichtszielen diese Vermittlung besser als bisher gelingen lassen können.

Dies sind nur einige der hinfälligen Reformen, die konsequent umzusetzen sind, wenn Generierung und Verbreitung von Halbbildung durch das Bildungssystem unterbunden werden, und wenn es zur Selbstverwirklichung der Einzelnen durch ihre aktive Beteiligung an Demokratie *als Lebensform* vorbereiten soll. Diese zeichnet sich nach John Dewey als der vielleicht wichtigste Theoretiker demokratischer Bildung in der Moderne durch Diversität, durch das Abreißen der Barrieren zwischen sozialen Schichten, Ethnien und „Kulturen" aus.[7]

---

[7] Vgl. Dewey, John (1916): Democracy and Education: An Introduction to the Philosophy of Education, New York. The Macmillan Company, S. 82 f.

Teil I
Antidemokratischer Bildungspopulismus als bedrohlicher Trend

Die Ausführungen in diesem Teil handeln direkt oder indirekt vom Bildungspopulismus in einem doppelten Sinne: Es geht hierbei, erstens, um einen „gebildeten" Populismus, also um einen Populismus, der von Akteuren produziert und verbreitet wird, die über gute formelle Bildung verfügen und ausgeprägte Bildungsaspirationen aufweisen. Viele von diesen Akteuren stammen aus einem Milieu, das man für gewöhnlich als „konservatives Bildungsbürgertum" bezeichnet. Zweitens meine ich mit „Bildungspopulismus" die Verbreitung von populistischen Positionen und Ideologien in Bildungspolitik und Pädagogik. Es gibt kaum einen anderern Bereich, der so stark von Populismus geprägt ist, als derjenige der institutionalisierten (Schul-)Bildung. Wie ich in den folgenden Überlegungen zu zeigen versuchen werde, fungiert dieser Bereich vielmals als eine Art Brutstätte für populistische Ideologien, die sich von dort aus in die gesamte Gesellschaft verbreiten.

2 Bildung und (Rechts-)Populismus: ein Gegensatz?

Lange Zeit ist man davon ausgegangen, dass die krude Ablehnung von Andersheit und Pluralität, die Rechtspopulismus und Rechtsextremismus auszeichnet, vor allem Ergebnis einer mangelhaften Bildung sei. In der Tat, geht Bildung nicht mit der Entstehung von Weltoffenheit und mit der Entwicklung eines differenzierten Denkens zusammen, das sich groben Vereinfachungen widersetzt, welche für (rechts-) populistische Ideologien charakteristisch sind? Und führt Bildung nicht zu einer Aufgeklärtheit und Souveränität des Einzelnen, die ihn gegen diffuse Ängste oder gar blinden Hass immun machen sollte – also gegen Gefühle, die betroffene Menschen anfällig für diese Ideologien machen? Mit anderen Worten, hängt Bildung nicht mit der Entwicklung einer inneren Liberalität zusammen, die Menschen erst zu echten Demokraten macht?

Allerdings, wie Volker Weiß überzeugend nachweist, der zu Recht als einer der profundesten Kenner der rechtspopulistischen und rechtsextremen Szenen in Deutschland gilt, sind gegenwärtig Teile des Bildungsbürgertums für völkisch-nationalistische bis ausgesprochen faschistische Positionen offen. Die Synthese zwischen Bildungselite und liberaler Demokratie, die für die Bundesrepublik seit den 1960er-Jahren prägend war, ist nach Weiß aktuell massiv bedroht.[1]

Und in der Tat verfügen heute viele der Vertreter/innen und Anhänger/innen rechtspopulistischer Ideologien über hohe formelle Bildung. So weist die Bundestagsfraktion der AfD, die derzeit durchaus die wichtigste politische Sammelplattform dieser Ideologien ist, einen überproportional hohen (nach einigen Berechnungen sogar den höchsten) Anteil von promovierten und habilitierten Abgeordneten

---

[1] Weiß, Volker: Nachwort, in Adorno 2019, a. a. O., S. 86 f.

auf.² Unter anderem ist einer der Chef-Ideologen dieser Partei, Marc Jongen, promovierter Philosoph, der für mehrere Jahre im akademischen Betrieb tätig war, und zwar als Assistent von Peter Sloterdijk, welcher in den Fachkreisen zwar umstritten, dafür aber umso populärer in der breiten Öffentlichkeit war und ist. Jongen trägt regelmäßig dezidiert völkische Positionen in der Öffentlichkeit vor. Er stilisiert kollektive Wut und „Wehrhaftigkeit" gegen fremde Kulturen als politische Tugenden hoch. Er diagnostiziert eine kollektive „Thymos-Schwäche" (also ein Mangel an Wut und Zorn) des deutschen Volkes, die es wehrlos mache gegen die vielen islamischen Einwanderer, welche „robustere Naturellen" seien. Daher sollte eine „neodarwinistische Kulturtheorie" erarbeitet werden, die der Stärkung von „Familie, Volk und Kirche" in ihrem traditionellen, vor-modernen Verständnis dient.³

Diese grob naturalisierenden Konstruktionen von Kultur und Tradition, die sich beide immanenter Kritik und rationaler Reflexion entziehen, scheinen dem Gebildet-Sein diametral entgegengesetzt zu sein, so wie es Peter Bieri in einem berühmten und viel zitierten Essay beschrieben hat.⁴ Ein zentrales Merkmal des Gebildet-Seins ist nach Bieri nämlich das Bewusstsein der historischen Kontingenz der eigenen Kultur sowie die Fähigkeit, sie „[a]us einer gewissen Distanz heraus zu betrachten und ihr gegenüber eine ironische und spielerische Einstellung einzunehmen".⁵ Die Lebensform, in die man „zufällig hineingewachsen" ist, als überlegen zu postulieren und nicht das Bedürfnis zu entwickeln, die Selbstbilder bzw. die Identifikationen, die diese Lebensform bereitstellt, kritisch und rational danach zu überprüfen, ob sie zu einem Selbst passen, sei demnach als ein genuines Zeichen von Unbildung zu sehen.⁶ Ein weiteres Merkmal des Gebildet-Seins, das dem Idealtypus des Wutbürgers konträr ist, der von Rechtspopulisten wie Jongen hochstilisiert wird, ist eine emotionale Intelligenz, die Gefühle ent-naturalisiert und kultiviert, und zu einem differenzierten Empfindungsvermögen des Indi-

---

²Vgl. Anzlinger, Jana/Ciesielski, Rebecca/Zajonz Moritz (2017): Das sind Deutschlands Volksvertreter, in *Süddeutsche Zeitung vom 23. Oktober 2017*, Online unter https://www.sueddeutsche.de/politik/neuer-bundestag-das-sind-deutschlands-volksvertreter-1.3720219 (Letzter Zugriff am 14.09.2019).

³Vgl. Bender, Justus und Bingener, Reinhard (2016): Der Parteiphilosoph der AfD, in *FAZ von 15.01.2016* (http://www.faz.net/aktuell/politik/inland/marc-jongen-ist-afd-politiker--und-philosoph-14005731.html (Letzter Zugriff am 14.09.2019).

⁴Bieri, Peter (2005): Wie wäre es, gebildet zu sein? Online unter http://www.forum-allgemeinbildung.ch/files/Wie_waere_es_gebildet_zu_sein.pdf) (Letzter Zugriff am 22.09.2019).

⁵Ebd., S. 3.

⁶Ebd., S. 3.

2 Bildung und (Rechts-)Populismus: ein Gegensatz?

viduums führt. Dazu gehört die Entwicklung von Empathiefähigkeit als Grundlage für Toleranz.[7] Generell bedeutet Bildung für Bieri Aufklärung über sich selbst und über die Welt, die stets die Triftigkeit der eigenen Überzeugungen und ihre Gründe überprüft.[8]

Allerdings setzt sich diesem weit verbreiteten Verständnis von Bildung als Aufklärung und rationaler Selbstbestimmung des Einzelnen eine historisch nicht minder wirkungsmächtige anti-aufklärerische Vorstellung von Bildung entgegen. Demnach ist diese als Präservation und Weitergabe von partikularen nationalkulturellen Traditionen zu verstehen, die nicht zur Disposition für rational-argumentative Bewertungen und individuelle Wahlentscheidungen stehen. Diese Vorstellung findet in Adornos bekannter Formulierung Einklang, dass Bildung herkömmlicherweise als „Kultur nach der Seite ihrer subjektiven Zueignung" verstanden wird (und dass in diesem Verständnis bereits die Reduktion von Bildung zur Halbbildung angelegt sei).[9] Dabei wird unter „Kultur" vorwiegend ein System von naturwüchsigen Selbstverständlichkeiten, Sitten und Gebräuchen verstanden, die von den Angehörigen einer partikularen Sprach- und Schicksalsgemeinschaft geteilt und gelebt werden. Diese Selbstverständlichkeiten, Sitten und Gebräuche binden die Angehörigen an sich ausschließlich emotional; sie entziehen sich einem rational-argumentativen Zugang und lassen eine kritisch-objektivierende Distanz zu sich im Sinne Bieris nicht zu. Eine solche Distanz würde ja nur zur „Thymos-Schwäche", die Jongen dem deutschen Volke zuschreibt, also zur Gefährdung der inneren Kraft dieser Gemeinschaft führen, deren Fortbestand und Stärkung gerade durch Bildung gewährleistet werden soll. Nach diesem Verständnis steht „Bildung" vor allem für die Besonderheit des kollektiven „Deutschen Geistes". Dieser wird als eine Totalität portraitiert, welche sich in ihrer Innerlichkeit über den westlichen Utilitarismus und „Demokratismus" erhebt, und welche für Ausstehende kaum zugänglich ist.

Im Folgenden möchte ich diese zwei entgegengesetzten Vorstellungen von Bildung näher erläutern. Dabei möchte ich auch auf den erstaunlichen Umstand eingehen, dass obwohl die letztere, die kulturalistisch-völkische Vorstellung von Bildung gewissermaßen als Pervertierung des ersteren, individualistisch-kosmopolitischen Verständnisses erscheint, diese Vorstellung bis heute eine viel stärkere Wirkungsmacht in Politik und Pädagogik als das erwähnte Verständnis besitzt.

---

[7] Ebd., S. 9.
[8] Ebd, S. 1 f.
[9] Adorno, Theodor (2006 (1959)): Theorie der Halbbildung, Frankfurt a. M., Suhrkamp, S. 9.

Kosmopolitischer Individualismus als das Bildungsideal des Neuhumanismus

In seinem berühmten bildungsphilosophischen Klassiker „Demokratie und Bildung" zeigt John Dewey auf, dass bevor Bildung als Mittel zur Integration der Einzelnen in den Nationalstaat, verstanden als eine ihnen übergeordnete Instanz, zuerst in Deutschland ab dem 19. Jahrhundert funktionalisiert, sie individualistisch und zugleich kosmopolitisch durch die vorherige neuhumanistische Philosophie und Bildungstheorie konzipiert wurde.[10] Die individualistische Komponente dieses Verständnisses bestand in der Vorstellung, dass Bildung nicht primär Staat, Gemeinschaft, oder Fortbestand von Traditionen dienen soll, sondern der Perfektionierung des menschlichen Individuums. Die kosmopolitische Komponente äußert sich wiederum in der Vorstellung, dass die individuelle Perfektionierung alle Menschen *als Menschen* umfassen soll. Dies soll dazu führen, dass sie eine universelle und freie Gemeinschaft der gesamten Menschheit bilden.

Dieses individualistisch-kosmopolitische Verständnis von Bildung ist nirgendwo so stark ausgeprägt wie im Werk Wilhelm von Humboldts. Er ist bis heute als Hauptbezugsperson immer dann explizit oder implizit präsent, wenn von „Bildung" die Rede ist. Diejenigen, die den Eigenwert eines klassischen Bildungskanons und den Selbstzweck seiner Aneignung durch die jüngeren Generationen gegen das verteidigen, was sie als Massenmachung, Instrumentalisierung, oder Ökonomisierung von Bildung im Zeitalter der Globalisierung begreifen, berufen sich regelmäßig auf Humboldt. Während dessen erklären ihn einige eifrige „Bildungsmodernisierer" für „tot".

Dabei übersehen die einen, wie die anderen, wie aktuell und zukunftsweisend die Gedanken Humboldts heute sind, und wie wenig sie für die Mobilisierung einer kulturkonservativen Reaktion in der Bildungspolitik geeignet sind. Diese Gedanken lassen sich nämlich als eine genuine bildungstheoretische Flankierung der Bewegung hin zu einer Weltgesellschaft, der Globalisierung verstehen. Nach Humboldt ist das übergeordnete Ziel von Bildung, dass der Einzelne dem „Begriff der Menschheit" in seiner eigenen Person so viel Inhalt wie möglich verschafft, dass er diesen Begriff verwirklicht. Und dieses Ziel lasse sich „[a]llein durch die Verknüpfung unsercn Ichs mit der Welt zu der allgemeinsten, regesten und freiesten Wechselwirkung" erreichen.[11] Denn nur die Interaktion mit dem unendlichen Reichtum

---

[10] Vgl. Dewey (1916): S. 91–99.
[11] Humboldt, Wilhelm von (1980): Theorie der Bildung des Menschen. In: Flitner, Andreas/ Giel, Klaus (Hg.): Wilhelm von Humboldt. Werke in fünf Bänden. Bd. 1. Darmstadt: Wissenschaftliche Buchgesellschaft, S. 234–240, S. 235 f.

der Welt und zugleich mit ihrer Ganzheit kann den Mensch dazu in Stande versetzen, seine „inneren Kräfte", d. h. sein Denkvermögen, seine Fantasie- und Einfühlungsfähigkeiten, sein Gestaltungswille, sein Erfahrungsschatz, zu einem größtmöglichen Maximum zu entwickeln. Genau in dieser Entwicklung hin zur Perfektion des Individuums verkörpert sich der oben erwähnte, neuhumanistische „Begriff der Menschheit". Nach diesem Begriff zeichnet sich die von Humboldt universalistisch gedachte menschliche Natur durch das unaufhörliche Bestreben jedes Einzelnen nach seiner oder ihrer „inneren Verbesserung und der Veredlung". Sie ist zwar als Selbstweck zu verstehen, aber sie ist nur durch den Umweg des „[V]orstellens und des Bearbeitens von etwas möglich [ist], dessen eigentlich unterscheidendes Merkmal es ist, NichtMensch, d.i. Welt zu sein ...".[12]

Die Ausführungen in Humboldts „Theorie der Bildung des Menschen", die hier zitiert wird, lassen keinen Zweifel daran, dass er die Welt gerade *nicht* als die partikulare Umwelt des Einzelnen versteht, und dass nach ihm die Bildung *nicht* in den Inhalten und Ansichten einer spezifischen Nationalkultur zentriert ist – wie dies weit verbreitete Lesarten der Humboldtschen Bildungskonzeption nahelegen. Vielmehr bezeichnet er die Welt als die „Allheit" und die „Einheit" aller Gegenstände und Wesen. Zugleich zeichnet sich die Welt durch eine „Mannigfaltigkeit der Ansichten" aus, die auf sie gerichtet sind, und die sie je unterschiedlich und nur bruchstückhaft erfassen.[13]

Humboldt ist sich vollkommen bewusst, dass seine Vorstellung von der Welt als *der* Gegenstand von Bildung nicht leicht nachvollziehbar für den Alltagsverstand ist. „Die Verknüpfung unseren Ichs mit der Welt scheint vielleicht auf dem ersten Anblick nicht nur ein unverständlicher Ausdruck, sondern auch ein überspannter Gedanke", schreibt er.[14] Und in der Tat, wie soll man das Unendliche und Allumfassende, das die Welt auszeichnet, als einen Gegenstand fassen und mit ihm interagieren?

Nach Humboldt ist dies nur indirekt möglich, und zwar durch die Dezentrierung und Überschreitung der spezifischen Weltansicht des Einzelnen, die ihm durch seine Muttersprache gegeben wird. Denn Welt ist nach Humboldt als die unbestimmbare Mitte zu verstehen, auf die sich alle Einzelsprachen als „convergierende

---

[12] Ebd., S. 235.
[13] Humboldt (1980), S. 237.
[14] Ebd., S. 236.

Strahlen" richten, aber jeweils nur kleine Teile von ihr beleuchten können.[15] Deshalb ist für Humboldt die bildungsstiftende Begegnung mit der Welt in ihrer Universalität gleichbedeutend mit der Überschreitung der partikularen Grenzen der eigenen sprachlich-kulturellen Sicht im Zuge der Beschäftigung mit ursprünglich fremden Kulturen und speziell Sprachen – insbesondere mit solchen, die, wie Altgriechisch und Latein, nicht mehr aktuell gesprochen werden, und auch deshalb bereits abgeschlossene, ganzheitliche Weltansichten darstellen. Zusammenfassend vollzieht sich Bildung nach Humboldt als eine Überschreitung der Grenzen der kulturellen und sozialen *Umwelt*, in die man hineingeboren und sozialisiert wurde, im Zuge der Erschließung der *Welt* durch die Einnahme von ursprünglich fremdkulturellen Perspektiven auf sie.

Nun stellt sich die Frage, was unter „Einzelsprachen" zu verstehen ist, die laut Humboldt je eigene Weltansichten verkörpern, und deren Aneignung als das zentrale Vehikel von Bildung erscheint. Soll dies etwa heißen, dass Bildung sich im Wesentlichen in dem Erlernen von Fremdsprachen erschöpfen soll?

Es ist in der Tat so, dass Humboldt als Sprachwissenschaftler der sprachlichen Bildung eine immense Bedeutung beigemessen hat. Allerdings sind nach ihm Sprachen nicht als Summen von Vokabeln und grammatikalischen Regeln zu verstehen, sondern als je spezifisch-partikulare Systeme einer sinngebenden Darstellung der Wirklichkeit. Daher bedeutet eine Sprache erlernen, sich neue Weltdeutungsmechanismen, oder einfacher ausgedrückt: neue Weltansichten anzueignen. Dies trifft nicht nur auf Nationalsprachen zu, sondern auch auf Fachsprachen (etwa die Sprache der Mathematik) und zumindest teilweise auf alltagssprachliche Jargons oder Slangs, insofern sie einen eigenständigen Apparat von spezifischen Termini und Regeln aufweisen. Gebildet ist demnach der- oder diejenige, der oder die viele der so dargestellten Sprachen versteht, und zwischen ihnen *über-setzt*. So kann er oder sie die Welt aus mehreren unterschiedlichen Perspektiven heraus sehen und deuten.

Dieses bildungsstiftende Übersetzen zwischen verschiedenen Weltansichten setzt eine Distanzierung des Individuums von den naturwüchsigen Wahrnehmungs- und Verhaltensmustern voraus, die in ihm durch Erziehung und Sozialisation in der Form von selbstverständlichen Glaubensüberzeugungen, Sitten und Gebräuchen eingepflanzt wurden. Der andere große Bildungsphilosoph des 19. Jahrhunderts, Georg Wilhelm Friedrich Hegel, spricht in diesem Zusammenhang von der

---

[15] Humboldt, Wilhelm von (1905): Über das vergleichende Sprachstudium in Beziehung auf die verschiedenen Epochen der Sprachentwicklung. In: Wilhelm von Humboldts Gesammelte Schriften (hrsg. von der Königlich Preussichen Akademie der Wissenschaften), Bd. 4. Berlin: Behr's (photomechanischer Nachdruck de Gruyter & Co. Berlin 1968), S. 27 ff.

Entfremdung des Individuums von dem „unmittelbar natürlichen Geist" der Familie[16] als Initialmoment jedes Bildungsprozesses. Dabei visiert er nicht nur die Kernfamilie, sondern auch die erweiterte Familie des Volkes an, insofern es als eine naturwüchsige Gemeinschaft verstanden wird, die sich auf Blut und gemeinsame Herkunft gründet.[17] Dabei ist diese Entfremdung keineswegs als etwas Negatives zu sehen, da sie den Übertritt des Einzelnen in die bürgerliche Gesellschaft ermöglicht. Erst als Mitglied dieser Gesellschaft individualisiert und universalisiert sich das Individuum zugleich. Im Unterschied zu den geschlossenen und partikularen Gemeinschaften der Familie und der Ethnie gründet sich die moderne bürgerliche Gesellschaft nach Hegel auf rationale, allgemeingültige Normen. Diese regeln die Beziehungen zwischen den Gesellschaftsmitgliedern, die nun als Individuen auftreten, die je eigene Interessen und Wertevorstellungen verfolgen. Diese Normen sind einer permanenten kritisch-rationalen Überprüfung durch die Gesellschaftsmitglieder ausgesetzt und ihre Geltung bedarf stets eine argumentative Begründung. Wie ich es im vierten Kapitel näher ausführen werde, besteht Bildung hier im Wesentlichen darin, dass das Individuum seine Interessen, Ideale, Werte- und Normvorstellungen begrifflich-rational transformiert und artikuliert, sodass sie von allen vernünftigen Menschen nachvollzogen und reflektiert werden können, und zwar ungeachtet ihrer Nationalität, Religion oder „Kultur". In der Bildung erhebt sich der Einzelne zur „allgemeinen Person", in der er als Mensch gilt, weil er Mensch ist, „[n]icht weil er Jude, Katholik. Protestant, Deutscher, Italiener usf. ist".[18]

Auch nach Immanuel Kant soll Erziehung, die nach ihm Bildung neben Versorgung der Kinder mitumschließt, kosmopolitisch ausgerichtet werden. Sie sollen „der Idee der Menschheit, und deren ganzer Bestimmung"[19] angemessen erzogen werden. Dazu seien nach Kant weder Eltern noch Fürsten in der Lage: Die Eltern bezwecken, dass ihre Kinder in der gegenwärtigen Welt vorankommen, und die Fürsten möchten lediglich gehörsame Untertanen haben, um ihre eigenen Interessen und Absichten zu verwirklichen. Beide richten die Bildung der Kinder nicht

---

[16] Hegel, Georg W. F. (1822/2005:)Die Philosophie des Rechts. Vorlesungen von 1821/22. Hrsg. Von Hansgeorg Hoppe. Frankfurt a. M.: Suhrkamp, S. 159.

[17] Vgl. Hegel, Georg W. F. (1821/1986): Grundlinien der Philosophie des Rechts (G. W. F. Hegel Werke 7). Frankfurt a. M.: Suhrkamp, S. 338.

[18] Hegel (1821/1986): a. a. O., S. 360.

[19] Kant, Immanuel (1803/1964): Über Pädagogik. In: Weischedel, Wilhelm (Hg.): Kant – Werke in zwölf Bänden, Band XII, Frankfurt. a. M.: Suhrkamp, S. 704.

auf den zukünftig bestmöglichen Zustand der Menschheit aus, auf die Verwirklichung ihrer Idee.[20]

Der gemeinsame bildungstheoretische Kosmopolitismus von Kant und Hegel soll uns freilich nicht dazu verleiten, eine wichtige Differenz in der Art und Weise zu übersehen, wie die beiden Denker diesen Kosmopolitismus in der Gesellschaft positionieren. Behandelt Kant die Weltbürgerschaft des Individuums als ein Zukunftsideal, das Bildung und Erziehung antizipieren sollen, ist nach Hegel das kosmopolitische Selbstverständnis der Gesellschaftsmitglieder in der institutionellen Struktur der bereits ihm gegenwärtigen bürgerlichen Gesellschaft eingelegt. Daher wendet er sich gegen das Verständnis vom Kosmopolitismus als eine dem „konkreten Staatsleben" entgegengesetzten Idee.[21] Vielmehr sind die Bindung des Einzelnen an universalistische Normen, seine Selbst-Artikulation in Begrifflichkeiten, welche Allgemeingültigkeit beanspruchen, und daher auch sein Selbstverständnis als menschliches Individuum, das in seiner Rationalität allen anderen Menschen gleichgestellt ist, empirische Imperative der modernen Gesellschaft. Dies gilt umso mehr für die heutige spätmoderne, global vernetzte Gesellschaft, bei der eine Reihe von supranationalen Institutionen das Alltagsleben der Einzelnen mitbestimmen, das sich vielfach durch transnationale Mobilität auszeichnet und durch eine global agierende Wirtschaft und weltweiten Medien geprägt wird.

Gerade weil Kosmopolitismus keine abstrakte Idee in der Moderne mehr ist, sondern ein Phänomen des sozialen Alltagslebens, wird er von vielen als real existierende Bedrohung wahrgenommen, die sie erbittert bekämpfen. Dabei können sie sich unter anderem auf eine alternative Traditionslinie des Bildungsbegriffs stützen, die als deutsch-national und traditionalistisch zu bezeichnen ist. Bevor ich auf diese Traditionslinie kurz eingehe (ausführlicher tue ich dies im Kap. 3), wollen wir uns zunächst etwas genauer vor Augen führen, welche Anfeindungen Populisten und Populisten-Versteher/innen gegenüber Kosmopolitismus pflegen, und wie und warum er für sie in den letzten Jahren zum Lieblingsfeind geworden ist.

Kosmopolitismus als Schimpfwort

Wie bereits viele einschlägige Kommentatoren festgestellt haben, macht sich neuerdings ein emotional und moralisch stark besetztes Feindbild in bedeutenden Teilen der deutschen Öffentlichkeit breit. Das ist das Bild von einer hochgebildeten, global denkenden und handelnden Elite, deren Vertreter/innen sich als Weltbürger/

---

[20] Ebenda, S. 704.
[21] Hegel (1821/1986): S. 361.

innen verstünden. Dafür hätten sie aber keinerlei Bindung zu irgendeinem lokalen sozialen Kontext – einschließlich (und insbesondere) zu ihrer Heimat bzw. zur Nation, der sie angehören.

Dieses Feindbild zeigt sich am klarsten in einem Gastbeitrag von Alexander Gauland in der FAZ aus dem Jahre 2018 mit dem bezeichnenden Titel „Warum muss es Populismus sein?". Gauland beklagt hier einen angeblichen Egoismus der „Globalisten", die zu einer „Klasse" gehören würden, welche internationale Unternehmen, Medien, Universitäten, NGOs, Stiftungen, Parteien beherrschen, „die Informationen" kontrollieren und daher „kulturell und politisch den Takt" vorgeben würden. Diese „Klasse" würde in einer heimatlosen „abgehobenen Parallelgesellschaft" leben, der einerseits die „bürgerliche Mittelschicht", die ortsgebunden sei, und andererseits die „sogenannten einfachen Menschen" gegenüberstünden, die Wert auf Heimat legen, welche sie durch Einwanderer verlieren würden.[22]

Diese moralisch vorwurfsvolle Schilderung der „Globalisten" bzw. der „Kosmopoliten" als eine abgehobene und zugleich mit viel Macht ausgestattete „Klasse" bleibt keineswegs nur AfD-Politikern und ähnlichen Rechtspopulisten vorenthalten. Sogar einige Sozialwissenschaftler/innen, von denen man eigentlich erwarten soll, dass sie besonders nüchtern und objektiv gesellschaftliche Phänomene und Strukturen analysieren, konstruieren die Klasse der „Kosmopoliten" ähnlich, und unterziehen sie kaum zu übersehenden negativen Wertungen – und zwar oft im Kontext einer Kapitalismuskritik, die traditionell eher links zu verorten ist.[23] Besonders aussagekräftig in dieser Hinsicht sind die einschlägigen Ausführungen in Cornelia Koppetschs Buch „Die Gesellschaft des Zorns" aus dem Jahre 2019 – ein Buch, das schnell eine große Prominenz erlangt hat. Die späteren Plagiatsvorwürfe gegen die Autorin ändern nichts an der Tatsache, dass die darin enthaltene Kosmopolitismus-Kritik sich als sehr ansprechend für breite Teile der deutschen

---

[22] Vgl. Gauland, Alexander (2018): Warum muss es Populismus sein?, in *FAZ vom 06.10.2018*. Hier zitiert nach Warnecke, Tilmann und Küjne, Anja (2018): Twitter-User entdeckt Parallelen zwischen Gauland-Text und Hitler-Rede, in *Der Tagesspiegel vom 09.10.2018*. Online unter https://www.tagesspiegel.de/wissen/populismus-beitrag-in-der-faz-twitter-user-entdeckt-parallelen-zwischen-gauland-text-und-hitler-rede/23165376.html (Letzter Zugriff am 28.03.2020).

[23] Dies gilt allerdings nicht für die sehr differenzierten sozialstrukturellen Analysen von Andreas Reckwitz der „neuen Mittelklasse". Reckwitz schreibt zwar ähnlich wie Cornelia Koppetsch dieser Klasse eine urban-kosmopolitische Orientierung zu, ohne jedoch diese Orientierung negativen Wertungen zu unterziehen, wie dies Koppetsch tut. Vgl. Reckwitz, Andreas (2019): Das Ende der Illusionen. Politik, Ökonomie und Kultur in der Spätmoderne. Berlin: Suhrkamp, 90–96.

Öffentlichkeit erwiesen, und nicht zuletzt eine starke mediale Präsenz der Autorin über mehrere Monate hinweg gesichert hatte.

Koppetsch bezeichnet die „Kosmopoliten" als eine „kulturell hegemoniale Gruppe", die „[b]lind für die soziokulturelle Standortgebundenheit und die Machtdimension ihrer gefühlt selbstverständlichen Ansichten" sei.[24] Und da Koppetsch die These vertritt, dass die „Ideologie" der „Kosmopoliten" diejenige des „kulturellen Liberalismus" sei, bezeichnet sie die „Kosmopoliten" mal auch einfach als „Liberale". Diese hätten „[i]hr individualistisches Modell von Gesellschaft und ihre Sichtweise auf Geschichte, Kunst, Film und sogar ihre Vorstellungen von guter Ernährung und gesunder Lebensführung gesellschaftsweit durchgesetzt. Dies wäre vielleicht noch hinzunehmen, wenn nicht gleichzeitig sichtbar würde, dass dieselben Milieus, die für Offenheit und Toleranz eintreten, sich in exklusiven Enklaven hochpreisiger Stadtquartiere abschließen, ihre Kinder in exklusive Kindergärten und Schulen (mit einem geringen Migrantenanteil) schicken und sich durch kulturell avancierte Lebensstile abschließen. Damit praktizieren sie also das Gegenteil von Offenheit und nehmen den aufstrebenden Schichten obendrein die Möglichkeit der Teilhabe an den Segnungen der „liberalen" Lebensformen."[25]

Also, ich verstehe mich selbst als „Kosmopolit", d. h. als jemand, der sich im oben erwähnten Sinne Hegels primär als Mensch, als Angehöriger der universellen Gemeinschaft der Menschheit, und erst dann als eine Person mit deutscher Staatsbürgerschaft und bulgarischer Herkunft sieht – aber ich finde mich in Koppetschs offensichtlich abwertender Beschreibung meiner „Klasse" keineswegs wieder. Ich schließe mich in keinen „exklusiven Enklaven hochpreisiger Stadtquartiere" ab, sondern wohne (und zwar sehr gerne) in einem Wohnkomplex, zu dem ein beträchtlicher Teil Sozialwohnungen gehört, zusammen mit Menschen aus vielen verschiedenen Nationalitäten und sozialen Schichten. Dies gilt auch für die Mehrheit meiner professoralen Freunde und Kollegen, die sich keineswegs gegen Migrant/innen verschließen, sondern im Gegenteil ehrenamtlich etwa in der Flüchtlingshilfe aktiv sind. Zwar gehören wir als Hochschullehrer/innen sicherlich der gehobenen Mittelschicht an, und wir betätigen uns an unterschiedlichen Orten in der Welt, die wir aus unterschiedlichen kulturellen Perspektiven heraus betrachten. Aber sind wir dadurch eine „Elite", die sich von den „sogenannten einfachen Leuten" abhebt? Zeichnet sich das Leben auch der Mehrheit der nicht-akademisch vorgebildeten, nicht zu gesellschaftlichen Leitungspositionen vorgedrungenen Arbeitern, Bauern oder Angestellten heutzutage nicht durch einen kulturellen und räumlichen Synkretismus aus, der alle lokal fixierte und homogene Nations-

---

[24] Koppetsch (2019): a. a. O., S. 123.
[25] Ebd., S. 125.

konstrukte überschreitet? In der abgeschiedenen Region um meine Heimatstadt in Bulgarien pendeln gerade viele der ärmsten Menschen, die bislang vor allem in der Agrarwirtschaft beschäftigt waren, seit Jahren zwischen Bulgarien, Spanien, Portugal, Griechenland und Deutschland auf der Suche nach einem besseren Auskommen. Ihre Kinder wachsen teilweise in zwei oder mehr Ländern und mit zwei oder mehr Sprachen auf. Und wenn man sich mit solchen Menschen unterhält, dann merkt man ziemlich schnell ihre reflexive Distanz sowohl zu ihrem Herkunftsland als auch zu den Ländern, in denen sie aktuell arbeiten und wohnen. Man merkt auch, wie sie sich ein Weltbild und einen Lebensstill zusammenbasteln, in denen unterschiedliche kulturelle Perspektiven hineinfließen. Nicht anders ist sicherlich die Situation von sehr vielen Menschen in Deutschland – auch solche ohne Hochschulabschluss und ohne Zugehörigkeit zu irgendwelchen „Eliten" –, die temporär oder dauerhaft im Ausland arbeiten und insgesamt viel Zeit außerhalb ihres Herkunftslandes verbringen.

Der Kulturhistoriker Bodo Mrozek verweist auf vielfältige Forschungsergebnisse, die nahelegen, dass „[d]ie Impulse für eine Internationalisierung der Lebensstile in den vergangenen Jahrzehnten keineswegs vornehmlich von „globalen Eliten" [kamen]. Sie kamen aus der als „unten" gedachten Schicht und diffundierten von dort aus in die Offizialkultur – oftmals gegen den heftigen Widerstand von deren Sachwaltern in Redaktionen, Universitäten und Behörden."[26] Die Transnationalisierung und „Transkulturation" von Lebensstilen und Weltbildern wurden demnach etwa seit den 1960er-Jahren vor allem durch die globale Popkultur, durch Rock- und Jazzmusik sowie durch Hollywood-Filme vorangetrieben, und die Popkultur verbreitete sich vorwiegend innerhalb der Schichten mit geringerer formeller Bildung und wohl niedrigerem Einkommen. Daher sei die Vorstellung, dass die „natürliche" Kultur der „einfachen Menschen" regional oder national sei, und sich von dem Fremden abgrenzen würde, ein Konstrukt der bildungsbürgerlichen Elite.[27]

In diesem Zusammenhang erscheint es sachlich richtig, wenn Koppetsch den „Kosmopoliten" das Bildungsbürgertum entgegensetzt, das an kanonisierten nationalen Bildungstraditionen festhält. Hochproblematisch ist es allerdings, wenn sie dieses Festhalten des Bildungsbürgertums an einem nationalen hochkulturellen Bildungskanon als Verteidigung vom „klassischen Humanismus", bzw. von einem

---

[26] Mrozek, Bodo (2019): Das populäre Feindbild der „kosmopolitischen Eliten", in *Deutschlandfunk vom 29.09.2019*. Online unter https://www.deutschlandfunk.de/gesellschaftskritik-das-populaere-feindbild-der.1184.de.html?dram%3Aarticle_id=455652&fbclid=IwAR0K yD5gQfIlllK153hoPy4jpKE4ZB90Vv4imq0ltd2ItF1xd-8b0Vu9OIU (Letzter Zugriff am 28.03.2020).

[27] Vgl. Ebd.

„humanistischen Konzept von Bildung" gegen die „Kosmopoliten" interpretiert, die ein transnationales „marktorientiertes Kompetenzideal" vertreten würden.[28] Diese Interpretation ist in höchstem Maße irreführend, weil – wie wir oben gesehen haben – der Kosmopolitismus eine *Kerndimension des klassischen humanistischen Bildungskonzepts* ist, so wie es von Kant, Hegel, Dewey und vor allem von Humboldt entwickelt wurde. Kosmopolitisch denken und handeln bedeutet, wie bereits angedeutet, sich primär *als Mensch* zu verstehen und zu betätigen, und nicht als Exemplar einer Kultur, Nation oder Klasse. Des Weiteren bedeutet es, die anderen ebenfalls *als Menschen* zu betrachten und zu behandeln, die einem selbst gleichgestellt sind, und zwar unabhängig von ihren kulturellen, nationalen oder sozialen Zugehörigkeiten. Kosmopolitismus bedeutet gerade *nicht*, wie Koppetsch suggeriert, alle Wahrheitsansprüche zu relativieren, um sich opportunistisch Meinungen und Normen anzueignen, die nützlich für das eigene Fortkommen sind. Vielmehr ist er mit der Suche nach Wahrheiten inhärent verbunden, die universelle Gültigkeit beanspruchen können. Dies sind Wahrheiten, die von allen vernünftigen Menschen ungeachtet ihrer jeweiliger „Standortgebundenheit" akzeptiert werden können. Jede/r, die oder der solche Wahrheiten zu formulieren und zu begründen trachtet, muss sich in die Sichtweisen der Anderen hineinversetzen, für die diese Wahrheiten relevant sind, und den entsprechenden Sachverhalt im Sinne Humboldts aus unterschiedlichen kulturellen Perspektiven heraus betrachten. Demnach beinhaltet Kosmopolitismus notwendigerweise Empathie und Respekt gegenüber allen Menschen.

In „exklusiven Enklaven hochpreisiger Stadtquartiere" mit Privatschulen und möglichst ohne Migrant/innen schließen sich vielmehr die Vertreter des konservativen Bildungsbürgertums ab. Seinen Habitus möchte im Folgenden durch ein Beispiel veranschaulichen, das ich aus beruflichen und biografischen Gründen besonders gut kenne, nämlich den Typus des traditionellen deutschen Ordinarius.

Er (zu diesem Typus gehören fast ausschließlich nur Männer) versteht sich als Vertreter des vermeintlichen Kanons seiner Disziplin, so wie dieser Kanon in Deutschland, oder höchstens in Westeuropa geschichtlich konstruiert wurde. Er betrachtet mit Argwohn die Internationalisierung der Disziplin und die damit einhergehende Relativierung des Kanons. Er beklagt sich regelmäßig über den angeblichen Druck auf Englisch zu publizieren und zu lehren, und bezeichnet diesen Druck abwertend als „Amerikanisierung" – einen Begriff, der für ihn vor allem für Traditionslosigkeit und fehlende Hochkultur steht. Er hasst *Political Correctness*, und betrachtet die Ansätze, eine möglichst nicht-demütigende, inklusive Sprache zu etablieren, als „Zensur". „Zensur" ist für ihn unter anderem, wenn es als

---

[28] Vgl. Koppetsch (2019): a. a. O., S. 116; S. 120.

moralisch verwerflich gilt, Menschen mit schwarzer Hautfarbe mit dem „N-Wort" zu bezeichnen, eine genetisch verminderte Intelligenz bei Kindern aus Migrantenfamilien zu behaupten, Gender-Studien und den Gender-Begriff pauschal und ohne Sachkenntnissen abzulehnen, oder Frauen eine grundsätzliche Unzulänglichkeit für naturwissenschaftliche Forschungstätigkeiten zu unterstellen. Frauenbeauftragten und Gleichstellungspolitik an Hochschulen begegnet der traditionelle Ordinarius-Typus mit kaum verborgener Feindseligkeit.

Vor allem aber denkt der konservative Ordinarius in starren Hierarchien, die er als quasi-natürlich und daher nicht in Frage stehend betrachtet; Hierarchien, die seine hochprivilegierte Stellung sichern. Die Mitarbeiter/innen am Lehrstuhl, den er leitet, bezeichnet er als „meine Assistenten". In der Tat setzt er sie in einem persönlichen Abhängigkeitsverhältnis zu sich selbst, das vormodernen, im Kern feudalen sozialen Strukturen entspricht. Die Mitarbeiter/innen müssen immer bereit sein, seine Lehre zu übernehmen, Projekte zu entwickeln und Studien zu verfassen, bei denen er seinen Namen als Leiter bzw. als Hauptautor setzt. Originelle Ideen und Ansätze entwickeln, die vom Kanon abweichen, der vom Ordinarius gesetzt wird, dürfen die Mitarbeiter/innen indes nicht. Vielmehr sollen sie dem Ordinarius „zuarbeiten" und sein geistiges Erbe weitertragen. Wenn sie dies mit dem notwendigem Gehorsam tun, den er meistens verklärend als „Loyalität" einfordert, dann protegiert er sie entsprechend und versucht, sie schließlich selbst auf Professoren-Stellen zu bringen. Dazu aktiviert er seine Beziehungen, die aus unterschiedlichen akademischen Männerseilschaften stammen, so wie sie sich etwa in Studentenverbindungen, konservativ-kirchlichen Kreisen, oder informellen oder formellen wissenschaftlichen Lobby-Vereinigungen ausbilden. Ohne die Deckung durch solche Seilschaften hat man als junge/r Wissenschaftler/in in bestimmten Disziplinen auch heute noch keine Chance in Deutschland. So hat ein Bekannter von mir in Yale mit Auszeichnung in Philosophie bei zwei der weltweit führenden Namen in seinem Fach promoviert. Eine Anstellung an einer deutschen Universität findet er indes nicht – offenbar, weil er nicht durch die dazu erforderlichen Initiationsritte gegangen ist, die von dem Ordinariat geprägt werden.

Der Fortbestand dieser Initiationsritte, insgesamt der hierarchisch-feudalistischen akademischen Tradition, die den Vertretern des konservativen Bildungsbürgertums wie dem beschriebenen Ordinarius-Typus eine hochprivilegierte Stellung bescheren, werden durch die bildungsbezogene Globalisierung in Frage gestellt. Alternative Formen von offenen, nicht-hierarchischen und inklusiven Kommunikationsstrukturen im akademischen Bereich, so wie sie etwa für die US-amerikanischen Universitäten charakteristisch sind, werden sichtbar und für viele jüngere Wissenschaftler/innen und Hochschullehrer/innen zunehmend attraktiv. Die Nutznießer der alten akademischen Privilegien wehren sich dagegen durch die Hochstilisierung eines Kanons, der sie als Verkörperung von einer spezifisch deutschen Bildungstradition darstellt. Das Festhalten an, zuweilen auch die Fetischisierung dieses Kanons, dient als ein Bollwerk gegen Globalisierung und Kosmopolitismus, welche die traditionellen Privilegien des konservativen Bildungsbürgertums bedrohen.

Dabei ist anzumerken, dass Kosmopolitismus auch von ganz anderen Kräften und in ganz anderen Kontexten zum Hauptfeind erklärt und mit ganz anderen Mitteln bekämpft wurde. Nicht nur das NS-Regime verband seinen Genozid gegen Juden mit der Absicht, den Kosmopolitismus als Antipode vom Nationalsozialismus auszumerzen. Auch Stalin initiierte nach dem zweiten Weltkrieg eine massive Kampagne gegen „wurzellosen Kosmopolitismus", in deren Zuge zahlreiche jüdische Politiker, Kunstschaffenden und Ärzte in der Sowjetunion verhaftet, gefoltert oder gleich umgebracht wurden.[29] Der Kosmopolitismus ist eben das genaue Gegenteil sowohl von der Blut-und-Boden Ideologie der Nazis als auch vom Ideal des homogenen sozialistischen Kollektives der Stalinisten, das in sich geschlossen und nach außen abgeschottet bleiben muss.

Natürlich sind die feinen Herren des konservativen Bildungsbürgertums nicht in einen Topf mit den nationalsozialistischen oder den stalinistischen Kosmopolitismus-Bekämpfern zu werfen. Eher gründet sich ihre explizite oder implizite Ablehnung von Kosmopolitismus und Globalisierung auf einer deutschnationalen Bildungsideologie, die im nächsten Abschnitt beleuchtet werden soll. Allerdings soll sich jede und jeder, die oder der „Kosmopolitismus" als Schimpfwort verwendet, über die historischen Vorläufer dieser Verwendung im 20. Jahrhundert bewusst sein.

Deutschnationale und eurozentrische Bildungsideologien als Wegbereiterinnen vom Populismus

Da wir uns in diesem Abschnitt mit jenen Bildungsideologien befassen sollen, die vom Bildungsbürgertum hochgehalten und seinen Status sicher sollen, ist es geboten, uns zunächst der komplizierten und von vielen Autor/innen umkämpften Kategorie der Ideologie zu widmen und zu versuchen, diese Kategorie zumindest ansatzweise zu klären. Dies sollte uns helfen zu begreifen, wie und warum der klassische universaltisch-humanistische Bildungsbegriff zu einem nationalistischen

---

[29] Vgl. Rosbach, Jens (2017): Was plante Stalin mit den sowjetischen Juden?, in *Deutschlandfunk Kultur vom 29.12.2017*. Online unter https://www.deutschlandfunkkultur.de/antisemitismus-in-der-udssr-was-plante-stalin-mit-den.1079.de.html?dram:article_id=407175 (Letzter Zugriff am 02.04.2020).

und kulturalistischen Bildungsverständnis durch das Bildungsbürgertum verzerrt wurde.

Ich habe in einigen früheren Arbeiten versucht, den Begriff der Ideologie systematisch zu rekonstruieren.[30] An dieser Stelle soll es genügen, das Ergebnis dieser Rekonstruktionen kurz darzulegen:

Ideologien sind geistige Konstrukte, die der Aufrechterhaltung bzw. der Beanspruchung von Macht und Privilegien durch bestimmte soziale Gruppen dienen. Ideologische Behauptungen haben eine rein instrumentelle Funktion, die sie aber dann erfüllen können, wenn sie diese Funktion verdecken. Ideologien sind nicht an Wahrheit interessiert, zugleich aber müssen sie einen absoluten Wahrheitsanspruch erheben, denn ansonsten können sie Macht und Privilegien nicht legitimieren. Ideologen untermauern diesen absoluten Wahrheitsanspruch im Wesentlichen durch drei Techniken: Erstens zitieren sie Fragmente anerkannter Theorien und wissenschaftlicher Studien selektiv und deuten sie im Sinne ihrer Ziele um. Dabei werden diese Fragmente aus dem logischen Zusammenhang der entsprechenden Theorie oder Studie herausgerissen und jeder kritischen Prüfung, jedem Vergleich mit alternativen Behauptungen entzogen. Zweitens naturalisieren Ideologen ihre Behauptungen, indem sie diese als Abbildungen des „natürlichen" d. h. des einzig möglichen oder hinnehmbaren Standes der Dinge hochstilisieren. Drittens entziehen sich Ideologen jedem Dialog, der Zweifel an ihren Behauptungen hervorbringt. Kritiken begegnen Ideologen nicht mit sachlichen Argumenten, sondern entweder mit persönlichen Angriffen gegen die Kritiker oder indem sie sich als Opfer der letzteren darstellen.

Ein typisches Beispiel für die so beschriebenen Ideologiemechanismen sind die bildungspolitischen Ausführungen im Grundsatzprogramm der AfD, die sich vor allem in seinem Kapitel „Schule, Hochschule und Forschung" sowie – eher indirekt – im Kapitel „Sprache, Kultur und Identität" vorfinden.

Wir lesen gleich zum Beginn des zuerst erwähnten Kapitels, dass sich die AfD dem Humboldtschen Bildungsideal verpflichtet fühle.[31] Dadurch bekennt sich die AfD zu einem hochangesehenen Gedankengut, das identitätsstiftend für deutsche Hochkultur ist. Und die AfD erklärt sich bekanntermaßen bei jeder passenden

---

[30] Vgl. Stojanov, Krassimir (2010): What Is Ideology? An Attempt at Reactualizing a Category of Social Critique, in *Critique & Humanism, Vol. 35 (5/2010)*, 103-110; vgl. auch Stojanov, Krassimir (2018): Education. Self-consciousness and Social Action. Bildung as a Neo-Hegelian Concept. London and New York: Routledge, S. 73–77.

[31] Alternative für Deutschland (2016): Programm für Deutschland. Das Grundsatzprogramm der Alternative für Deutschland, S. 52, Online unter https://www.afd.de/grundsatzprogramm/ (Letzter Zugriff am 06.04.2020).

Gelegenheit zur Hüterin des deutschen (hoch-)kulturellen Erbe – so auch an mehreren Stellen im Programm, auf die ich später noch zu sprechen kommen werde. Die Ausführungen sowohl im Bildungskapitel als auch im Kulturkapitel des Programms widersprechen jedoch gleich in mehreren Punkten eklatant dem besagten Humboldtschen Bildungsideal:

(1) Dieses Bildungsideal wird im AfD-Programm unmittelbar auf das Prinzip der Freiheit von universitärer Forschung und Lehre bezogen, das in der Tat ein Kernelement der Bildungskonzeption Humboldts ist. Die AfD bekennt sich nominell zu diesem Prinzip, um gleich danach für politische Maßnahmen und staatliche Interventionen gegen die von ihr verhasste Gender-Forschung zu plädieren. Nach dem Willen der AfD sollen bestehende Gender-Professuren nicht mehr nachbesetzt und die Förderung von Gender-Studien soll beendet werden. Diejenigen, die das Programm verfasst und verabschiedet haben, haben dies in ihrer Eigenschaft als Politiker/innen getan, und als Politiker/innen maßen sie sich an, sich plump in den wissenschaftlichen Diskurs einzumischen und bestimmte Zweige dieses Diskurses zu bewerten, zu zensieren und zu verbannen. Dabei behaupten sie, dass Gender-Studien den Ergebnissen der „Naturwissenschaft" (im Singular!), der Entwicklungspsychologie und der „Lebenserfahrung" widersprechen würden.[32] An dieser Stelle ist, denke ich, gar nicht nötig nachzuweisen, dass diese Behauptung schlichtweg falsch ist. Denn ganz unabhängig davon, in welchem Verhältnis Gender-Studien zu Naturwissenschaften, Psychologie oder welchen Disziplinen oder Erfahrungsbereichen auch immer stehen, befindet sich die politische Forderung nach der Auflösung einer wissenschaftlich etablierten Forschungsrichtung durch den Staat in einem kaum zu überbietenden Widerspruch zum Humboldtschen Prinzip der Freiheit von Forschung und Lehre. Hier wird also mehr als deutlich, wie ein Fragment aus einer prominenten Theorie zwar aus instrumentell-politischen Zwecken zitiert wird, dann aber vollkommen zusammenhanglos neben Positionen gestellt wird, mit denen das Theoriefragment nicht nur unvereinbar, sondern ihnen sogar diametral entgegengesetzt ist.

(2) Nicht vereinbar mit dem Bildungskonzept Humboldts ist auch der krude Naturalismus im Grundsatzprogramm der AfD. Dieser zeichnet sich am klarsten (aber nicht nur) wieder einmal in den Passagen zu den Gender-Studien. Diese würden nämlich die „naturgegebenen Unterschiede" zwischen den Geschlechtern marginalisieren, und die „Geschlechterpädagogik", die nach der AfD aus diesen Studien hervorgehe, sei ein Eingriff in „die natürliche Entwicklung

---

[32] Vgl. ebd., S. 52; S. 55.

unserer Kinder". Im gleichen Atemzug wird es den Gender-Studien vorgeworfen, „traditionellen Wertvorstellungen" entgegenzuwirken, welche die AfD offenbar ebenfalls als „naturgegeben" ansieht.

Diese Vorstellung von natürlicher bzw. biologischer Determination menschlicher Entwicklung und menschlichen Handelns, welche sich in traditionellen Rollen- und Wertevorstellungen abbilde, ist ebenfalls dem Humboldtschen Verständnis von Bildung diametral entgegengesetzt. Demnach verkörpert Bildung die Freiheit des Einzelindividuums dadurch, dass sie nicht in die „Einförmigkeit" der „körperlichen Natur" „ausartet", sondern immer etwas Einzigartiges und Neues hervorbringt.[33] Der Begriff des Gender, also des sozialen Geschlechts, bringt letztendlich genau die Vorstellung zum Ausdruck, dass wir durch unsere biologische Natur; hier durch unser biologisches Geschlecht, nicht in unserem Handeln und in unserem Selbstverständnis determiniert sind, sondern dass wir diese Natur auf je individuell-einzigartige Art und Weise interpretieren und ausleben. Diese Vorstellung ist daher als eine Weiterentwicklung und Aktualisierung der Bildungstheorie Humboldts zu sehen.

(3) Auch der kulturalistische Determinismus, der im AfD-Programm zum Vorschein kommt, ist dem Bildungsverständnis Humboldts vollkommen fremd. „Unser aller Identität ist vorrangig kulturell determiniert", heißt es pauschal in diesem Programm.[34] Dabei machen ihre Autoren unmissverständlich klar, dass sie hier eine Determination durch die „deutsche Kultur" meinen, welche sie durch die „Ideologie des Multikulturalismus" bedroht sehen, da sie diese „importierten kulturellen Strömungen" der „deutschen Kultur" gleichstellen und deren Werte dadurch zutiefst relativieren würde.[35]

Wie wir es jedoch in den vorigen Abschnitten bereits gesehen haben, ist Humboldts (und auch Hegels) Bildungsbegriff per se multikulturalistisch. Wie dort ausgeführt, setzt Bildung die Wahrnehmung der Welt aus möglichst vielen und möglichst unterschiedlichen sprachlich-kulturellen Perspektiven durch das Individuum sowie die Transzendierung der Grenzen seiner unmittelbaren Umwelt voraus. Nichts liegt diesem Bildungsbegriff ferner als die Vorstellung, dass Ich oder die Identität des Einzelnen sei vorbestimmt durch naturwüchsige Rollenmuster und Wertevorstellungen seiner Herkunftskultur, die keinesfalls durch

---
[33] Vgl. Humboldt (1980): a. a. O., S. 240.
[34] Alternative für Deutschland (2016), S. 46.
[35] Ebd., S. 47.

einen gleichberechtigten Dialog mit „importierten kulturellen Strömungen" in Frage gestellt werden dürfen. Ganz im Gegenteil, die Erschließung der Welt, die nach Humboldt Voraussetzung für die Entwicklung der Ich-Identität des Individuums ist, setzt ihrerseits die interkulturelle Transformation seiner Rollenmuster und Wertevorstellungen voraus.

(4) Auch das Bestehen der AfD auf schulische Selektion auf Grundlage von unterstellten Begabungen ist mit dem Bildungsverständnis Humboldts nicht vereinbar. In ihrem Programm lehnt die AfD „alle Arten von Gesamt- oder Einheitsschulen" ab und setzt sich stattdessen für ein „gegliedertes Schulsystem" ein, das Schüler/innen nach ihren Begabungen in höheren und niedrigeren, akademischen und berufsvorbereitenden Schulen sortiert.[36] Dabei betrachten die Autor/innen des AfD-Programms die Begabungen als seien sie einfach da, als bereits bei der Geburt bzw. im Vorschulalter festgelegt, d. h. als determiniert entweder durch die biologische Natur der Kinder, oder durch die Familien und ihren kulturellen und sozialen Status. Humboldt hingegen geht von einem dynamischen Verständnis der Kräfte jedes einzelnen Kindes aus, die nicht festgelegt sind, sondern – wie im letzten Kapitel ausgeführt – erst entwickelt werden sollen, und zwar zu ihrem möglichen Maximum. Dies gelingt dann, wenn eine allgemeine und rege Wechselwirkung zwischen Ich und Welt durch Schulbildung etabliert wird. Dies ist nach Humboldt durch akademische Allgemeinbildung vor allem in der Form des Erlernens der klassischen Sprachen Altgriechisch und Latein zu erreichen. Diese akademische Allgemeinbildung soll *gleichermaßen* „der gemeinste Tagelöhner" wie der zukünftige Gelehrte erhalten.[37]

Der naturalistische und quasi-naturalistische, d. h. kulturalistische Determinismus der AfD, den wir in den vier aufgezählten Punkten vorfinden, untermauert ihre Forderung nach der Abschaffung der Gender-Forschung, ihre Postulierung einer über alle Kritik und über jeden interkulturellen Vergleich erhabenen traditionellen und einheitlichen deutschen Kultur. Vor allem aber untermauert dieser Determinismus den Kampf der AfD gegen ein egalitäres und inklusives Bildungswesen, das Zugang zur höheren Bildung auch den Kindern aus unterprivilegierten Schichten ermöglichen würde. Es ist unschwer zu sehen, dass sich in all diesen Punkten die

---

[36] Ebd. S. 53.
[37] Humboldt, Wilhelm von (1809/1982): Der Königsberger und der Litauische Schulplan, in Flitner, Andreas/Giel, Klaus (Hg.): *Wilhelm von Humboldt. Werke in fünf Bänden. Bd. IV.* Darmstadt: Wissenschaftliche Buchgesellschaft, S. 189.

AfD als Sprecherin des konservativen, ganz überwiegend männlich dominierten Bildungsbürgertums hervortut, das um die Aufrechterhaltung seines privilegierten sozialen und vor allem kulturellen Status kämpft. Es handelt sich hierbei allerdings nicht um einen argumentativen Kampf. Vielmehr werden alle, die gegen diesen naturalistischen und kulturalistischen Determinismus argumentieren, persönlich als „Multi-Kulti-Romantiker", „rotgrün-versifft", oder eben als „heimatlose Kosmopoliten" angegriffen und beschimpft – ganz im Sinne der oben beschriebenen Ideologie-Techniken.

Aber warum berufen sich die AfD bzw. die Vertreter des konservativen Bildungsbürgertums in ihrer Bildungsideologie ausgerechnet auf Humboldt, der so weit entfernt wie nur denkbar von ihrem Naturalismus und Kulturalismus ist? Ein Grund ist sicherlich, dass Humboldt als eine sehr prominente Figur der deutschen Hochkultur gilt, mit der sich das Bildungsbürgertum identifiziert. Ein zweiter Grund dürfte in der außerordentlichen Stellung des Erlernens der klassischen Sprachen Latein und Altgriechisch im Humboldts Bildungskonzept liegen. In diesem Punkt scheint in der Tat eine Gemeinsamkeit mit dem Bildungsverständnis des konservativen Bildungsbürgertums zu liegen, das klassische Sprachen als zentrale Dimension des Kanons der „echten" gymnasialen Bildung ansehen, die es oft irreführend als „humanistisch" bezeichnet.

Allerdings bestehen die Vertreter des konservativen Bildungsbürgertums im Gegensatz zu Humboldt auf den exklusiven und segregierenden Charakter gymnasialer Bildung, und sie sehen die klassischen Sprachen als Kernelement dieses Charakters. Die Proponenten dieses Bildungsverständnisses wie etwa der Latinist Martin Fuhrmann klagen nicht zufällig den Massenzugang zur Bildung und das angebliche Verschwinden von Bildungseliten als Hauptursache für die „Demontage des Bildungskanons" der „europäischen Kultur" an; eine Demontage, die für sie einem allgemeinen Verfall von Bildung gleichkommt.[38] Der Hauptzweck von Bildung hier ist die Aufbewahrung einer homogenen, in sich geschlossenen, eben kanonisierten nationalen bzw. eurozentrischen Tradition, deren Inhalte nicht zur Disposition für Wahlentscheidungen und subjektive Präferenzen der Schüler/innen stehen dürfen.[39] Letztendlich bedeutet dies, dass ein kritischer, oder zumindest ein selektiver Umgang der Schüler/innen mit dieser Tradition, ihre pluralistische Aneignung und Transformation durch die Schüler/innen entlang ihren heterogenen Lebenskontexten nicht erwünscht ist. Der durch klassische Sprachen untermauerte

---

[38] Fuhrmann, Martin (2002): Bildung. Europas kulturelle Identität. Stuttgart: Reclam, S. 65–73.
[39] Vgl. ebd., S. 65–73.

Bildungskanon soll sich ja nicht an die heterogene Schülerschaft richten, sondern an eine in sich homogene und exklusive Bildungselite.

Ganz anders ist es bei Humboldt bestellt: Hier soll die Beschäftigung mit Altgriechisch und Latein der allgemeinen Bildung, d. h. der höchstmöglichen Entwicklung der menschlichen Kräfte *aller* Individuen dienen; deswegen sollen *alle* Kinder die beiden Sprachen vom Anfang an lernen. Dies ist für Humboldt deswegen der Königsweg zur Bildung des menschlichen Individuums, weil nach ihm „[d]ie Form einer Sprache, als Form, sichtbar werden muss, und dies besser an einer todten, schon durch ihre Fremdheit frappierenden, als in der lebendigen Muttersprache geschieht."[40] Und da jede Sprache nach Humboldt eine Weltansicht darstellt, bedeutet die Form der Sprache für mich sichtbar zu machen es nachvollziehen zu können, wie sich die unterschiedlichen Perspektiven zur Welt hervorbringen – einschließlich die Weltperspektive, die sich in meiner Muttersprache verkörpert. Von dieser entfremdet sich das Individuum nun ein Stück weit, um über sie reflektieren zu können: etwa um über die Bedeutung von Begrifflichkeiten und Zusammenhängen zwischen ihnen nachzudenken, mit denen das Individuum aufgewachsen ist und die für es bis dahin einfach nur „natürlich" waren.

Das Erlernen der klassischen Sprachen ist für Humboldt also als ein Mechanismus der Welterschließung als Kerndimension der Bildung des Einzelnen zu verstehen. Diese Bildung bezweckt die höchstmögliche Entwicklung der menschlichen Individuen in ihrer Gleichheit als menschliche Individuen – und *nicht* die Aufbewahrung und Fortführung von überindividuellen kulturellen Traditionen und ihren Kanons, wie dies bei den Vertretern des konservativen Bildungsbürgertums der Fall ist. Ganz im Gegenteil zu Humboldt betrachten sie Bildung, die auf klassische Sprachen fokussiert ist, als Zugang zu einem exklusiven „höheren Leben", der nur wenigen gewährt wird und für breiten Massen versperrt bleiben soll. Diese Art von Bildung soll nicht nur Ungleichheiten zimentieren und Privilegien derjenigen sichern, die bereits durch ihre Herkunft in der Nähe zum postulierten Kanon deutscher bzw. europäischer Hochkultur aufwachsen. Darüber hinaus soll sie individuelle Rechte und Präferenzen beschneiden und so die Heterogenität der Individuen im Namen der Aufbewahrung der postulierten organischen Einheit der kulturellen Überlieferung unterdrücken.

Diese antiindividualistisch-homogenisierende Ausrichtung des so skizzierten bildungsbürgerlichen Bildungsverständnisses macht es leicht anfällig für eine völkische Überformung. Diese findet sich unter anderem in der Tradition der so genannten „Geisteswissenschaftlichen Pädagogik" wieder, welche die theoretische Bestimmung von Bildungs- und Erziehungszielen in Deutschland nicht nur in den

---

[40] Humboldt, Wilhelm von (1809/1982): a. a. O, S. 176.

Jahrzehnten nach dem Zweiten Weltkrieg maßgeblich prägte, sondern heute noch einen bedeutsamen Platz in der akademischen Ausbildung von Pädagog/innen aller Art innehält. So behauptet der wichtigste Grünungsvater dieser Bewegung, Herman Nohl, dass nach dem klassischen Verständnis von Bildung deren Ziel zwar die *Totalität* des „höheren Lebens" des Geistes sei, jedoch sei diese Totalität ausschließlich aus der „Bücherwelt" errungen. Es gelte aber, als Ziel der Bildung eine weitere, umfassendere Totalität zu etablieren, nämlich diejenige der „geformten Volksgemeinschaft". Nur in einem „gebildeten Volksleben" komme auch der Einzelne zur „Einheit seiner Bildung", wobei das Volk dann gebildet sei, wenn es „die Einheit des Stils in allen seinen Lebensäußerungen besitzt, seiner Sprache, seiner Kunstform und seiner Lebensweise, bis in die Kleinigkeiten seines Daseins hinein, wo die verschiedenen Kulturzwecke sich nicht unabhängig voneinander und gegeneinander entwickeln, sondern eine solche innere Ganzheit besteht, aus der sich die einzelnen Leistungen dann erst herausheben, wie größere Motive aus einer Musik."[41]

Die Postulierung einer überindividuellen organischen Einheit, einer kollektiven Totalität als Grundlage von Bildung ist der gemeinsame Nenner zwischen Ideologen eines elitären hochkulturellen Bildungskanons und volksbewussten geisteswissenschaftlichen Pädagogen. Viele der letzteren sind durch ihre metaphysisch eingefärbte Ablehnung von Pluralität und Heterogenität in einer unübersehbaren geistigen und politischen Nähe, wenn nicht direkt zum Nationalsozialismus, so zumindest zum Faschismus gekommen. Zwar stellt sich Nohl im Vorwort der dritten, 1948 erschienen Auflage seines Buches „Die pädagogische Bewegung in Deutschland und seine Theorie", aus dem die obigen Zitate stammen, als Gegner und Opfer des Nationalsozialismus dar.[42] Allerdings bedauert er im Vorwort zur ersten, 1935 erschienenen Auflage, dass der Versuch des „neuen Volkswerdens" der deutschen Nation „auf dem pädagogischen Wege" zu lösen bis dahin wegen dem „Zerfall in die Parteien" nicht geglückt sei. Nun biete jedoch das NS-Regime nach Nohl die besten Bedingungen für die Erneuerung dieses Versuches: „Wenn unser neuer Staat mit gutem Grund sein erstes und entscheidendes Mittel in einer diktatorischen Massenführung hat, die auch den Letzten noch national erwecket und bewusst macht und unserm Volk die Einheit seines Gefüges wiedergibt, wobei dann ganz neue pädagogische Aufgaben und Möglichkeiten erscheinen, so werden

---

[41] Nohl, Herman (2002): Die pädagogische Bewegung in Deutschland und ihre Theorie (12. Auflage). Frankfurt a. M.: Vittorio Klostermann, S. 188 f. Vgl. auch ebd., S. 184.
[42] Vgl. ebd., S. 2.

die wahren Einsichten der pädagogischen Bewegung in irgendeiner Gestalt doch in diese Arbeit eingehen müssen."[43]

Was uns hier begegnet, ist ein im wortwörtlichen Sinne totalitäres Denken. Dieses Denken wird heute sicherlich am klarsten von Rechtspopulisten weitergetragen. Die Ausführungen in diesem Kapitel sollten jedoch gezeigt haben, dass die Grundstruktur dieses Denkens bereits in der herrschenden Bildungsideologie des konservativen Bildungsbürgertums enthalten ist. In diesem Sinne ist dieses als Wegbereiter des Rechtspopulismus zu verstehen. Dieser Zusammenhang soll im nächsten Kapitel noch klarer zum Vorschein kommen, in dem wir uns näher mit dem Begriff des Populismus und seinen Bezügen zur (Halb-)Bildung befassen werden.

---

[43] Ebd., S. 1.

Populismus als Ausdruck von Halbbildung 3

Die Ausführungen im letzten Kapitel legen es nahe, dass die Entwicklung und Verbreitung von völkischem Denken nicht etwa ein Resultat von Unbildung sind. Vielmehr wird diese Entwicklung und Verbreitung eher durch eine Art von Bildung gefördert, so wie diese etwa von führenden Vertretern der sogenannten „Geisteswissenschaftlichen Pädagogik" im 20ten Jahrhundert konzipiert wurde und bis heute von Teilen des Bildungsbürgertums hochgehalten wird.

Sucht man nun nach einem passenden Begriff für diese Art „Bildung", wird man am ehesten bei Theodor Adornos Theorie der Halbbildung fündig – auch wenn ich die Beschreibungen Adornos der konkreten Erscheinungsformen von Halbbildung und vor allem der Mechanismen ihrer Produktion und Verbreitung nicht immer für schlüssig und überzeugend halte. Ich verwende „Halbbildung" in diesem Buch in erster Linie als Bezeichnung für prätentiöse und zugleich klischeehafte Wirklichkeitsdeutungen, die abstrakt im Sinne von undifferenziert sind, und die Dinge und vor allem Mitmenschen in festen und etikettierenden Schubladen einordnen, und dabei ihre Besonderheit oder Individualität ignorieren. Wenn wir etwa mit Hegel Bildung als eine Vermittlung zwischen dem Allgemeinen und dem Besonderen verstehen, so kommt in den besagten Wirklichkeitsdeutungen insofern eine halbierte Bildung zum Ausdruck, als hier der Pol des Besonderen, des Differenten ausgemerzt wird. Im Übrigen sind Opfer von Halbbildung vor allem ihre Träger selbst, da sie dazu neigen, ihre eigene Individualität in von ihnen konstruierten homogenen und amorphen Kollektiven aufzulösen.

Zusammengefasst ist die Leitthese in diesem Kapitel, dass heutzutage der Populismus die politisch-ideologische Seite von Halbbildung darstellt, insofern er sich durch homogenisierendes anti-pluralistisches und ent-individualisierendes politisches Denken und Handeln auszeichnet. In diesem Sinne wird die Verbreitung von Populismus durch Halbbildung getragen und ermöglicht. Die Herausarbeitung und die Begründung dieser These erfordert zuerst eine systematische Rekonstruktion des Begriffs des Populismus, welche die bereits angedeuteten Bedeutungen dieses Begriffs im ersten Kapitel expliziert, vervollständigt und in einen argumentativen Zusammenhang zueinander setzt. Ich werde im ersten Teil des Kapitels zunächst die Grundzüge des Rechtspopulismus analysieren, um dann zu zeigen, dass die Merkmale des Linkspopulismus jenen Grundzügen weitgehend strukturell ähnlich sind. Deswegen eignet sich dieser nicht als ein Gegengewicht zum Rechtspopulismus – wie dies manche Autor/innen behaupten, welche letztendlich von einem (post-)kommunistischen Totalitarismus nicht weit entfernt sind. Auch der politische Islamismus, den ich ebenfalls an dieser Stelle kurz behandle, zeichnet sich wesentlich durch totalitäre, anti-pluralistische und individualitätsfeindliche Deutungs- und Handlungsmuster aus, sodass auch er vielmals als Spiegelbild des Rechtspopulismus erscheint. Die aggressive Rhetorik, mit welcher der Rechtspopulismus dem Islamismus begegnet, verdeckt nur oberflächlich die Wesensverwandtschaft zwischen den beiden.

In einem nächsten Schritt widme ich mich den Erscheinungsformen und den Entstehungs- und Verbreitungsmechanismen von Halbbildung als tragende Kraft von Populismus in seinen verschiedenen Spielarten. Dabei versuche ich, den Begriff von Halbbildung von seinen elitären (und auch arroganten) Beigeschmack zu befreien, der in Adornos Version dieser Kategorie enthalten ist. Ein Hauptgrund für die Problematik dieser Version ist der Umstand, dass Adorno die Entstehungs- und Reproduktionsmechanismen für Halbbildung einseitig in der „Kulturindustrie" bzw. in der Unterhaltungskultur lokalisiert. Halbbildung entsteht und verbreitet sich jedoch – zumindest heutzutage – vor allem in den öffentlichen politischen Debatten und Stellungnahmen, in den sozialen Medien, und nicht zuletzt in Bildungsinstitutionen selbst: oft übrigens gerade in solchen Bildungsinstitutionen, die sich durch elitäre Ansprüche auszeichnen. Dabei spielt kommerzielle Unterhaltungskultur eine eher geringfüge und nicht immer eindeutig negative Rolle.

Am Ende des Kapitels diskutiere ich die Verkörperung von Halbbildung in Halbwissen, welches sich in der Form von Verschwörungstheorien und Ideologiekonstrukten in unterschiedlichen Medien generiert und dort verbreitet. Als Beispiel für Halbwissen analysiere ich dominante Verwendungsweisen der Kategorie der Identität in der Öffentlichkeit, welche diese Dimensionen in sämtlichen Identitätstheorien ignorieren, die autonome Ich-Identität als höchste Stufe von Identitätsentwicklung konzipieren. Durch diese Ignoranz entsteht kollektivierendes identitäres Denken, das menschliche Individuen auf ihre ethnische Herkunft fixiert, und dadurch als eine zentrale Säule des Populismus dient. Daher ist eine zentrale Aufgabe von demokratischen Bildungsinstitutionen, dem identitären Denken und dem

Halbwissen als dessen Basis den Boden zu entziehen. Für diese Aufgabe – so die These – sind jedoch diese Institutionen strukturell und konzeptuell eher schlecht ausgerüstet. Vielmehr fungieren sie selbst oft als Brutstätten von Halbwissen und von Populismus im Allgemeinen – eine These, die ich im nächsten Kapitel ausführlich darlegen werde.

Grundzüge des Rechtspopulismus[1]

Kommentator/innen, die sich mit der Ideologie und der Praxis von Parteien und Gruppierungen wie AfD, PEGIDA, die „Reichsbürger" etc. befassen, bezeichnen sie abwechselnd als „rechtsradikal", „rechtsextrem" oder „rechtspopulistisch". Wenn ich im Folgenden fast ausschließlich von „Rechtspopulismus" in Bezug auf solche Bewegungen spreche, soll dies nicht als eine Relativierung ihrer rechtradikalen oder rechtsextremen Ausrichtung durch die Verwendung einer angeblich „weicheren" Bezeichnung missverstanden werden. Vielmehr fasst der Begriff des Rechtspopulismus m. E. den völkisch-kollektivistischen Kern dieser Bewegungen am besten auf, der besonders klar die Bildungsdefizite zum Ausdruck bringt, die sie ermöglichen. Dieser Kern wird im Übrigen auch von Gruppen geteilt, die politisch nicht so offen radikal oder extremistisch in der Öffentlichkeit auftreten. Mit diesen Gruppen meine ich etwa die bereits erwähnten Teile des konservativen Bildungsbürgertums.[2] „Rechtspopulismus" bezeichnet, so gesehen, das Bindeglied zwischen diesen Teilen und AfD und Co.

Nach ausgewiesenen Populismus-Forschern wie Jan-Werner Müller und Cas Mudde zeichnet sich Populismus vor allem durch seinen Anti-Pluralismus aus. Dieser gründet sich darin, dass Populisten einen Antagonismus zwischen „Volk"

---

[1] In diesem Abschnitt werden einige Thesen und Argumente aufgenommen und weiterentwickelt, die ich zunächst in meinem Essay „Bildung gegen Populismus?" skizziert habe (vgl. Stojanov, Krassimir (2018): Bildung gegen Populismus?, in *praefaktisch von 30.10.2018*. Online unter: https://www.praefaktisch.de/bildung/bildung-gegen-populismus/#more-776 (Letzter Zugriff am 13.08.2021))

[2] „Konservatives Bildungsbürgertum" entspricht in etwa dem statusorientierten „konservativetablierten Milieu", das Reckwitz der „alten Mittelklasse" zuordnet, die auf Ordnung, Disziplin, und Sesshaftigkeit als übergeordnete Werte ausgerichtet ist, die den Aufstieg der kosmopolitisch und liberal orientierten kreativen „neuen Mittelklasse" als existenzielle Bedrohung wahrnimmt, und die nicht zuletzt deshalb anfällig für Populismus ist. Nach Reckwitz sind im Übrigen Teile der „alten Mittelklasse" die tragende Kraft von Populismus – und nicht, wie oft angenommen, die „Unterklasse". Vgl. Reckwitz 2019, a. a. O., S. 125; S. 128

und „Eliten" konstruieren, wobei das Volk hier als eine organische Einheit, als eine homogene Entität mit einheitlichem, kollektiven Willen erscheint.[3] Speziell für Rechtspopulisten gilt, dass sie „das Volk" nativistisch verstehen, d. h. als eine ethnische Einheit, zu der „herkunftsfremde" Menschen nicht gehören können.[4] Demnach bestimmt nicht die Staatsbürgerschaft mit ihren individuellen Bürgerrechten die Zugehörigkeit zum Volk, sondern geteilte quasi-natürliche, vor-politische Eigenschaften – nämlich die ethnische Herkunft. Demnach ist Deutsche/r nicht der- oder diejenige, der/die einen deutschen Pass besitzt, sondern die- oder derjenige, die oder der eine deutsche Abstammung über mehrere Generationen hinweg vorweisen kann. Rechtspopulisten gehen davon aus, dass die gemeinsame Abstammung ein natürliches Band darstellt, auf dessen Basis sich ein Kollektivbewusstsein einstellt, das – gerade weil es „natürlich" fundiert ist – keineswegs ein Ergebnis von Deliberationen, Auseinandersetzungen, oder Aushandlungen von interessen- oder wertebasierten Positionen von und zwischen autonomen Individuen ist. Vielmehr beanspruchen Rechtspopulisten, einen *unmittelbaren,* vor-kognitiven Zugang zu diesem natürlich gegebenen völkischen Kollektivbewusstsein zu haben, es unmittelbar auszusprechen. Dadurch fühlen sie sich berufen, alle diejenigen als „Volksverräter" zu brandmarken, die ihre eigenen politischen Positionen nicht teilen: selbst, wenn die angeblichen „Volksverräter" die Mehrheit der Bevölkerung ausmachen. So unterstützt nach einschlägigen demoskopischen Untersuchungen die Mehrheit der Deutschen die Flüchtlingspolitik von Angela Merkel im Zuge der „Flüchtlingskrise" 2015 – was die Rechtspopulisten nicht daran hindert, Merkel bis heute als „Volksverräterin" für diese Politik zu beschimpfen.[5] Das völkische Kollektivbewusstsein wird durch die Identifizierung und Bekämpfung von Feinden konstruiert, welche angeblich die Integrität des

---

[3] Vgl. Müller, Jan-Werner (2016): Was ist Populismus? Ein Essay. Berlin: Suhrkamp, S. 58–66; Mudde, Cas/Kaltwasser, Cristóbal Rovira (2017): Populism. A Very Short Introduction. Oxford: Oxford University Press, S. 5f.

[4] Für den Zusammengang zwischen Rechtspopulismus und Nativismus vgl. Pesty, Maria/Mader, Matthias/Schoen, Harald (2021): Why Is the AfD so Successful in Eastern Germany? An Analysis of the Ideational Foundations of the AfD Vote in the 2017 Federal Election, in *Polit Vierteljahresschr 62, (2021),* S. 69–91, insb. S. 73f.

[5] Vgl. Kober, Ulrich (2017): Willkommenskultur besteht „Stresstest", aber Skepsis gegenüber Migration wächst. Online unter https://www.bertelsmann-stiftung.de/de/themen/aktuelle-meldungen/2017/april/willkommenskultur-besteht-stresstest-aber-skepsis-gegenueber-migration-waechst (Letzter Zugriff am 22.01.2021). Nach der in diesem Aufsatz dargestellten Ergebnissen der Studie der Bertelsmann-Stiftung „Willkommenskultur im Stresstest" glauben 2017 70 % der Deutschen, dass die einheimische Bevölkerung Einwanderer willkommen hieße, und 59 % – dass dies auch auf Geflüchteten zutrifft.

„Volkskörpers" bedrohen, und mit denen „Volksverräter" kollaborieren würden. Sind im Falle des Linkspopulismus vor allem die internationalen Großkonzerne die „Volksfeinde", ist für den Rechtpopulismus die Darstellung von Migrant/innen und Geflüchteten als die zu bekämpfende Bedrohung konstitutiv. Und da Migrant/innen sichtbarer und leichter angreifbar als internationale Konzerne sind, kann der Linkspopulismus kaum eine vergleichbare Stärke und Verbreitung wie der Rechtspopulismus erreichen.[6]

Die erwähnte Figur des „Volkskörpers" spielt eine zentrale (vielleicht sogar: die zentralste) Rolle in der rechtspopulistischen Ideologie. So bezeichnet Marc Jongen, kulturpolitischer Sprecher der Bundestagsfraktion der AfD, in einem Vortrag über „Migration und Thymostraining" am rechtsradikalen „Institut für Staatspolitik" in Schnellroda das Volk bzw. die Nation als einen „sozialen Großkörper". Seine „psychopolitische Integrität" sei durch Migranten und Geflüchtete bedroht. Ihre „Invasion" nach Deutschland vergleicht Jongen mit einem „Wohnungseinbruch", der deshalb so gravierende Leiden bei den Betroffenen auslöse, weil Menschen ihre Wohnung als ihre „zweite Haut" empfänden.[7] Das Volk ist demnach ein biologischer Organismus, dessen „zweite Haut" die Staatsgrenzen des Territoriums sind, in dem er wohnt.

Dieses biologizistisch-organologische Verklärungsmuster des Sozialen und des Politischen ist das Kernelement der politischen Visionen auch von Björn Höcke, der seit Jahren eine der führenden Figuren der AfD insgesamt ist (und nicht nur des inzwischen formell aufgelösten rechtsextremen „Flügels" innerhalb der Partei). Höcke vergleicht das deutsche Volk bzw. „die autochthone Bevölkerung" mit einem Patienten, der eine drängende Operation benötigt, die darin bestünde, dass bestimmte Glieder von ihm entfernt werden. Hierbei handelt es sich nicht nur um „kulturfremde Menschen", sondern auch um ein paar eigene „Volksteile", die zu schwach und oder nicht willens seien, die Fremden aus dem Volkskörper zu entfernen, bzw. sie mit Gewalt zur Reimmigration zu zwingen.[8]

Eine logische Konsequenz aus diesem Gedanken ist, dass unter Umständen auch die Mehrheit der „Volksteile" schwach und krank und daher heilungsbedürf-

---

[6] Vgl. dazu Koppetsch, Cornelia/Schmermund, Katrin (2018): Sind Eliten ein Teil des Problems?, in *Forschung & Lehre vom 04.06.2018*. Online unter https://www.forschung-und-lehre.de/sind-eliten-ein-teil-des-problems-679/(Letzter Zugriff am 21.01.2021)

[7] Vgl. Jongen, Marc (2017): Migration und Thymostraining, in *kanal schnellroda vom 24.02.2017*. Online unter https://www.youtube.com/watch?v=cg_KuESI7rY&t=261s (Letzter Zugriff am 27.01.2021)

[8] Vgl. Funke, Hajo (2019): Höcke will den Bürgerkrieg, in *Die Zeit vom 24. Oktober 2019*. Online unter https://www.zeit.de/politik/deutschland/2019-10/rechtsextremismus-bjoern-hoecke-afd-fluegel-rechte-gewalt-faschismus (Letzter Zugriff 27.01.2021)

tig sein könnten. In solchen Fällen würden die politischen Meinungen und Handlungen auch der Mehrheit der Bevölkerung die Gesundheit des Volkskörpers bzw. seiner „psychopolitische Integrität" schädigen. Deswegen erkennen diejenigen, die sich wie Höcke und Jongen berufen fühlen, die Gesundheit des Volkskörpers aufrechtzuerhalten bzw. wiederherzustellen, keineswegs die politischen Meinungen und Handlungen der Mehrheit der Bevölkerung als Ausdruck des authentischen, gesunden Volkswillens an: Wenn die Mehrheit der Deutschen die Aufnahme von Migrant/innen und Geflüchteten begrüßt oder zumindest toleriert, so ist dies für die Rechtspopulisten nur Ausdruck einer kollektiven Krankheit.

Für Jongen ist die Ursache für diese Krankheit ein mangelhafter „Thymos" der gegenwärtigen deutschen Bevölkerung. Thymos bestimmt er anhand einer sehr eigenwilligen bis ausgesprochen verzerrenden Interpretation von entsprechenden Stellen in Platons „Politea",[9] als eine der drei Sphären der menschlichen Natur neben Vernunft und Begehren (Logos und Eros), die aus Gefühlen bestehe, welche die Selbstbehauptung des Menschen motivieren wie Stolz, Zorn, oder auch Ressentiments. Diese Gefühle seien nicht nur der Mehrheit der deutschen Bevölkerung „abtrainiert", sondern die deutsche „Leitkultur" nach dem Zweiten Weltkrieg würde sich insgesamt durch eine „Thymos-Vergessenheit" auszeichnen. Dies erscheint vor dem Hintergrund Jongens eigenartiger These, dass während der Logos für die Wissenschaft, und der Eros für die Ökonomie zuständig, der Thymos für die Politik bestimmend sei, besonders verhängnisvoll: Die deutsche Kultur würde politische Kämpfe mit Kulturen wie der islamischen kaum gewinnen können, da diese mit einem viel stärkeren und lebendigeren Thymos ausgestattet seien. Diesbezüglich biete die „Flüchtlingskrise" nach 2015 paradoxerweise eine Chance für eine Thymossteigerung; sie sei sogar als „Thymostraining" des deutschen Volkes anzusehen, da sie Zorn, Wut und Ressentiments bei der Mehrheit der Deutschen gegen die „Migranteninvasoren" sowie gegen die eigenen linksliberalen Eliten mit ihrem „Humanitarismus" auslösen würde.[10]

---

[9] Ich verdanke Michael Spieker nicht nur den Hinweis auf den hier zitierten Vortrag von Jongen, sondern auch den Nachweis des verzerrenden Charakters der darin enthaltenen Interpretation von Platons Begriff des Thymos, die übrigens nicht nur von Jongen geteilt wird. Nach Spieker ist Thymos nicht als eine eigenständige Quelle menschlichen Denkens und Handelns aufzufassen, sondern als eine dynamische Relation zwischen Vernunft und Begierden, bei der das Urteilen emotional belebt, und Emotionen rational überformt werden. Vgl. Spieker, Michael (2020): Warum (politische) Bildung bei den Affekten beginnen muss. *Vortrag gehalten am 01.12.2020 auf der Tagung „Bildung, politische Orientierung und Rechtsradikalismus" an der Akademie für Politische Bildung in Tutzing.* Unveröffentlicht

[10] Vgl. Jongen (2017)

Bezeichnend für diese Thesen ist, dass nach ihnen die Sphäre des Politischen nicht etwa durch rationale Interaktionen, Übereinkommen, der Suche nach Konsens oder gar Solidarität geprägt werden kann, sondern einzig und allein durch Selbstbehauptungskämpfe, die durch zutiefst negative und zerstörerische Emotionen motiviert werden. Dabei sind die Protagonisten in diesen Kämpfen nach Jongen nicht etwa Individuen oder soziale Klassen, sondern Kulturen. Er konstruiert sie als antagonistische Kollektivsubjekte, die wiederum als einheitliche, in sich geschlossene Fortpflanzungen von jeweils einem „psychosozialen Algorithmus" zu verstehen seien, der aus Regeleinstellungen bestehe. Mehr noch: Bezugnehmend auf Heiner Mühlmanns soziobiologische Kulturtheorie verortet Jongen die Entstehung der Kulturen selbst in extremen Stresssituationen, vor allem im Krieg. Der Gedanke hier ist, dass in den kriegerischen Auseinandersetzungen sich die kämpfenden Stämme als kulturelle Entitäten mit einem gemeinsamen vererbbaren „psychosozialen Algorithmus" konsolidieren. Die heutigen Kulturen erscheinen als diesen Stämmen strukturell ähnlich; Kulturen blieben immer „wilde Tiere".[11]

In diesem Weltbild sind *Populationen,* und nicht menschliche Individuen Subjekte von Politik. Die Individuen erscheinen dagegen als in ihrem Denken und Handeln vollständig durch eine geerbte „Kultur", durch einen sich einheitlichen Algorithmus determiniert; sie sind also nichts anderes als Verkörperungen einer monolithen, sich genetisch fortpflanzenden kulturellen Substanz anzusehen, die sich durch Aktivierung von Zorn, Wut und Ressentiments gegenüber fremdartigen „Kulturen" und letztlich im Rahmen von gewaltsamen Auseinandersetzungen mit ihnen konstituiert und konsolidiert. Obwohl dieses Weltbild in den letzten Jahren als Aktivierungsgrundlage eines neuen politisch organisierten Rechtspopulismus und Rechtsextremismus der AfD und Co. dient, ist es nicht neu. Vielmehr finden sich die Grundzüge dieses Weltbildes in einer langen Tradition des intellektuellen Faschismus in Deutschland und Europa. Das Berliner Zentrum für die liberale Moderne stellt in seinem Sammelband „Das alte Denken der neuen Rechte" einige der zentralen Bezugsautoren dieser Tradition dar, welche ein zutiefst anti-liberales und anti-pluralistisches, auf homogene, herkunftsbegründete und in sich geschlossene Volksgemeinschaften fixiertes, und politische Gewalt zumindest rechtfertigendes Denken vereint – Ernst Jünger, Martin Heidegger, Oswald Spengler, Alain de Benosit, Alexander Dugin.[12] Besonders starke Parallele weist Jongens aggressiver Rechtspopulismus jedoch zu der politischen Theorie von Carl Schmitt auf, der sich

---

[11] Vgl. ebd.

[12] Zentrum Liberale Moderne (2019): Das alte Denken der neuen Rechte. Die langen Linien der antiliberalen Revolte. Berlin: Zentrum für die liberale Moderne

vom Faschismus begeistern ließ und das NS-Regime zumindest in seinen Anfangsjahren aktiv ideologisch unterstützte.[13]

Nach Schmitt gründet sich Demokratie nicht etwa auf der Verwirklichung von universellen und gleichen Menschenrechten, oder auf der Suche nach Konsens oder zumindest Ausgleich zwischen unterschiedlichen Interessen und Wertevorstellungen der Akteure, sondern auf der Homogenität der Bevölkerung. Diese Homogenität äußerst sich in einer „Identität von Regierenden und Regierten",[14] und sie wird durch „die Ausscheidung oder Vernichtung des Heterogenen" hergestellt, wobei auch ein Teil der Bevölkerung ausgeschlossen werden kann, der eben heterogen ist. „Gleichheit" als Grundmerkmal der Demokratie wird hier nicht etwa im Sinne von Gleichberechtigung oder Gleichstellung aller verstanden, sondern als substanzielle Gleichheit der Zugehörigkeit zur nationalen Homogenität, die sich in gemeinsamen „physischen und moralischen Qualitäten" äußert.[15]

Diese Homogenität stellt sich nach Schmitt durch eine antagonistische Freund-Feind-Unterscheidung her. Um diese Unterscheidung, deren „äußerste Realisierung" der Krieg sei, würden sich „Völkereinheiten" gruppieren, die Schmitt mit Staaten oder Imperien gleichsetzt. Dabei ist eine „Völkereinheit" als eine „kämpfende Gesamtheit von Menschen" zu verstehen, die einer ebensolchen „Gesamtheit" gegenübersteht.[16] Dass Schmitt mit diesem homogenistischen Verständnis vom Volk als eine Einheit, die sich im Kampf gegen äußeren Feinde behauptet, die als dem Volk fremd und seinen Mitgliedern ungleich stilisiert werden, zu einer Kultfigur für die heutigen Rechtspopulisten wurde, ist mehr als verständlich. Dass sein Gedankengut aber auch als eine Inspirationsquelle für führende Theoretiker/innen des Linkspopulismus heutzutage dient, ist gewiss erklärungsbedürftig. Weist diese gemeinsame ideologische Grundlage von Rechts- und Linkspopulismus nicht auf eine geistige Verwandtschaft von ihnen hin?

---

[13] Vgl. Hacke, Jens (2019): Carl Schmitt: Antiliberalismus, identitäre Demokratie und Weimarer Schwäche, in: Zentrum Liberale Moderne (2019), a. a. O., S. 19–29

[14] Schmitt, Carl (1923/2017): Die geistesgeschichtliche Lage des heutigen Parlamentarismus. 10. Auflage. Berlin: Duncker & Humblot, S. 20

[15] Ebd., S. 14f.

[16] Vgl. Schmitt, Carl (1932/2015): Der Begriff des Politischen. Text von 1932 mit einem Vorwort und drei Corrollarien. 9. Auflage. Berlin: Dunker & Humblot, S. 27–35

Linkspopulismus und der antiliberale Querfront

Carl Schmitt ist einer der zentralen Bezugsautoren der bekannten belgischen Politikwissenschaftlerin Chantal Mouffe, die sich in den letzten Jahren immer klarer für den konzeptuellen und organisatorischen Aufbau eines Linkspopulismus als Gegenmittel zum Rechtspopulismus mit seiner aggressiven Fremdenfeindlichkeit einsetzt. Zwar grenzt sich Mouffe von Schmitts totalitärer Vorstellung vom Staat als Verkörperung eines uniformierten Volkes ab und plädiert stattdessen für einen „demokratischen Pluralismus" von sich gegenseitig bekämpfenden Gruppen innerhalb eines Staates. Allerdings zeichnen sich diese Gruppen selbst durch einheitliche, in sich geschlossene kollektive Identitäten aus, die sich durch ihre gegenseitige Abgrenzung entlang der tendenziell antagonistischen Freund-Feind-Unterscheidung konstruieren. Jede so identitär verfasste Gruppe kämpft um Hegemonie über die anderen, indem sie ihre partikulare Ideologie unter anderem mittels Propaganda als universell gültig durchzusetzen trachtet.[17]

Die Herstellung einer solchen einheitlichen kollektiven Identität von ursprünglich unterschiedlichen, aber gleichsam (vermeintlich) unterdrückten oder marginalisierten Gruppen (etwa Arbeiter, Mitglieder der verarmten Mittelschicht, Umweltaktivist/innen, Feministinnen), ist für Mouffe der Kern des linkspopulistischen Programms. Diese Herstellung erscheint möglich durch die Identifizierung eines gemeinsamen Feindes dieser Gruppen, und dies sei der globale „Neoliberalismus" mit seinen transnationalen Kapital- und Arbeitsmärkten. Populismus sei generell „eine Strategie zum Aufbau einer politischen Trennlinie"; im Falle des Linkspopulismus sei dies die Trennlinie zwischen „Volk und Oligarchie bzw. Establishment".[18]

Nun grenzt sich Mouffe mehrmals explizit und eindeutig von der Doktrin des Sowjetmarxismus ab, und ihr Denken hebt sich gewiss klar von den dogmatischen Postulaten des Marxismus-Leninismus einer ökonomischen Determiniertheit politischer Entwicklungen ab. Dennoch kann man sich fragen, ob ihr Konzept vom Linkspopulismus strukturell wirklich weit entfernt ist von der Realität in den „Volksrepubliken" des ehemaligen Ostblocks. Auch dort wurde das Volk als eine homogene Einheit verstanden, die aus der Klasse der Arbeiter und Bauern bestehen

---

[17] Vgl. Mouffe, Chantal (2005): On the Political. London and New York: Routledge, S. 8–20, Vgl. auch: Laclau, Ernesto/Mouffe, Chantal (1985/2001): Hegemony and Socialist Strategy. Towards a Radical Democratic Politics. Second Edition. New York: Verso, S. X–XIV

[18] Mouffe, Chantal (2019). Die Wette auf den Linkspopulismus, in *Internationale Politik und Gesellschaft vom 28.08.2019.* Online unter: https://www.ipg-journal.de/regionen/global/artikel/detail/die-wette-auf-den-linkspopulismus-3688/ (Letzter Zugriff am 04.02.2021)

sollte, und die vor allem durch ihren Antagonismus zum „Establishment" definiert wurde, welches dort traditionell „Bourgeoise" hieß. Bereits hier wurde das „Volk" durch die Hegemonie der Ideologie einer partikularen Schicht – der sogenannten kommunistischen Avantgarde – konstruiert; eine Hegemonie, die vor allem durch Propaganda nebst Zensur etabliert werden sollte. Und noch eine wesentliche Ähnlichkeit zwischen dem „neuen" Linkspopulismus und der alten realsozialistischen Volksideologie gilt zu vermerken: in den beiden Fällen begleitet eine eher unterschwellige, aber klar vernehmbare Ablehnung von Fremden und Andersartigen die von ihnen geteilte Kapitalismus-Kritik.

Zwar grenzen sich die Linkspopulisten von der rassistischen Fremdenfeindlichkeit ihrer rechten Counterparts ab. Im Unterschied zum Rechtspopulismus, ist der Linkspopulismus nicht nativistisch, d. h. ethnozentrisch begründet. Allerdings sind für Linkspopulisten offene Grenzen und Migration Erscheinungsformen des von ihnen verhassten „Neoliberalismus", der den Interessen der internationalen Großkonzerne entspreche.[19] Sandra Wagenknecht und Oskar Lafontaine, die vielleicht prominentesten Vertreterin/en eines Linkspopulismus in Deutschland, profilierten sich selbst sowie die von ihnen begründete Sammelbewegung „Aufstehen" nicht unwesentlich durch ihre scharfe Kritik an der offenen Migrations- und Flüchtlingspolitik von Angela Merkel bzw. an ihrer angeblich „unkontrollierten Grenzöffnung" im Jahr 2015. Wagenknecht und Lafontaine sowie ihre Mitstreiter im „Aufstehen" betrachten Migrant/innen und Geflüchtete ausschließlich als Konkurrenz für die einheimischen Arbeitskräfte und als Instrumente für Lohndumpfig sowie insgesamt als Bedrohung für die soziale Sicherheit des deutschen Volkes.[20] Für die individuellen Schicksäle von Geflüchteten, für ihre Leiderfahrungen und Bestrebungen scheinen sie sich hingegen kaum zu interessieren – Jongens Kritik am „Humanitarismus" in der Migrationspolitik lässt grüßen …

---

[19] Vgl. Ebenda

[20] Vgl. Schuler, Katharina (2020): Oskar Lafontaine: Ein langer Prozess der Entfremdung, in *Zeit Online vom 01.10.2020*. Online unter: https://www.zeit.de/politik/deutschland/2020-10/oskar-lafontaine-thilo-sarrazin-fluechtlinge-buchvorstellung (Letzter Zugriff am 05.02.2021); Der Tagesspiegel (2019): Wagenknecht sieht Entfremdung von Armen, in *Tagesspiegel* vom 06.04.2019. Online unter: https://www.tagesspiegel.de/politik/abrechnung-mit-linken-wagenknecht-sieht-entfremdung-von-armen/24189768.html (Letzter Zugriff am 05.02.2021); Zeit Online (2017): Oskar Lafontaine fordert konsequente Abschiebungen, in: *Zeit Online vom 06.02.2017*. Online unter: https://www.zeit.de/politik/deutschland/2017-02/oskar-lafontaine-linke-abschiebungen-fluechtlinge-afd (Letzter Zugriff am 05.02.2021); Sammlungsbewegung Aufstehen (2021): Gründungsaufruf – Gemeinsam für ein gerechtes und friedliches Land. Online unter: https://aufstehen.de/web/gruendungsaufruf/ (Letzter Zugriff am 05.02.2021)

Überhaupt ist die Ablehnung von Individualität zugunsten von Kollektiven, die homogenistisch als Totalitäten konstruiert werden, ein gemeinsamer Nenner von rechten und linken Populisten und Grundlage der Querfront, die sich zumindest punktuell zwischen ihnen bildet: etwa bei der Entgegensetzung zwischen „Volk" und „Establishment", oder zwischen Einheimischen und Fremden. Diese Ablehnung ist Wesensmerkmal auch von weiteren totalitären Ideologien, die somit zumindest potenziell zur antiliberalen Querfront gehören, wie denjenigen des religiösen Totalitarismus.

Islamismus als radikale populistische Ideologie

Bestrebungen, individuelles menschliches Leben und soziales Zusammenleben gänzlich auf die Werte und Normen einer bestimmten Religion auszurichten, so wie diese Werte und Normen angeblich in „reiner Form" in der ursprünglichen, „unverfälschten" Lehre dieser Religion enthalten sind, werden meistens als „religiöser Fundamentalismus" bezeichnet. Dabei ist m. E. „religiöser Totalitarismus" die bessere Überschrift für diese Bestrebungen, da sie eben eine totale Gültigkeit für die eigene Auffassung dieser Werte und Normen beanspruchen. Dabei werden alle alternativen Interpretationen der Religion sowie alle abweichende ethische und soziale Konzepte als unwahr oder unrichtig gebrandmarkt und bekämpft.

In den radikalen Formen des religiösen Totalitarismus geht das Postulieren der moralischen Überlegenheit der eigenen religiösen Werte und Normen in einen kämpferischen, oft auch gewaltbereiten Einsatz für ihre politische Hegemonie über: einen Einsatz, der ganz im Sinne von Schmitt eine antagonistische Freund-Feind-Unterscheidung mitbeinhaltet.

Ohne Zweifel ist heute der Islamismus global die meist verbreitete (wenn auch nicht die einzige) Form des extremen religiösen Totalitarismus. Im Westen wird der Islamismus vor allem durch die schrecklichen Terroranschläge in Europa und Amerika wahrgenommen, die von ihm motiviert werden, sowie durch die temporäre Errichtung von äußerst repressiven und aggressiven Regimen wie dem Islamischen Staat (IS). Dabei wird oft übersehen, dass der ursprüngliche Feind des Islamismus der seit Jahrhunderten existierende Pluralismus von Glaubensrichtungen, spirituellen Traditionen, Wertevorstellungen und Koran-Interpretationen innerhalb des Islams selbst ist. Wenn man so will, bezwecken Islamisten jenen einheitlichen „psychosozialen Algorithmus" der islamischen Welt zu verpassen, den nach Jongen das Wesen jeder „Kultur" ausmache. Daher lehnen Vordenker des Islamismus wie etwa Sayyid Qutb strikt jede Art von Auslegungsversuchen des Islams ab, die etwas anderes als ihre eigene Verkündung der Vorschriften von Allah und seinem Gesandten Mohammad besagen, so wie diese Verkündung angeblich bereits vom Propheten und seinen ersten Nachfolgern, also spätestens im 7. Jahrhundert, vollzogen worden sei. Alles, was danach in der Entwicklung des Islams geschah, ist für diese Vordenker eine Verfallsgeschichte, die durch die Verzerrung dieser ursprünglichen Vorschriften in heterogenen Interpretationen bedingt sei, welche durch fremde Kulturen beeinflusst seien. Diejenigen Moslems, die von dieser uralten, angeblich „reinen", für zeitgemäße oder kontextualisierende Interpretationen nicht verfügbare Form des Islams abweichen, erscheinen demnach als Ungläubige.[21] Dies gilt natürlich insbesondere für die nicht wenigen Vertreter/innen eines liberalen, rational aufgeklärten Islams, der für einen Dialog mit anderen Religionen sowie mit westlichen philosophischen Richtungen offen ist.[22]

Und „Ungläubige" insgesamt sind lediglich Objekte der hegemonialen Unterwerfung durch die islamistische Ideologie. Sie postuliert als Endzweck die Errichtung eines weltumspannenden und allumfassenden islamischen Staates, in dem die „Souveränität Gottes" herrscht.[23] Sie soll durch den „Jihad", durch den „heiligen Krieg" durchgesetzt werden, und sie äußert sich darin, dass die angeblichen Vorschriften Gottes, so wie sie von den islamistischen Ideologen postuliert werden, einen absoluten hegemonialen Status erhalten, indem diese Vorschriften alle öffentliche und private Bereiche des Lebens bis ins kleinste Detail regeln: die Einführung und die rigide Kontrolle einer Verschleierungspflicht für die Frauen ist nur ein markantes Beispiel dafür. Dadurch soll eine strikt einheitliche Lebenswelt der Untertanen des islamischen Staates entstehen, die als Basis für die Herstellung einer totalen kollektiven Identität dient.

Nun stellt sich die Frage, warum diese kollektive Identität für viele junge Männer und einige junge Frauen aus migrantischen Familien in Westeuropa attraktiv

---

[21] Vgl. Seidensticker, Tilman (2014/2016): Islamismus. Geschichte, Vordenker, Organisationen. 4. Auflage. München: C.H. Beck; S. 53f. Vgl. auch Pfahl-Traughber, Armin (2019): Sayyid Qutb: Ein „Klassiker" der islamistischen Ideologie, in *Zentrum Liberale Moderne (2019): Das alte Denken der neuen Rechte. Die langen Linien der antiliberalen Revolte. Berlin: Zentrum für die liberale Moderne*, S. 135–142, insb. S. 138

[22] Im Bereich der Bildungsphilosophie, in dem ich mich hauptsächlich professionell betätige, ist der iranische Professor Khosrow Bagheri Noaparast als ein prominenter Vertreter dieser Form eines liberalen und aufgeklärten Islams exemplarisch zu erwähnen. Noaparast entwirft ein rationales und weitgehend individualistisches Konzept einer modernen islamischen Bildung, die auf Wissen, Wahlentscheidungen und Handeln des Einzelnen ausgerichtet ist, sich gegen blinde Nachahmung von religiösen Autoritäten und blindes Folgen von Traditionen richtet, sowie kritische Überprüfung von Glaubensdogmas erfordert. Vgl. Bagheri, Khosrow/Khosravi, Zohreh (2006): The Islamic Concept of Education Reconsidered, in *American Journal of Islamic Social Sciences 23 (4)*, S. 88–103

[23] Seidensticker, Tilman (2014/2016): a. a. O., S. 53

ist, die sich in den vergangenen Jahren dem IS angeschlossen haben. Die Eltern von diesen jungen Männern und Frauen sind in den meisten Fällen zwar Muslime, die jedoch nicht streng gläubig oder fundamentalistisch sind. Um uns an mögliche Antworten auf diese Frage anzunähen, könnten wir uns einem hypothetischen Beispiel bedienen, das wir als eine Art typologische Beschreibung für viele der genannten jungen Islamismus-Anhänger betrachten können: Ein junger türkischstämmiger Mann, nennen wir ihn Ali, hat sich zu einem fanatischen Islamisten entwickelt, der bereit ist, für den IS zu kämpfen. Ali ist in Deutschland geboren, seine Eltern sind hierher vor Jahrzehnten als Gastarbeiter gekommen. Sie verstehen sich als traditionelle Muslime, ohne streng gläubig zu sein. Ali hat in seinem Leben immer wieder die Erfahrung machen müssen, dass er von verschiedenen Seiten signalisiert bekommt, er würde wegen seiner Herkunft nicht zum „deutschen Volk" und zur „deutschen Kultur" gehören. So musste Ali oft in den sozialen Medien den dort vielleicht millionenfach zitierten Spruch lesen, dass eine Maus, die in einem Pferdestall geboren wurde, nicht zum Pferd werde, sondern Maus bliebe. Zugleich bekommt er ständig direkt und eher indirekt vermittelt, dass die „deutsche Kultur" wie jede andere „Kultur" etwas Homogenes und in sich Geschlossenes sei, das auf althergebrachte, über Generationen hinweg tradierte Sitten und Gebräuche aufgebaut sei, die nur von Menschen wirklich geteilt werden können, die eine gemeinsame Herkunft haben – und er verinnerlicht auch dieses Verständnis von „Kultur". Nachdem Ali die geschilderten, auf seiner Herkunft basierenden Diskriminierungserfahrungen machen musste, und ihm die Zugehörigkeit zur „deutschen Kultur" verwehrt blieb, sucht er die Mitgliedschaft in einer anderen „Kultur", die dem genannten kollektivistischen und traditionalistischen Verständnis entspricht, und die vereinbar mit seiner muslimischen Herkunft zu sein scheint. So stellen die antiislamische Diskriminierungs- und Exklusionsrhetorik von Rechtspopulisten und ihr totalitäres herkunftsbasiertes Kulturverständnis einen zentralen Nährboden für die Stärkung und die Verbreitung vom Islamismus dar, den sie ansonsten als ihren Hauptfeind betrachten, der für sie wiederum konstitutiv ist. Rechtspopulismus und Islamismus schaukeln sich demnach wechselseitig hoch.

Volk und Kultur als pluralistische und dynamisch-offene Entitäten

Rechtspopulisten, Islamisten und zumindest tendenziell Linkspopulisten betrachten und behandeln Menschen nicht als Subjekte von *Bildung*, die – zumindest in ihrem neuhumanistischen Verständnis – zur Entfaltung von rationaler individueller Autonomie und individueller Selbstbestimmung führt. Vielmehr reduzieren sie Menschen zu Objekten von *Sozialisation*, von einer mit der Geburt einsetzenden

Initiation in eine ihnen übergeordnete einheitliche kollektive Identität. Diese verkörpert sich nach populistischer Auffassung in einem herkunftshomogenen Volk, das sich durch eine einheitliche „Eigenkultur" auszeichnet, welche wiederum durch die Hegemonie eines „psychosozialen Algorithmus" bestimmt ist, dessen Fortpflanzung die „Kultur" sichert.

Das Volk, das hier gemeint ist, ist gegeben *vor* und *außerhalb* jeder Form von Gesetzgebung und politischer Institutionalisierung – also auch vor und außerhalb dem Rechtsstatut der Staatsbürgerschaft. Volksgenossen sind demnach nicht die Bürger eines Staates, sondern die Mitglieder einer erweiterten Familie, die auf der „natürlichen" Basis des gemeinsamen Blutes oder zumindest der unmittelbar geteilten Sitten und Gebräuchen aufgebaut ist.

Bereits Hegel lehnte dieses Verständnis des Volkes als natürlich-unmittelbare, vor-politische Gemeinschaft ab und bezeichnete das so aufgefasste Volk als „formlose Masse" und „unbestimmtes Abstraktum". Das Volk hat nach ihm einen begrifflichen Sinn und eine Form nur als institutionell und rechtlich bestimmtes Staatsvolk, gewissermaßen als ein Netzwerk von Bürgern, die ihr Zusammenleben aufgrund von institutionell gesicherten Rechtsnormen gestalten, die für alle gleichermaßen gelten und Objektivität beanspruchen.[24] Der Staat, durch den sich das Volk konstituiert und in dem es sich verkörpert, ist nach Hegel zwar eine „substantielle Einheit", in der allerdings „[d]as Prinzip der Subjektivität sich zum *selbständigen Extreme* der persönlichen Besonderheit" vollendet.[25] Diese besteht ganz offensichtlich darin, dass die Bürger des Staates bzw. die Mitglieder des Volkes sich durch je individuelle Herkünfte, Werte, Weltanschauungen und Lebensprojekte auszeichnen, die sich von den Herkünften, Werten, Weltanschauungen und Lebensprojekten ihrer Mitbürger unterscheiden. Ein pluralistisches und offenes Gemeinwesen entsteht durch das oft konflikthafte Zusammenspiel ihrer persönlichen Anliegen und Ziele. Im Staatsvolk der Moderne koexistieren bereits seit Hegels Zeit sehr unterschiedliche „psychosoziale Algorithmen", und wenn man mit Jongen unter „Kultur" die Verkörperung je eines solchen Algorithmus versteht, dann ist das Staatvolk immer an sich multikulturell.

Allerdings sind auch Kulturen an sich keineswegs homogene und in sich geschlossene Substanzen, die die Besonderheit ihrer Mitglieder determinieren und sich durch diese Mitglieder fortpflanzen, wie dies die Populisten suggerieren. In Anschluss an die prominente Wissenschaftstradition der *Cultural Studies* fassen Inci Dirim und Paul Mecheril „Kultur" als *soziale Praxis* auf, durch die Menschen ihrem Alltagshandeln im Wechselspiel mit gesellschaftlichen Rahmenbedingungen

---

[24] Hegel, Georg W.F (1821/1986), a. a. O., S. 447
[25] Ebd., S. 407

Sinn geben.[26] Dabei muss man sich vor Augen führen, dass jede Praxis ein aktives *Handeln* derjenigen impliziert, von denen diese Praxis ausgeht (in diesem Fall: die sinngebenden Menschen) – und nicht bloß ein passives Sich-bestimmen-lassen von vorgegebenen überindividuellen Algorithmen. Schaut man sich etwas genauer Kultur als Praxis an, dann wird man schnell merken, dass sie hochkomplex und zentral durch zwei Spannungsfelder gekennzeichnet ist: (1) Das Spannungsfeld zwischen Besonderheit und Allgemeinheit und (2) Das Spannungsfeld zwischen Gewohnheit und Reflexion. Es lohnt sich, diese zwei Spannungsfeldern gesondert zu erläutern, um dadurch ein differenziertes Bild vom spezifischen Charakter der Kulturen zu bekommen:

(1) Besonderheit und Allgemeinheit kultureller Sinngebung

Das oben besprochene Kulturverständnis von Jongen bringt lediglich in einer drastischen und biologizistisch gefärbten Form eine sehr verbreitete Vorstellung von Kultur zum Ausdruck, wonach Kultur ein Sammelsurium von überindividuell existierenden Wirklichkeitsdeutungsmustern ist, das Menschen vorfinden, die in einem gemeinsamen Territorium und in einer bestimmten historischen Epoche aufwachsen. Die Art und Weise, wie diese Menschen individuell ihre Welt und sich selbst sehen und interpretieren, was sie in ihrem Leben bezwecken, mit welchen Werten sie sich identifizieren und welche Normen sie befolgen, wird bei dieser Vorstellung als ein Abbild der vorgegebenen kollektiven kulturellen Deutungsmuster aufgefasst, die die Individuen in ihrer Sozialisation verinnerlichen.

In der Tat denken sich Menschen ihre Werte und Normen nicht allein und nicht „aus dem Nichts heraus" aus – genauso wenig wie sie die Wörter selbst erfinden, die sie benutzen. Sie finden vielmehr die Werte und Normen genauso wie die Wörter bei ihrer Geburt in einer bestimmten Umwelt vor, und sie beginnen nach und nach die Bedeutung der in dieser Umwelt existierenden Werte und Normen genauso wie die Bedeutung der Wörter zu verstehen, die sie tagtäglich hören, und die zu ihnen gesprochen werden. Was bedeutet es jedoch, einen Wert oder eine Norm, ja ein Wort zu verstehen?

Es bedeutet, grob gesagt, einen Sinn daraus zu machen. „Meaning-making" von vorgefundenen kulturellen oder sprachlichen Inhalten setzt voraus, dass das Subjekt sie in einen Zusammenhang mit seinen je individuellen Erfahrungen setzt, dass es sich in diesen Inhalten in seiner Individualität widergespiegelt sieht, dass es sie als Vehikel für die Artikulation der je eigenen Bedürfnissen und Anliegen

---

[26] Vgl. Dirim, Inci/Mecheril, Paul u. a. (2018): Heterogenität, Sprache(n) und Bildung. Eine differenz- und diskriminierungstheoretische Einführung. Bad Heilbrunn: Klinkhardt, S. 20f.

verwenden kann. Und da wir Menschen keine uniformierten, miteinander identischen Wesen sind (auch wenn wir eine gleiche Herkunft haben), sondern mit freiem Willen ausgestattet sind und sich unser Handeln und unsere Erfahrung ein Stückweit durch Willkür und Kontingenz auszeichnet, sind die Bedürfnis- und Erfahrungskonstellationen von jedem und jeder von uns einmalig und nicht von allgemeinen Algorithmen oder Kollektivnormen ableitbar.

Demnach interpretiert und lebt jeder Mensch die vorgefundenen Werte und Normen seiner primären Sozialisationsgemeinschaft auf je eigene Art und Weise aus. Dazu gehört auch die je eigene Art des Einzelnen, sich zu seiner Herkunft bzw. zu seiner „kulturellen Identität" insgesamt zu positionieren, sie interpretativ auszuleben, sie vollkommen oder partiell zu transzendieren. Je nach gemachten sozialen Erfahrungen kann das Individuum seine „Herkunftskultur" als identitätsprägend oder irrelevant für sich selbst, als einschränkend oder bereichernd interpretieren, etwa im Sinne von Aladin El-Mafaalanis Begriffs „Menschen mit internationaler Geschichte" oder „Deutschplus-Menschen".[27] In diesem Zusammenhang entwirft El-Mafaalani eine hochinteressante heuristische Typologie der Identifizierungen von Deutsch-Türken, die von einer Abgrenzung von „Biodeutschen" über mehr oder wenige diffuse oder klare Co-Existenz der Selbst-Identifizierungen als Türke und als Deutscher, bis hin zu einer Identifizierung mit einem erweiterten, staatsbürgerlich-demokratischen, abstammungsneutralen Verständnis dessen reichen, was deutsch ist.[28]

Umgekehrt gilt es, dass kollektive Identitäten, bzw. die in ihrem Rahmen allgemeingültigen und sie fundierenden Werte und Normen nur dann ihre Sinnhaftigkeit behalten können, wenn sie von den Beteiligten an diese Identitäten individuell gelebt und dabei stets transformiert und modifiziert werden. Andernfalls verkommen diese Werte und Normen zu abstrakten, „toten" Konventionen, die sich in sinnentleerten, zwanghaften Ritualen verkörpern. Václav Havel hat diesen Prozess unübertroffen anhand der hegemonialen Kultur in den ehemaligen realsozialistischen Staaten geschildert, deren Bürgerinnen und Bürger sich gezwungen sahen, stets die offiziellen Glaubenssätze dieser Kultur wie etwa „Arbeiter aller Länder, vereinigt Euch" zu wiederholen und sich stets an Partei-Manifestationen zu beteiligen, ohne über einen möglichen Sinn dieser Sätze und dieser Rituale auch nur im Geringsten nachzudenken.[29]

---

[27] El-Mafaalani, Aladin (2018): Das Integrationsparadox. Warum gelungene Integration zu mehr Konflikten führt. Köln: Kipenheuer & Witsch, S. 53f.

[28] Ebd., S. 122f.

[29] Vgl. Havel, Václav (1985): The Power of the Powerless, in *Václav Havel et al.: The Power of the Powerless* New York: Sharpe, S. 23–96, insb. S. 25–27

Hegelianisch gesprochen, kann Allgemeines nur in seiner Vermittlung mit Besonderem begrifflich existieren. Wie ich in Kap. 6 dieses Buches versuchen werde systematisch darzulegen, gehört zu dieser Vermittlung notwendigerweise ein Moment der Negation des Allgemeinen durch das Besondere. Bezogen auf die Werte und Normen einer Kultur bedeutet dies, dass sie nur dann sinnhaft sein können, wenn die Mitglieder dieser Kultur ihre tradierten Werte und Normen – zusammen mit der Identität dieser Kultur selbst – permanent auf der Grundlage von eigenen individuellen Erfahrungen und Biografien in Frage stellen und sie dabei auch ablehnen können. Kulturell fundierte Werte und Normen sind keine natürlichen Imperative und Gesetze, die das Verhalten von Menschengruppen („Völkern") wie biologische Instinkte determinieren, ohne von der reflexiven Zustimmung der von ihnen Betroffenen abhängig zu sein. Schließlich ist „Kultur" ja nicht „Natur". Dies scheinen jedoch Jongen und Co. nicht verstehen zu wollen.

(2) Gewohnheit und Reflexion in der Praxis der Kultur

Dennoch scheinen Kulturen auch ein Moment von (Quasi-)Natürlichkeit zu besitzen. Kulturspezifische Verhaltensmuster, Rollenerwartungen, Vorstellungen über gutes und richtiges Leben kommen oft in der Form von Selbstverständlichkeiten oder Axiomen vor, die keine Begründung bedürfen und über die man insgesamt nicht groß nachzudenken braucht. Vielmehr verinnerlicht das Individuum diese Verhaltensmuster, Rollenerwartungen und Wertsetzungen weitgehend unbewusst. Sie prägen sein Verhalten und Handeln in der Form von Gewohnheiten, die das Individuum durch seine Sozialisation erworben hat: nicht zufällig wird „Sozialisation" oft als „Enkulturation" ausbuchstabiert. Schließlich machen die Automatismen unserer enkulturierten Gewohnheiten unsere Handlungsfähigkeit überhaupt erst möglich – sie wäre nämlich nicht gegeben, falls wir in jedem Moment über die Richtigkeit unserer Handlungen nachdenken hätten müssen. Dies würde die Ausführung dieser Handlungen blockieren.

Nach dieser Auffassung von Kultur und Sozialisation als ihr subjektive Seite hätte grundsätzlich jede/r, der oder die in München aufgewachsen ist, die Gewohnheit entwickeln müssen, jedes Jahr Ende September in Lederhose oder Dirndl auf die „Wiesn" zu gehen. Durch seine oder ihre habitualisierten Besuche des Oktoberfestes habe er oder sie unbewusst den Wert der traditionellen Geselligkeit verinnerlicht, die viele als zentral für die „bayerische Leitkultur" betrachten. Dieser Wert würde dann ihr oder sein Verhalten in sämtlichen Lebensbereichen prägen.

Nun hinterfragen aber viele meiner Bekannten, die in München und Umgebung mit dem Oktoberfest groß geworden sind, seinen Sinn und Zweck, und reflektieren direkt oder indirekt über die Frage, ob das Fest wirklich eine heitere Geselligkeit verkörpert, angesichts seines kommerziellen Charakters, sowie angesichts des Umstandes, dass es an manchen Abenden überwiegend aus einer alkoholisierten Menschenmasse besteht, deren Verhalten sich durch Schlägereien und sexuelle Belästigungen auszeichnet. Auch wenn die Gewohnheit dieser Münchner Bekannten von mir nach wie vor besteht, jedes Jahr Ende September auf die „Wiesen" zu gehen, so entwickeln sie jedoch zugleich eine kritische Distanz zu dieser Gewohnheit und hinterfragen ihren Sinn und Zweck.

Diese Haltung scheint mir typisch zu sein für Praktiken alltagskultureller Sinngebung, zumindest in ihren modernen Formen: Man lässt sich von tradierten kollektiven Mustern solcher Praktiken nicht in seinem Verhalten zur Welt und zu sich determinieren, sondern man benutzt allenfalls solche Muster in der Form von bestimmten Ritualen, Sitten und Gebräuchen reflexiv als vorhandene und durch die eigene Biografie vertrauten symbolischen Ressourcen der Artikulation der eigenen Individualität, bzw. der Ich-Identität. Dabei geschieht die individuelle Umsetzung von solchen Mustern bewusst und selektiv, d. h. man entscheidet sich für und gegen bestimmte Gewohnheiten aufgrund dem Abwiegen von Gründen: Viele von meinen bekannten Münchnern entscheiden sich bewusst, ihre ansozialisierte Gewohnheit beizubehalten, jedes Jahr bei dem Oktoberfest dabei zu sein, trotz ihrer kritisch-reflexiven Distanz zu der Art und Weise seiner Durchführung, weil für sie das Fest immer noch eine biografisch aufbewahrte Möglichkeit ist, Geselligkeit als etwas für sie wertvolles auszuleben, und sich als Menschen zu artikulieren, die eben Wert auf Geselligkeit legen. Andere finden wiederum in anderen, eher „fremdkulturellen" Sitten und Gebräuchen wie z. B. Mitgliedschaften in Musik-Fanclubs bessere Ressourcen für die Artikulation und das Ausleben ihrer Werte. Sobald sich die einen wie die anderen für eine bestimmte Gewohnheit entscheiden, lassen sie die aus dieser Gewohnheit resultierenden Handlungsabläufen bei sich automatisieren. Dabei kann aber eine kritische Reflexion über die Gewohnheit immer dann einsetzen, wenn sie in Konflikt mit neuen Erfahrungen oder Erkenntnissen des Individuums tritt.

Diese Überlegungen legen den Schluss nahe, dass Gewohnheit und Reflexion keineswegs in einem binären Verhältnis des gegenseitigen Ausschließens zueinanderstehen. Vielmehr werden intelligente und plastische Gewohnheiten durch Reflexion vermittelt. Das ist der Hauptunterschied der Gewohnheiten als Bauelemente der Kultur als „zweite Natur" des Menschen von unbewusstem instinktgesteuertem Verhalten als Kern seiner „ersten", biologischen Natur.

Sind reflexiv vermittelte und plastische, individuell revidierbare und transformierbare Gewohnheiten das tragende Element moderner Alltagskultur, so gibt es umgekehrt auch eine Form von Kultur, bei denen Reflexion selbst, verstanden als Rekonstruktion und kritische Überprüfung der Argumentationsbasis von Werte-

und Normsetzungen, sowie generell von Behauptungen zur Gewohnheit erhoben wird. Wir können diese Form als *Bildungskultur* bezeichnen, wenn wir mit John McDowell „Bildung" als Offenhalten der eigenen Augen für den Raum der Gründe verstehen; ein Offenhalten, das durch den Erwerb einer entsprechenden „zweiten Natur" ermöglicht und aufrechterhalten wird.[30] Bildung, so verstanden, lässt sich mit Julian Nida-Rümelin als die Entwicklung der Fähigkeit umschreiben, sich von Gründen affizieren und von Gründen leiten zu lassen. Nach Nida-Rümelin umfasst diese übergeordnete Fähigkeit die für ihn zentralen Bildungsziele, die er als Fähigkeiten des Einzelnen bestimmt, vernünftige Überzeugungen auszubilden, das eigene Leben autonom zu gestalten, und Verantwortung wahrzunehmen.[31] Die Entwicklung dieser Fähigkeit ist eingebettet in den Erwerb einer Gewohnheit des Individuums, bei jeder Behauptung von Sachverhalten und jeder Annahme von Werten und Normen durch sich und andere stets nach den Begründungen von dieser Behauptung und dieser Annahme zu fragen, diese Begründungen nach ihrer Schlüssigkeit zu bewerten und sie mit (möglichen) Gegen-Argumenten zu konfrontieren – eine Gewohnheit, die zur zweiten Natur des gebildeten Menschen wird.

Mit dieser Vorstellung von Bildung als Entwicklung der Fähigkeit zur argumentativen (Selbst-)Reflexion werde ich mich im Kap. 6 näher befassen. An dieser Stelle gilt es lediglich festzuhalten, dass die so verstandene Bildung in eine Kultur eingebettet ist, die eine zwar habitualisierte, aber zugleich reflexiv-argumentative und individuelle Autonomie stiftende Praxis darstellt – eine Kultur, die der statisch-homogenen, irrationalistischen und ent-individualisierenden Kulturideologie der Populisten diametral entgegengesetzt ist.

Kulturalismus als Ausdruck von Halbbildung

Populisten fassen „Volk" als ein organisches kollektives Subjekt auf, das als ein „Großkörper" in Erscheinung tritt. Als „Seele" dieses Kollektivsubjekts erscheint hier eine homogene „Kultur", die Einzelmenschen mit gleicher Herkunft und So-

---

[30] Dieses Verständnis von Bildung kommt am klarsten und am prägnantesten an der folgenden Stelle im McDowells Hauptwerk „Mind and World": „If we generalize the way Aristotle conceives the moulding of ethical character, we arrive at the notion of having one's eyes opened to reasons at large by acquiring a second nature. I cannot think of a good short English expression for this, but it is what figures in German philosophy as *Bildung*" (McDowell, John (1996): Mind and World: with a New Introduction. Cambridge MA/London: Harvard University Press, S. 84)

[31] Vgl. Nida-Rümelin, Julian (2013): Philosophie einer humanen Bildung. Hamburg: edition Körber-Stiftung, S. 83

zialisation als Substanz umfasst, welche nur deshalb als „Volksgenossen" gelten können, weil sie in ihrer Einzelheit lediglich als Akzidenzen, als Erscheinungsformen dieser Substanz fungieren. Sie bestimme das Denken und das (Alltags-) Handeln der Einzelnen bis ins kleinste Detail, einschließlich ihrer angeblich identitätsstiftenden Abgrenzung von kultur- bzw. herkunftsfremden Anderen. Dieses substanzialistische und deterministische Verständnis von Kultur bezeichne ich im Folgenden als *kulturalistische Ideologie*, oder einfach als *Kulturalismus*.

Die Zurückweisung vom Kulturalismus als dehumanisierende Ideologie, die – wie wir es im nächsten Kapitel sehen werden – vielfach institutionell verankert ist, bedeutet freilich nicht, die kulturelle Einbettung von Welt- und Selbstbezügen von Menschen zu verneinen. Sie brauchen ohne Zweifel in ihrem Vorfeld vorhandene, allgemein geteilte Wirklichkeitsdeutungsmuster und Wertenarrative vorzufinden, damit sie ihre eigenen Weltbilder, Wertevorstellungen, Lebensziele herausbilden und artikulieren können. Diese kulturellen Wirklichkeitsdeutungsmuster und Wertenarrative sind jedoch keine Determinanten des individuellen Denkens und Handelns, sondern eher Instrumente oder Ressourcen der Selbst-Bildung der Einzelnen in ihrer jeweiligen Besonderheit, welche wiederum aus ihren individuellen Erfahrungen und Biografien hervorgeht. Dabei liegt es nahe, dass Menschen in erster Linie solche kulturellen Ressourcen für ihre Selbst-Artikulation benutzen, die ihnen bereits durch ihr Aufwachsen in einem bestimmten sozialen Umfeld vertraut sind. Dies ist allerdings keineswegs zwingend: Heutzutage kombinieren viele Menschen „eigenkulturelle" und „fremdkulturelle" Horizonte bei der Artikulation ihrer Welt- und Selbstwahrnehmungen; nicht wenige können sich mit Sitten und Gebräuchen der Gemeinschaft, in die sie hineingeboren und in der sie aufgewachsen sind, überhaupt nicht identifizieren, und lehnen sie gänzlich oder teilweise ab, um sich alternativen kulturellen Ressourcen zuzuwenden.

Der Populismus ist die markanteste, weil unmittelbar politisch angewandte und politisch zugespitzte, vielfach auch politisch skandalisierende Form des Kulturalismus, aber dieser prägt auch viele weitere gesellschaftliche Bereiche außerhalb der Politik, wie etwa Schulbildung, Arbeitsleben, Freizeit, Nachbarschaftsbeziehungen etc. In all diesen Bereiche fungiert der Kulturalismus als aktive Missachtung der individuellen Besonderheit von Menschen durch ihre Reduzierung zu Vertreter/innen einer „kulturellen Identität", die als undifferenziertes abstraktes Allgemeines konstruiert wird. Wegen dieser Abstraktheit kann der Kulturalist ihr beliebige Kollektivmerkmale je nach Vorurteilen oder subjektiven Interessen zuschreiben. So hat mir einmal ein ehemaliger Teamkollege gesagt, ich müsste mich für russische Literatur wegen der gemeinsamen kulturellen Wurzel von Bulgaren und Russen interessieren; Wurzel, über die er, im Unterschied zu den anderen Teamkolleg/innen, irgendwo etwas gelesen oder gehört habe. Als ich ihm erwidert habe, dass ich ein solches Interesse vermutlich wegen meiner ganz persönlichen literarischen Faulheit bislang nicht entwickeln konnte, dann sagte er zu mir: „Ach, verständlich, ich weiß, dass es in der jüngsten Geschichte viele Konflikten zwischen Bulgarien und Russland gab." Nun waren meine Beziehungen mit diesem Arbeitskollegen angespannt. Ich vermute, dass er mich mit solchen Äußerungen bewusst, oder eher unbewusst verletzen wollte. Und in der Tat empfinde ich sie bis heute, mehrere Jahre danach, als eine Verletzung, die in der Reduzierung meiner individuellen Motive, Vorlieben oder Charaktereigenschaften zu einer vermeintlichen kollektiven kulturellen Identität besteht.

Der so beschriebene Kulturalismus ist also lediglich als ein Sonderfall von Halbbildung anzusehen, der allerdings die heute vielleicht meist verbreitetste Form von ihr ist. Wie bereits in der Einführung erwähnt, ist die Auflösung des Besonderen in einem abstrakten Allgemeinen das zentrale Merkmal von Halbbildung nach Adorno. Nach ihm gilt bei ihr das Einzelne nur noch als Repräsentant des Allgemeinen, das in sich undifferenziert, ja formlos und ohne Begriff ist. Diesbezüglich gilt: „Der Begriff wird von der dekretorischen Subsumtion unter irgendwelche fertigen, der dialektischen Korrektur entzogenen Clichés abgelöst, die ihre verderbliche Gewalt unter totalitären Systemen enthüllen: auch ihre Form ist das isolierende, aufspießende, einspruchslose „Das ist"".[32] Zugleich bedient Halbbildung narzisstische Triebe ihres Subjekts: Der Halbgebildete stilisiert sich als jemanden hoch, der Bescheid über wissenschaftliche, historische, oder politische Dinge weiß, und der deshalb berechtigt ist, generische Erklärungen für sämtliche Handlungen und Verhaltensweisen von Einzelmenschen zu geben, sie in Schubladen zu stecken, und sich so über sie zu erheben. Durch diesen Anspruch auf generisches Erklärungsvermögen unterscheidet sich der Halbgebildete vom akademisch Ungebildeten, der mit quasi-wissenschaftlichen Allgemeinplätzen nicht befasst war und deshalb der Versuchung der Generalisierungen eher wiederstehen und menschliche Individuen eher unmittelbar in ihrer Einzelheit wahrnehmen und anerkennen kann.

Mit der Auflösung des Besonderen in einem abstrakten Allgemeinen hängen zwei weitere konstitutive Merkmale von Halbbildung eng zusammen. Zum einen zeichnet sich Halbbildung nach Adorno als eine eklektische Konstruktion von generischen Erklärungsmustern aus fragmentierten Erkenntnissen aus, welche aus ihrem Entstehungs-Begründungszusammenhang herausgerissenen werden und aus unterschiedlichen Kontexten stammen. Zum anderen werden Bildungsinhalte durch Halbbildung verdinglicht. Dabei werden sie „konsumfreundlich" umgestaltet, wodurch sie ihre Objektivität, ihren Eigenwert und ihre lebendige

---

[32] Adorno, Theodor (1959/2006): a. a. O., S. 51

Widerspenstigkeit verlieren. Diese ist aber konstitutiv für Ermöglichung von Bildungsprozessen im Sinne von Subjektivitätsentwicklung.[33]

Die bekannte, viel zitierte Behauptung Adornos, dass „[d]as Halbeverstandene und Halberfahrene nicht die Vorstufe der Bildung, sondern ihr Todfeind [ist]",[34] lässt sich am ehesten im Lichte des zuerst erwähnten Merkmals des Eklektizismus von Halbbildung verstehen. Diesbezüglich führt Adorno das Beispiel eines Menschen (eines „Oberküfers") auf, „[d]er im Drang nach Höherem zur Kritik der reinen Vernunft griff, bei der Astrologie endete, offenbar weil er einzig darin das Sittengesetz in uns mit dem gestirnten Himmel über uns zu vereinen vermochte."[35] Diese Person wollte offenbar die Philosophie von Immanuel Kant für sich anhand seines bekannten Satzes rekonstruieren, dass zwei Dinge das Gemüt mit Bewunderung und Ehrfrucht erfüllen, je intensiver man über sie nachdenke – der gestirnte Himmel über mir und moralische Gesetz in mir. Dabei hat aber die Person diese Behauptung aus der inneren Logik und Argumentationslinie Kants herausgerissen und sich den langen und beschwerlichen Begründungs- und Schlussfolgerungsweg zu ihr erspart. Stattdessen versuchte sie, zu der Quintessenz der kantischen Philosophie auf dem viel einfacheren und kürzeren Weg der Astrologie zu gelangen, der aber dieser Philosophie nicht nur vollkommen fremd, sondern ihrem Rationalismus geradezu entgegengesetzt ist.

Dieser Fall erscheint uns so absurd, weil er auf einer eklatanten Art und Weise unserer Intuition widerspricht, dass man einzelne Behauptungen oder Erkenntnisse nur dann verstehen kann, wenn man die Argumentationsstruktur mit in Betracht zieht, in der diese Behauptungen und Erkenntnisse eingebettet sind, d. h. wenn man ihre Prämissen und Gründe nachvollzieht. Dies gilt genauso für das Verstehen von menschlichen Handlungen und Verhaltensweisen. Sie mit der „Kultur" ihrer Subjekte zu erklären, bedeutet in den allermeisten Fällen, die individuellen Gründe für diese Handlungen und Verhaltensweise zu ignorieren bzw. nicht verstehen zu wollen. Diese Haltung der kulturalistischen Ignoranz wird in dem folgenden ironischen Spruch der Figur des türkischstämmigen Privatdetektivs Kayankaya im Jacob Arjounis Kriminalroman „Ein Mann, ein Mord" so pointiert ausgedrückt:

---

[33] Vgl. Adorno, Theodor (1959/2006): a. a. O., S. 21f.; S. 25; S. 42f.; S 49f.. Vgl. auch Stojanov, Krassimir (2012): Theodor W. Adorno – Education as Social Critique, in *Pauli Siljander, Ari Kivelä and Ari Sutinen (Eds.): Theories of Bildung and Growth. Connections and Controversies Between Continental Educational Thinking and American Pragmatism.* Amsterdam: Sense Publishers, S. 125–134

[34] Adorno, Theodor (1959/2006), a. a. O., S. 42

[35] Ebenda, S. 42f.

„Daß alle Leute außerhalb Mitteleuropas für ihre Handlungen keine Gründe, sondern Kultur haben sollen".[36]

Kulturalistische Verklärungen individuellen Handelns sind nicht weit entfernt vom astrologischen Interpretationsversuch von Kants Verständnis des moralischen Gesetzes. Diese strukturelle Ähnlichkeit kommt etwa im Postulieren von Merkmalen einer „muslimischen Kultur" als universelle *Ursache* für alle möglichen Formen von aggressivem, aufmüpfigem, oder einfach unangepasstem Verhalten von Jugendlichen mit türkischen oder arabischen familiären Wurzeln an Schulen zutage: eine „Kultur", die man anhand von kursorischen Lektüren von Zeitungsartikeln, oder, wie die bereits zitierte Bestseller-Autorin Ingrid Freimuth es tut, anhand von einem Aufenthalt in irgendeinem südlichen Land konstruiert wird, selbst wenn dieses Land (in diesem Fall Griechenland) nicht muslimisch geprägt ist.[37] Durch diese Konstruktion erspart man sich die mühevolle Analyse der je individuellen und inhärenten *Gründe* für destruktives Verhalten, die in den biografischen Erfahrungen der betroffenen Jugendlichen zu lokalisieren sind – z. B. in Erfahrungen einer herkunftsbezogenen Diskriminierung oder Missachtung.

In solchen kulturalitischen Konstruktionen kommt auch das zweite Hauptmerkmal von Halbbildung zum Ausdruck – Verdinglichung von Bildungsinhalten. Das Handeln von menschlichen Individuen in seinen Beweggründen und in seiner Einbettung in der Biografie und der Sozialisation dieser Individuen ist insofern ein wichtiger Bildungsinhalt, als das Verstehen dieses Handelns zur Entstehung von neuen Welt- und Selbstbildern bei dem oder der Verstehenden führen kann. Er oder sie kann dadurch z. B. seine/ihre Kenntnisse über Handlungsmotivationen und ihre biografischen Verankerungen erweitern, oder sich von bestimmten Vorurteilen befreien. Der Kulturalismus der Halbbildung fasst jedoch menschliche Individuen nicht als Subjekte mit freiem Willen auf, die auf der Basis von Gründen handeln, sondern als Dinge, deren Verhalten von den quasi-natürlichen Kräften der „Herkunftskultur" verursacht wird. Dadurch kann die Begegnung mit den fraglichen Jugendlichen keinen Bildungsprozess bei dem Kulturalist oder der Kulturalistin initiieren. Sein oder ihr Denken und Handeln bleibt verhaftet in den gewohnten Klischees. Dieser Umstand ist jedoch geradezu zu vernachlässigen angesichts der Leiden, die kulturalistische Verdinglichungen bei ihren Adressaten hervorrufen. Unter anderem werden sie von argumentativen Diskursen ausgeschlossen, da nicht nur ihre Handlungen, sondern auch ihre Meinungen und Positionen als determiniert durch ihre „Herkunftskultur" angesehen werden, wodurch die Gründe für ihre

---

[36] Arjouni, Jacob (1993): Ein Mann, ein Mord. Ein Kayankaya-Roman. Zürich: Diogenes, S. 39

[37] Vgl. Freimuth, Ingrid (2018), a. a. O., S. 11; S. 18; S. 45–52

Handlungen und die Begründungen ihrer Meinungen strukturell ignoriert bzw. missachtet werden. Generell laufen kulturalistische Zuschreibungen der argumentativ ausgerichteten und pluralistischen Öffentlichkeit zuwider, die den Kern der modernen Demokratie darstellt. Damit richten diese Zuschreibungen einen schwerwiegenden gesamtgesellschaftlichen Schaden an, indem sie insofern eine bildungsfeindliche Atmosphäre entstehen lassen, als Bildung als begriffliche Selbst-Artikulation des Einzelnen zu verstehen ist, die auf argumentative Kommunikation mit den anderen Gesellschaftsmitgliedern in ihrer Andersheit angewiesen ist.[38]

Der Begriff der Halbbildung jenseits Adornos Elitismus

Für Adorno entsteht und verbreitet sich Halbbildung durch das, was er als „Kulturindustrie" bezeichnet. Ist Bildung nach ihm „Kultur nach der Seite ihrer subjektiven Zueignung",[39] so ist Halbbildung als die subjektive Seite von Kulturindustrie zu verstehen. Diese lässt sich als kommerzialisierte Massenkultur verstehen: Hier würden Kulturgüter (eigentlich Kultursurrogaten) nach Marktmechanismen für die breiten Massen produziert, wobei die Kulturinhalte dem Bewusstsein der Massen angepasst würden, anstatt Bildungsprozesse zu initiieren, die dieses Bewusstsein verändern.[40] Dementsprechend werden diese Kulturinhalte als leicht assimilierbar, als konsumfreundlich gestaltet. Dabei geht die Differenziertheit, die Widerspenstigkeit, die Eigensinnigkeit, ja insgesamt die Individualität „echter" kultureller Objekte verloren. Stattdessen werden kulturelle Gehalte marktförmig und konsumfreundlich unifiziert, und die Aneignung dieser Gehalte durch ihre Konsumenten trägt zu einer entsprechenden Unifizierung auch von ihnen, zu ihrer Kollektivierung bei, welche der Entwicklung von individueller Autonomie zuwiderläuft.

Nach Adorno entsteht und verbreitet sich die so beschriebene Halbbildung vor allem in ländlichen Gebieten aus, die er als „Brutstätten von Halbbildung" bezeichnet. In Bezug auf diese Gebiete behauptet Adorno in seiner „Theorie der Halbbildung": „Dort ist, nicht zuletzt dank der Massenmedien Radio und Fernsehen, die vorbürgerliche, wesentlich an der traditionellen Religion haftende Vorstellungswelt jäh zerbrochen. Sie wird verdrängt vom Geist der Kulturindustrie; das Apriori des eigentlich bürgerlichen Bildungsbegriffs jedoch, die Autonomie, hat keine Zeit gehabt, sich zu formieren. Das Bewußtsein geht unmittelbar von

---

[38] Dieses Verständnis von Bildung wird im Kap. 4 systematisch dargelegt.
[39] Adorno, Theodor (1959/2006): a. a. O., S. 9
[40] Vgl. ebd.; S. 21

einer zur anderen Heteronomie über; anstelle der Autorität der Bibel tritt die des Sportplatzes, des Fernsehens und der „Wahren Geschichten", die auf den Anspruch des Buchstäblichen, der Tatsächlichkeit diesseits der produktiven Einbildungskraft sich stützt."[41] Weiter heißt es, dass die gesellschaftliche Struktur, sprich die Kulturindustrie, verhindern würde, dass die „Neophythen" (!) sich die Kulturgüter in ihrer Lebendigkeit und nach ihrem Begriff zueignen.[42]

Die elitistischen Töne in diesen Formulierungen sind unüberhörbar. Halbbildung entstehe demnach durch die massenhafte Verbreitung von kulturellen Inhalten bis hin in die „ländlichen Bezirke", wo die Menschen (noch) nicht über Autonomie und „produktive Einbildungskraft" verfügen würden, um die exklusiv-bürgerliche Hochkultur adäquat wahrzunehmen, in der diese Inhalte eingebettet seien. Diese Ansichten Adornos sind von der grundlegenden Skepsis konservativer Vertreter des Bildungsbürgertums gegen die Demokratisierung von Kultur und Bildung nicht weit entfernt. Zwar sei nach Adorno die Entstehung von Halbbildung bereits im klassischen Bildungsbegriff angelegt, da er Kultur als eine selbstständige, von den ökonomischen und politischen Funktionsmechanismen der Gesellschaft abstrahierende Sphäre hochstilisieren würde, und dadurch die Durchdingung der Kultur durch diese Mechanismen und ihre politische und wirtschaftliche Instrumentalisierung nicht reflektieren könnte. Allerdings tauge als Antithese zur Halbbildung lediglich der traditionelle Bildungsbegriff; nur aus dem, was „einmal Bildung war", könne der Geist die Kraft zum Widerstand gegen die Halbbildung schöpfen.[43]

Dieser sich tendenziell gegen Demokratisierung von Bildung richtende Elitismus gründet sich indes nicht nur auf Adornos Festhalten am traditionellhochkulturellen Bildungsbegriff, den er um eine selbstreflexive Dimension erweitern will, sondern auch auf sein Verständnis von kommerzieller Massenkultur. Dieses Verständnis ist zum einen viel zu undifferenziert in seiner Negativität. Zum anderen ist es übergeneralisierend, da es der Kulturindustrie die ausschließliche Verantwortung für die Verbreitung von Halbbildung zuschreibt.

Was der erstere Punkt angeht, so lässt sich feststellen, dass Adorno sehr unterschiedliche massenkulturelle Phänomene und Akteure über einen Kamm schart. Für ihn sind etwa Jazz und „Beat" dasselbe wie Schlagermusik oder Fernsehen-Seifenopern; kommerzielles Unterhaltungskino nach Hollywood-Mustern setzt er auf die gleichen Ebene mit derjenigen „Heteronomie", die „im Reich des Hitler" in

---

[41] Ebenda, S. 18f.
[42] Vgl. ebd., S. 21
[43] Vgl. ebd., S. 24f; S. 61

einer drastischen Form zum Vorschein gekommen sei.[44] Dabei übersieht Adorno emanzipatorische, auch bildungsstiftende Elemente, die in der Popkultur oder im Leistungssport (welche nach ihm ohne Zweifel zur kommerziellen Unterhaltungskultur gehören) enthalten sind. Der Jazz etwa hat sicherlich viel zur sozialen Inklusion und zur Wertschätzung von afrikanischer und afroamerikanischer Kunst beigetragen als eine kreative und universelle Form von Selbst-Artikulation. Aus eigener Erfahrung, die ich während meines Aufwachsens im kommunistischen Bulgarien machte, weiß ich, wie motivierend und unterstützend Rockmusik sowohl für das individuelle Streben nach Freiheit wie auch für den kollektiven Widerstand gegen diktatorische oder totalitäre Regime sein kann. Vielleicht hat nichts mehr für den Abbau von Rassen-Vorurteilen und gruppenbezogene Stigmata beigetragen als die multiethnischen und multikulturellen Teams der großen Fußballclubs in Deutschland und Europa. Mit anderen Worten, bedeutet die Vermarktung und die breite Verbreitung von bestimmten massenkulturellen Inhalten längst nicht, dass diese Inhalte per se die Entwicklung von reichhaltigen und differenzierten Welt- und Selbstbezügen ihrer Konsument/innen behindern, oder dass sie die Konsument/innen zu einer angepassten Masse kollektivieren würden.

Zum anderen lässt sich mit gutem Grund anzweifeln, dass kommerzielle Massen- bzw. Unterhaltungskultur den einzigen, oder sogar den wichtigsten Faktor für die Entstehung und Verbreitung von Halbbildung heutzutage darstellt. Wenn wir uns den oben dargelegten Kulturalismus als ihre gegenwärtig meistverbreitete Erscheinungsform vor Augen führen, dann werden wir schnell feststellen, dass kommerzielle Massenkultur hierbei zwar eine Rolle spielt, diese aber eher als zweitrangig und unterstützend anzusehen ist. Gewiss, kulturalistische Erklärungen verkaufen sich gut etwa in der kommerziellen Boulevard-Presse, in Populärbüchern, oft auch im Fernsehen und Radio. Aber sie verkaufen sich gut, weil es einen Bedarf an sie gibt; einen Bedarf generell an schlichte und zugleich anscheinend universelle Erklärungsangebote für an sich komplexe Sachverhalte. Und dieser Bedarf selbst wird nicht primär von der Kulturindustrie erzeugt. Man kann davon ausgehen, dass er in der Bestrebung nach Komplexitätsreduzierung von menschlichen Subjekten und gesellschaftlichen Subsystemen eingebaut ist. Mechtild Gomolla und Frank-Olaf Radtke haben bereits vor zwei Dekaden die gängige Praxis der kulturalisierenden Zuschreibungen von Schüler/innen aus Migrant/innenfamilien als eine Komplexität reduzierender Externalisierung der eigenen Probleme und Defizite des Schulsystems und ihre Verlagerung in die Familien bzw.

---

[44] Vgl. ebd., S. 19. Vgl. auch Adorno (1971): a. a. O., S. 114; S. 145f.

in ihrer „fremdkulturellen" Herkunft beschrieben.[45] Ähnliches kann man auf der Ebene des hochkomplexen Handels einzelner Lehrer/innen annehmen: Wenn sie keinen Zugang zu bestimmten Schüler/innen „mit Migrationshintergrund" finden, oder auf Widerstand oder gar Ablehnung bei ihnen stoßen, dann ist die Versuchung verständlicherweise groß, die Gründe dafür nicht bei sich selbst zu suchen, sondern sie in die „Kultur" der betroffenen Schüler/innen hineinzuprojizieren.

Dieser Externalisierungs- und Komplexitätsreduzierungsmechanismus, der von oft überfordernden Differenzierungen im Denken und Handeln entlastet, kommt natürlich nicht nur im Bereich der Schulbildung vor. Im Bereich der Politik findet dieser Mechanismus etwa in dem Mythos vom „Bevölkerungsaustausch" einen weit verbreiteten Ausdruck, der von rechtspopulistischen und rechtsextremen Akteuren fleißig verbreitet wird, und offenbar eine große Resonanz nicht nur in Deutschland, sondern unter anderem bei den Anhängern von Donald Trump in den USA findet.[46] Dabei identifizieren Menschen, die aufgrund von strukturellen Veränderungen in Industrie und Arbeitsmarkt um ihre wirtschaftliche Existenz fürchten müssen, die transnationale Migration als *die* Bedrohung für diese Existenz. Die Migration wird wiederum nicht als Resultat objektiver gesellschaftlicher Prozesse angesehen, sondern als absichtsvolle Kreation einer mächtigen und geheimnisvollen globalen Elite. Aus der in im Prinzip richtigen Erkenntnis, dass eine kleine globale Schicht von Superreichen sich immer stärker ökonomisch vom Rest der Menschheit abhebt, wird der Trugschluss gezogen, dass diese Schicht Migrationskanäle bewusst steuert und die Demografie sämtlicher Länder planvoll verändern will. Dadurch erspart man sich einen mühevollen Versuch, die komplexen Ursachen und Auswirkungen für und von Migration zu verstehen.

Solche stark vereinfachenden, aus Bruchstücken von Erkenntnissen und Mythen eklektisch zusammengesetzten und zugleich Allgemeingültigkeit ohne ernsthafte Argumentation behauptende Erklärungsmuster werden verstärkt im Kontext der Komplexitätssteigerung in der spätmodernen globalen und posttraditionalen Gesellschaft nachgefragt.[47] In dieser büßen traditionelle Rollen, Privilegien, Deutungs- und Verhaltensmuster ihre Selbstverständlichkeit ein. Eine starke Individua-

---

[45] Vgl. Gomola, Mechtild/Radtke, Frank-Olaf (2002): Institutionelle Diskriminierung. Herstellung ethnischer Differenz in der Schule. Opladen: Leske + Budrich, S. 21; S. 257–262

[46] Vgl. Eder, Jacob (2018): Soros als Synonym, in TAZ vom 11.11.18. Online unter: https://taz.de/Debatte-Trumps-Rhetorik-und-Pittsburgh/!5546664/(Letzter Zugriff am 18.04.2021)

[47] Zum Begriff der spätmodernen posttraditionellen Gesellschaft vgl. Giddens, Anthony (1994): Living in a Post-Traditional Society, in: *Beck, Ulrich/Giddens, Anthony/Lash, Scott: Reflexive Modernization.* Cambridge: Polity Press, S. 56–107

lisierung und Pluralisierung setzt an, welche nicht nur einzelne Menschen, sondern auch gesellschaftliche Institutionen wie etwa Schulen oft zu überfordern scheint. Zudem finden solche grob vereinfachenden, komplexitätsreduzierenden Erklärungsmuster in der Form von Halb-Wissen und Verschwörungstheorien heutzutage eine viel leichtere Verbreitung und Festsetzung in der Öffentlichkeit als noch vor wenigen Jahren. Der bekannte Öffentlichkeitsforscher Bernhard Peters stellte noch in den 1990er-Jahren fest, dass anerkannte Institutionen der Massenkommunikation wie Presse, Rundfunk und Buchverlage als „Gatekeepers" und „Agenda-Setters" fungierten. Diese regelten, welche Themen und Positionen Zugang zur Öffentlichkeit finden, und übten zugleich eine Art Qualitätskontotrolle in Bezug auf den Wahrheitsgehalt der Berichtserstattung über diese Themen und Positionen aus.[48] Heutzutage scheinen solche „Filter" weitgehend außer Kraft gesetzt: und dies nicht nur wegen der rasanten Verbreitung der sozialen Medien, in denen jede/r seine oder ihre subjektiven Theorien, Interpretationen oder auch Vorurteile ohne weiteres publizieren kann. Nicht nur von den sozialen Medien, sondern auch von gewissen Talkshows und Sensations-Reportagen in den klassischen Medien, die sich durch den relativ neuartigen Stil des „politainment" auszeichnen,[49] werden öffentliche Diskurse mit vielen eklektisch konstruierten, undifferenzierten (dafür aber stark polarisierenden), und nicht-argumentativen, (dafür aber stark emotionalisierten) Inhalten gespeist. Ihre Konsumation führt eben zur Halbbildung im oben dargelegten Sinne. Dabei dienen solche Medienformate auch dazu, Gruppen von Gleichgesinnten zu bilden, die sich in Echokammern einschließen, sich so in ihren Vor-Urteilen gegenseitig stärken und sich gegenüber alternativen Positionen und Gegenargumente komplett verschließen.[50]

Die kulturalistischen und die verschwörungstheoretischen Erklärungsmuster, die hier gemeint sind, sind als Form von Halb-Wissen zu betrachten, das einerseits durch Halbbildung hervorgerufen wird, anderseits aber diese seinerseits ermöglicht bzw. verstärkt. Im nächsten Abschnitt werde ich diesen Zusammengang zwischen Halb-Wissen und Halbbildung anhand der Art und Weise exemplarisch verdeutlichen, wie man den Begriff der Identität in gegenwärtigen öffentlichen Diskursen mehrheitlich verwendet. Zunächst gilt jedoch in Bezug auf Adornos Theorie der Halbbildung zusammenfassend Folgendes festzuhalten: Halbbildung ist die Aneignung von einem abstrakten undifferenzierten Allgemeinen, welche das

---

[48] Vgl. Peters, Bernhard (2007): Der Sinn von Öffentlichkeit. Mit einem Vorwort von Jürgen Habermas. Frankfurt a. M.: Suhrkamp, S. 79–87

[49] Vgl. Ekkehard Nuissl, Ekkerhard/Popović, Katarina (2010): Populismus und Bildung, in Zeitschrift für Weiterbildungsforschung (ZfW), Heft 43 (2020), S. 339–355, insb. S. 343

[50] Vgl. ebd., S. 343

Besondere und Individuelle nicht beachtet bzw. abwürgt – das Besondere und Individuelle sowohl in der Welt, als auch im Subjekt selbst sowie in seinen Mitmenschen. Gegen Adorno lässt sich allerdings mit gutem Grund behaupten, dass dieses Abwürgen zwar durch gewisse Marktmechanismen begünstigt werden kann, dass es aber nicht pauschal der „Kulturindustrie" zuzuschreiben ist. Es gibt im Gegenteil massenkulturelle Formen wie Jazz, Rock, oder Popart, die mächtige Artikulationsformen der Individualität auch von Vertreter/innen bisher missachteter Gruppen darstellen; eine Individualität, die sich gegen Anpassungs- und Unterwerfungszwang behauptet. Vielmehr werden klischeehafte Erklärungsmuster und quasibegriffliche Konstrukte vor allem in den öffentlichen Diskursen und durch diese produziert und transportiert. Dabei wird die öffentliche Verbreitung von solchen Mustern und Konstrukten durch die Fragmentierung der Massenmedien und durch die Verbreitung der sozialen Medien in den letzten Jahren stark begünstigt. Die Verbreitung von Halb-Wissen ist indes selten kommerziell motiviert: Diejenigen, die kulturalistische Klischees oder Verschwörungstheorien etwa auf Facebook posten, tun dies nur in seltenen Fällen, um Geld damit zu verdienen. Welche Motive hinter dieser Verbreitung stehen und welche Bedürfnisse mit ihr befriedigt werden sollen, möchte ich im nächsten Abschnitt anhand des öffentlichen Gebrauchs von „Identität" verdeutlichen.

Halbbildung und Halbwissen. Das Beispiel „Identität"

„Identität" ist in den letzten Jahren zu einem Kampfbegriff rechtspopulistischer und rechtsextremer Parteien und Bewegungen geworden. So heißt „Identität und Demokratie" eine 2019 gegründete Fraktion im Europäischen Parlament, zu der Parteien wie die AfD, Marie le Pens „Nationale Sammlung", die italienische „Lega" usw. gehören. Aus der „Politischen Erklärung" dieser Zusammensetzung rechtspopulistischer bzw. rechtsextremer Parteien ist zu entnehmen, dass ihr oberstes Ziel der Schutz der „Identität der Bürger und Nationen in Europa" sei. Im gleichen Atemzug wird in der Erklärung von einem angeblichen „Recht" auf Kontrolle und Begrenzung von Einwanderung gesprochen; ein Recht, dessen Durchsetzung offenbar den „Identitätsschutz" gewährleisten soll.[51] Einwanderung wird also als eine Bedrohung für die Identität von „Bürgern und Nationen" verstanden. Im Um-

---

[51] Vgl. Fraktion Identität und Demokratie im Europäischen Parlament (2019): Satzung der Fraktion Identität und Demokratie (ID) im Europäischen Parlament. Online unter: https://d3n8a8pro7vhmx.cloudfront.net/idgroup/pages/660/attachments/original/1598265044/DE_Statutes_of_the_ID_Group.pdf?1598265044 (Letzter Zugriff am 04.03. 2021)

kehrschluss bedeutet dies, dass man nationale Identität auf gemeinsame Herkunft zurückführt, und individuelle Identität als Zugehörigkeit des Einzelnen zu einem ethnisch fundeierten homogegen Ganzen versteht.

Ähnlich ist der Gebrauch von „Identität" in der rechtsextremen „Identitären Bewegung". Dort wird dieser Begriff als Grundbaustein für die prätentiöse, aber sehr schlichte Ideologie des sogenannten „Ethnopluralismus" verwendet. Demnach bestehe die Welt aus verschiedenen, in sich geschlossenen Abstammungsgemeinschaften mit sehr unterschiedlichen „Kulturen", die miteinander grundsätzlich nicht kompatibel seien. Menschliche Individuen existieren und zählen nach dieser Vorstellung nur als organische Teile dieser Gemeinschaften. In einem (offenbar als programmatisch angedachten) Artikel über „Ethnokulturelle Identität" im Theorieblog der „Identitären Bewegung" „Originem" führt der Autor, ein gewisser „Moritz", zu Beginn zwar kurz die Unterscheidung zwischen individueller und kollektiver Identität ein, um gleich die erstere auf die letztere zurückzuführen. Der identitäre „Moritz" portraitiert „Identität" als „Identifikation mit einer Kultur, die durch Abstammung, Herkunft, Sprache, Religion und Tradition bestimmt ist"; die individuelle Identität geht in die kollektive Identität glatt über, bzw. wird in die kollektive Identität aufgehoben, die wiederum durch Vermischung von Ethnien bedroht sei.[52]

Diese Kollektivierung der Identitätskategorie, d. h. die Reduzierung von Identität auf die Zugehörigkeit zu partikularen Ethnien bzw. „Kulturen" ist aber keine Besonderheit ausschließlich von Rechtspopulisten und Rechtsextrem. Sie findet sich auch in dem eher „links" ausgerichteten Ansatz der sogenannten Identitätspolitik, welcher der neurechten identitären Ideologie vorausgegangen ist.[53] Es ist unschwer zu sehen, dass die rechten Identitären sich einiges an Begrifflichkeiten und Argumenten aus der Identitätspolitik ausgeliehen haben. Mehr noch, man kann mit gutem Grund behaupten, dass Identitätspolitik die gegenwärtig dominanten Verwendungsweisen von „Identität" in den öffentlichen Diskursen und in der Alltagssprache insgesamt wesentlich geprägt hat. Dies gilt insbesondere für den heute üblichen Gebrauch von „Identität" als Bezeichnung für eine grundsätzlich durch Herkunft begründete Zugehörigkeit zu einer ethnokulturellen Gruppe, der man dis-

---

[52] Moritz (2019): Ethnokulturelle Identität (Teil I), in *Originem vom 9. Dezember 2019*. Online unter: https://originem.info/ethnokulturelle-identitaet/ (Letzter Zugriff am 04.03.2021)

[53] Für einen sehr guten Überblick über den Ansatz der Identitätspolitik und seine unterschiedlichen Variationen und Quellen siehe Meyer, Thomas (2018): Identitätspolitik – worum es geht, in *Neue Gesellschaft – Frankfurter Hefte, Ausgabe 10/2018*. Online unter: https://www.frankfurter-hefte.de/artikel/identitaetspolitik-worum-es-geht-2572/ (Letzter Zugriff am 05.03.2021)

tinktive und überindividuelle Eigenschaften zuschreibt. In diesem Sinne sind etwa Äußerungen von und über Menschen „mit Migrationshintergrund" zu verstehen, die ich mehrmals bei verschiedenen Anlässen gehört habe, dass sie „zwei Identitäten" (z. B. eine deutsche und eine türkische) hätten – was die Zuhörer/innen meistens mit „Identitätskonflikt" oder „Identitätsspaltung" assoziieren.

Die Identitätspolitik fokussiert sich vorwiegend auf kollektive Identitäten von ethnischen Minderheiten und setzt sich für den Erhalt ihrer Kulturen (Sprachen, Traditionen, Wertevorstellungen etc.) und für ihre Selbstbehauptung in der Gesellschaft ein. Die Identitäre Bewegung hingegen kämpft für den Erhalt bzw. die Wiederherstellung einer kollektiven ethnischen Identität der autochthonen Mehrheit im Lande. Politisch macht dies sicherlich einen großen Unterschied, allerdings operieren die beiden Ansätze mit einem ähnlichen Identitätsbegriff, bei dem „Identität" ausschließlich als „kollektiver Identität" verstanden wird.

Nun ist das skizierte Verständnis von Identität ein Beispiel für Halb-Wissen im wortwörtlichen Sinne dieses Begriffes. Denn es blendet die Hälfte der Identitätskategorie aus, so wie sie in den einschlägigen soziologischen und sozialpsychologischen Studien seit vielen Jahrzenten dargelegt wird. Ich meine hier die Hälfte der individuellen Identität, die sich in einer Differenz zu und in vielen Fällen in einer Abgrenzung von herkunftsbedingten kollektiven Zugehörigkeiten des Einzelnen entwickelt.

Wie ich es an einer anderen Stelle ausführlich dargelegt habe,[54] bezeichnet „Identität" im wissenschaftlichen Diskurs über diese Kategorie, der spätestens mit den Schriften Eric H. Eriksons in der zweiten Hälfte des 20en Jahrhunderts ansetzt, die Kontinuität und Konsistenz im Wechsel der biografischen Umstände des *Individuums*. Aus den je spezifischen biografischen Erfahrungen des Einzelnen sowie aus seinen spezifischen Weisen, diese Erfahrungen in einen Sinnzusammenhang einzuordnen (und so biografische Kontinuität herzustellen), geht die Einzigartigkeit jedes einzelnen Menschen hervor, die den semantischen Kern des Identitätsbegriffs ausmacht. Auch auf der Ebene der Alltagssprache bedeutet die Identität eines Menschen seine Unverwechselbarkeit. Die Überprüfung der Identität einer Person etwa bedeutet die Frage zu beantworten, ob wirklich dies *die* Person ist, die z. B. von der Polizei wegen der Ausübung einer spezifischen Straftat gesucht wird.

Diese Einzigartigkeit formiert sich allerdings in der Interaktion des Individuums mit seine(n) soziale(n) Umwelt(en) aus. Hierzu können wir mit George Herbert Mead zwischen zwei Momenten der Identitätsbildung unterscheiden, die er „Me" und „I" benennt. Demnach bildet sich die Identität des Einzelnen zum einen

---

[54] Vgl. Stojanov, Krassimir (2006): Bildung und Anerkennung. Soziale Voraussetzungen von Selbst-Entwicklung und Welt-Erschließung. Wiesbaden: VS Verlag; S. 117–126

durch seine Verinnerlichung der Rollenerwartungen der Gemeinschaft in der er aufwächst an ihn, und zum anderen durch die Positionierung des Individuums zu diesen Rollenerwartungen, sowie durch die Art und Weise, wie es sie interpretiert, und durch die Bedeutung, die es ihnen beimisst. Generell gesprochen, stellt das „I", das eigentliche Ich, den Moment der distanzschaffenden Bezugnahme des Individuums auf die Konventionen und die Rollenmuster der Gemeinschaft dar; eine Bezugnahme, die zu seiner Herausdifferenzierung aus der Gemeinschaft und dadurch zur Herausbildung einer distinktiven Identität von ihm führt.[55]

Der Großteil meiner Studentinnen und Studenten ist in Bayern aufgewachsen. Dennoch kann man keineswegs sagen, dass ihre Identitäten Abbildungen einer kollektiven „bayerischen Identität" wären, oder dass sie von den „bayerischen Sitten und Gebräuchen" „geprägt" seien, welche von der traditionell dominanten Partei in Bayern, der CSU, so hochgehalten werden. Vielmehr bilden sich die Identitäten meiner Studierenden durch die Art und Weise aus, wie sie auf bayerische Sitten und Gebräuche reflexiv Stellung nehmen, in die sie selbst durch ihre Sozialisation initiiert worden sind. Dies wird besonders deutlich, wenn wir uns in Seminaren über die Positionen der Studierenden zur katholischen Kommunion und zur katholischen Unterweisung diskutieren, die sie fast ausnahmslos erlebt haben. Obwohl sie sich für ein Studium an einer Katholischen Universität entschieden haben, betrachten sie in der Regel ihre eigene Initiation in die Katholische Kirche mit Kommunion und katholischem Religionsunterricht kritisch, oder zumindest distanziert. Was viele dabei bemängeln, ist, dass sie diese Initiation nicht als eine verstand- und vernunftbezogene Auseinandersetzung mit den Geboten und den Normen der Kirche erlebt haben, sondern als eine ritualisierte Indoktrination. Wiederum messen andere ihrer religiösen Initiation gar keine oder nur geringe biografische Bedeutung bei. Für sie sind ihre Mitgliedschaften in der Uni-Gemeinschaft, in politischen Organisationen, in Sportvereinen, in Freundschaftskreisen etc. in einem viel größeren Ausmaß identitätsstiftend.

An diesem Beispiel werden zwei zentrale Defizite des kollektivistischen Identitätsverständnisses sichtbar. Der Nobelpreisträger für Ökonomie und bekannte Philosoph Amartya Sen beschreibt sie wie folgt:[56] Erstens, negiert dieses Verständnis die Rolle von Vernunft und Wahlentscheidungen im Prozess der Identitätsbildung. Menschen übernehmen in der Regel nicht blind die Normen und die Werte der Gemeinschaft, in die sie hineinsozialisiert wurden, sondern überlegen, in-

---

[55] Vgl. Mead, George Herbert (1934/1972): Mind, Self and Society. From the Standpoint of a Social Behaviorist. Chicago/London: University of Chicago Press, S. 173–178

[56] Die Ausführungen in den folgenden zwei Absätze beziehen sich lose auf Sen, Amartya (2007): Identity and Violence. The Illusion of Destiny. New York: Norton, S. 18–39

wiefern diese Werte und Normen für sie Sinn machen; sie priorisieren bestimmte ansozialisierte Werte und Normen über andere, oder lehnen einige von ihnen sogar gänzlich ab. Um bei dem obigen Beispiel zu bleiben: obwohl viele meiner Studierenden katholisch bleiben, lehnen sie Normen der Kirche wie etwa das Zölibat oder die Nicht-Zulassung von Frauen zum Priesteramt mehrheitlich ab; sie reflektieren generell darüber, welche Teile der katholischen Tradition für sie sinnvoll sind, und welche nicht.

Zweitens, ignoriert das kollektivistische Identitätsverständnis nach Sen den Umstand, dass in den modernen Gesellschaften Menschen in der Regel mehreren unterschiedlichen, von ihnen gewählten und nicht-gewählten Gemeinschaften gleichzeitig zugehörig sind: z. B. der Gemeinschaft aller Menschen, der Deutschen, der Bayern, der Katholiken, der Mitglieder der Grünen, der Studierenden der Soziologie, der Fußballfans von FC Bayern etc. Demnach muss das Individuum – auch aufgrund seiner unverwechselbaren biografischen Erfahrungen – bewusst oder unbewusst entscheiden, welche von diesen Zugehörigkeiten zentral für es sind; es muss sie mit unterschiedlichem Gewicht versehen und sie so ausleben, dass sie in einem kohärenten Zusammenhang zueinanderstehen.

Das Ignorieren des pluralen Charakters der individuellen Identität und ihrer zentralen selbstreflexiven Dimension macht das aus, was Sen als „solitarist approach" zur menschlichen Identität benennt.[57] Dies ist ein Ansatz, bei dem Menschen als Mitglieder von einer einzigen Gruppe wahrgenommen werden, die man heute meistens als „Kultur" bezeichnet, und die als ohne vernünftige Wahlalternativen für ihre Zugehörigen postuliert wird, da sie ihr gesamtes Denken und Handeln weitgehend determiniere.

Dieses Halb-Wissen über Identitäten und ihre Herausbildungsmechanismen, die Ignoranz gegenüber dem dialektischen Charakter der Interaktionen zwischen dem Individuum und seiner kulturellen Zugehörigkeit(en), die es auszeichnet, ist unglücklicherweise ausgerechnet im Bereich des Bildungswesens, in der Bildungspolitik wie in der Pädagogik weit verbreitet. Dieser Umstand ist auf den ersten Blick höchst erstaunlich, da Halb-Wissen, wie bereits ausgeführt, Halbbildung reproduziert, und damit den Auftrag von Bildungsinstitutionen konterkariert, Bildung zu ermöglichen, zu initiieren und zu unterstützen. In diesem Zusammenhang ist an den bekannten Spruch Adornos zu erinnern, dass Halbverstandenes und Halberfahrenes nicht die Vorstufe der Bildung, sondern ihr „Todfeind" ist.[58] Diese Reproduktion von Halbbildung durch identitäres Halb-Wissen im Bildungssystem betrifft sowohl ihre Subjekte als auch ihre Objekte: Die ersteren, weil sie in einem

---

[57] Ebenda, S. xii
[58] Vgl. Adorno, Theodor (1959/2006): a. a. O., S. 42

vorurteilverhafteten, klischeehaften Denken verhaftet bleiben, und die letzteren, weil dieses Halb-Wissen ihre individuelle Besonderheit missachtet, und dadurch ihre Bildungsprozesse behindert. Dieser Zusammenhang zwischen kulturalistischer Missachtung und Bildungsverhinderung wird im letzten Teil des nächsten Kapitels erläutert. Zuletzt sollen dort jedoch zentrale Erscheinungsformen vom identitärem, kulturalistischem Denken und Handeln in Bildungspolitik und Pädagogik aufgezeigt, sowie Strukturen beleuchtet werden, die dieses Denken und Handeln hervorrufen und verbreiten.

4 Bildungspolitik und Pädagogik als Entstehungsdomänen von Kulturalismus und Populismus

Im letzten Kapitel wurden zunächst die Grundmerkmale des Populismus dargelegt. Es hat sich dabei herausgestellt, dass das Kernstück des Populismus der Kulturalismus ist, der speziell im Falle des Rechtspopulismus eine nativistische bzw. biologizistische Grundierung erhält, bei der „Kultur" auf gemeinsame Abstammung oder Herkunft zurückgeführt wird. In all seinen Variationen zeichnet sich Kulturalismus dadurch aus, dass menschliche Individuen lediglich als Mitglieder *einer* Kultur wahrgenommen werden, die nach dieser Wahrnehmung grundsätzlich ihr Denken und Handeln determiniert, und die in sich homogen und geschlossen ist. Es wurde gezeigt, dass Kulturalismus, so verstanden, eine klare und die heute vielleicht am meisten verbreitete Form von Halbbildung ist. Ich legte diesen Begriff in Anlehnung an Adorno als Unfähigkeit oder Unwilligkeit dar, das Besondere und das Individuelle zu erfassen, und zwar im Zuge einer Fixierung des Denkens auf ein undifferenziertes und daher inhaltsarmes bis inhaltsloses Allgemeine, das in klischeehaften Behauptungen und vorurteilsbehafteten Wertungen seinen Ausdruck findet. Im Falle des Kulturalismus bzw. des Populismus geht es hierbei darum, dass menschliche Individuen in ihrem Denken und Handeln auf ihre jeweilige „Herkunftskultur" zurückgeführt werden, und von den vielfältigen und an sich sehr unterschiedlichen, in der Regel spannungsreichen Positionierungen der Einzelnen zu ihr abstrahiert werden. Abstrahiert wird bei dem Kulturalismus und dem Populismus zudem von dem dynamischen und pluralistischen Charakter von Kulturen und ihren sich ständig entwickelnden Binnendifferenzierungen. Stattdessen wird „Kultur" als eine totale und statische Einheit, als abstraktes Allgemeine dargestellt, welches keine ausdifferenzierte Besonderheit ihrer Glieder zulässt.

Allerdings denke ich im Unterschied zu Adorno *nicht*, dass die „Kulturindustrie" die zentrale Triebkraft von Halbbildung heute ist, zumal bestimmte Formen kommerzieller Unterhaltungskultur auch emanzipatorische und in diesem Sinne bildungsbefähigende Wirkung haben können. Vielmehr legte ich im vorigen Kapitel dar, dass Halbbildung vor allem durch das Halb-Wissen entsteht und sich reproduziert, das in öffentlichen Diskussionen verbreitet wird, so wie diese sich sowohl in den klassischen Medien wie Fernsehen als auch in den neuen Sozialen Medien ereignen. Halb-Wissen entspricht Bedürfnissen der Vereinfachung und Komplexitätsreduzierung, aber es behindert die Bildungsprozesse seiner Konsumenten. Halb-Wissen führt insofern zur Halbbildung, als es die vorhandenen Vor-Urteile des Individuums lediglich bestätigt, und deshalb nicht zur Entstehung von neuen Selbst- und Weltreferenzen von ihm animiert. Am Ende dieses Kapitels habe ich diesen Mechanismus am Beispiel des weit verbreiteten Halb-Wissens über die Kategorie der Identität verdeutlicht. Bei diesem Halb-Wissen wird die Differenz zwischen individueller und kollektiver Identität ignoriert, bzw. wird „Identität" als Zugehörigkeit des Einzelnen zu einer einzigen, ihm oder ihr übergeordneten homogenen „Kultur" verstanden. So wird die Identitätskategorie in vorhandenen kulturalistischen Denkschemata assimiliert, und Zuschreibung von Identitäten wird zu einem Akt der Stigmatisierung durch eine Subsummierung der Betroffenen unter einer statisch und totalitär gedachten Kultur.

Im aktuellen Kapitel zeige ich nun konkrete Erscheinungsformen dieses kulturalitischen bzw. identitären Denkens in Bildungspolitik und Pädagogik auf. Dazu erläutere ich zum Beginn einige besonders frappante Beispiele für dieses Denken, die Büchern entstammen, welche schnell zu Bestsellern geworden sind. Im nächsten Schritt greife ich einige weit verbreitete Interpretationsmuster der Ergebnisse der PISA-Studie dar, wonach „Kinder mit Migrationshintergrund" ein besonderes Problem für das deutsche Bildungssystem darstellen würden. Dieses sei auf ihre „ungünstige" Herkunft auch im Vergleich mit klassischen Einwanderungsländern wie Kanada zurückzuführen, die über „qualitativ bessere" Migrant/innen verfügen würden. Gegen dieses Interpretationsmuster stelle ich die These auf, dass die weit niedrigere Beteiligung von Kindern aus Migrantenfamilien an akademischer Bildung vor allem durch das Schulbildungssystem in Deutschland selbst verschuldet ist, und zwar in erster Linie durch die frühkindliche schulische Selektion, die vielfach – direkt und indirekt – ethnisch kodiert ist. Dazu greife ich einige Zeugnisse der Betroffenen sowie einige einschlägige empirische Forschungsergebnisse auf.

Anhand anerkennungstheoretischer Überlegungen lege ich dar, warum Erfahrungen struktureller schulischer Diskriminierung und Missachtung Bildungsmotivation und Bildungsfähigkeiten stark beschädigen. Solche Erfahrungen entstehen auch durch die Zuordnung der Betroffenen zur undifferenzierten Kategorie „Migrationshintergrund", die weitgehend als Synonym zu „potenzieller Lernbehinderung" verwendet wird, welche als herkunftsbedingt angesehen wird. Ähnliches gilt auch für die Kategorie der „Bildungsferne", die einen breiten Platz in den bildungspolitischen Diskussionen einnimmt. Ich zeige auf, dass in dieser Kategorie die Vorstellung von Bildung als ein Bereich von *Dingen* mitschwingt, die dem Status und dem Lebensstil von soziokulturell privilegierten Gruppen entspricht, und Kinder aus sozial und kulturell unterprivilegierten Schichten marginalisiert. Im nächsten Kapitel lege ich dann ein alternatives Konzept von Bildung dar, wonach diese nicht als Aneignung von Bildungsdingen, sondern als begriffliche Selbst-Artikulation des Einzelnen verstanden wird, die demokratische Anerkennungsverhältnisse an Bildungsinstitutionen voraussetzt.

Bildungspopulismus in der medialen Öffentlichkeit

In den letzten Jahren sind eine Reihe von Sachbüchern und Interviews von praktizierenden Pädagog/innen erschienen, die schnell eine große Resonanz in der medialen Öffentlichkeit gefunden haben, weil sie eine akute Krise des deutschen Schulbildungssystems aufgrund der zunehmend hohen Anzahl von Schüler/innen „mit Migrationshintergrund" ausmachen. Diese würden angeblich vielfach „kulturelle Prägungen" aufweisen, die nicht nur ihrer schulischen Bildung konterkarieren, sondern darüber hinaus den Unterricht und den Schulalltag insgesamt massiv erschweren würden. Als Gründe für die zweifellos vorhandene, durch empirische Studien mehrfach belegte Bildungsbenachteiligung der Schüler/innen aus Einwandererfamilien werden bei diesen Büchern nicht etwa Unzulänglichkeiten des Schulbildungssystems oder institutionelle Diskriminierung aufgeführt, sondern angebliche Defizite in der Persönlichkeitsstruktur der betroffenen Kinder und Jugendlichen selbst; Defizite, die als ethnokulturell bedingt postuliert werden.

Ich meine an dieser Stelle Bücher (und dazu gehörige Interviews und Besprechungen) wie der Spiegel-Bestseller „Deutschland außer Rand und Band" von Petra Paulsen, „Von Kartoffeln und Kanaken" von Julia Wöllenstein, oder das bereits erwähnte „Lehrer über dem Limit" von Ingrid Freimuth.[1] Ich denke, dass gerade das letzte Buch besonders klar die umrissene defizitär-kulturalistische Betrachtungsweise der Schüler/innen aus Einwandererfamilien repräsentiert. Daher konzentriert sich meine Rekonstruktion dieser Betrachtungsweise in den nächsten

---

[1] Vgl. Paulsen, Petra (2018): Deutschland außer Rand und Band. Zwischen Werteverfall, Political (in)Correctness und illegaler Migration. Mühlenbecker Land: Macht-steuert-Wissen Verlag; Wöllenstein, Julia (2019): Von Kartoffeln und Kanaken. Warum Integration im Klassenzimmer scheitert. Eine Lehrerin stellt klare Forderungen. München: mvg Verlag; Freimuth, Ingrid (2018): a. a. O.

Seiten auf Freimuts Buch, zumal sie unter anderem versucht, ihre Thesen theoretisch bzw. quasi-wissenschaftlich zu umrahmen. Damit erhebt die Autorin einen gewissen Anspruch auf Objektivität und Allgemeingültigkeit ihrer Berichte über ihre subjektiven Erfahrungen als Lehrerin.

Ingrid Freimuth hat im Frühjahr 2018, kurz nach dem Erscheinen ihres Buches, binnen wenigen Tagen an zwei der prominentesten Fernsehen-Talkshows Deutschlands teilgenommen. Am 3. April 2018 durfte sie bei Markus Lanz über Integration an deutschen Schulen mitdiskutieren. Nur zwei Tage später war Freimuth zu Gast bei der Sendung von Maybrit Illner „Schule: Armut-Gewalt-Ausgrenzung". Zu den beiden Talkshows wurde Freimuth als eine Art Expertin für die Integration von Schülerinnen und Schülern „mit Migrationshintergrund" eingeladen. Aber kann sie wirklich als eine Expertin für diese Thematik gelten?

Freimuth leitet ihre Thesen zum angeblichen Scheitern der schulischen Integration ausschließlich von ihren eigenen Erfahrungen an Schulen ab. Sie war allerdings als Haupt- und Realschullehrerin nach eigenen Angaben lediglich bis 1998 tätig. Danach hatte sie nur indirekte und punktuelle Berührungspunkte mit der schulischen Realität durch ihre Tätigkeiten in der außerschulischen Einzelförderung von Jugendlichen, sowie als Dozentin für Deutsch- und Integrationskurse für Erwachsene. In ihrem Buch finden sich keinerlei Bezüge zu wissenschaftlichen Studien oder auch Statistiken zur schulischen Integration von Kindern und Jugendlichen „mit Migrationshintergrund". Freimuths Behauptung, die Situation an deutschen Schulen in Bezug auf Integration habe sich in den letzten zwanzig Jahren nach ihrem Ausscheiden aus dem Schuldienst noch verschlechtert, stützt sich ausschließlich auf Hörensagen sowie auf ihre – offenbar sporadische – Erfahrungen in der Erwachsenenbildung (!).[2]

Wie ist dann angesichts der so ausgesprochen dünnen und (gelinde gesagt) fragwürdigen Basis für Freimuths Behauptungen und Bewertungen ihre so prominente Medienpräsenz sowie die hohe Popularität ihres Buches zu erklären? Mir scheint, dass der Hauptgrund darin liegt, dass Freimuth eine verlockend schlichte und zugleich pseudowissenschaftliche Universalerklärung für alle möglichen wirklichen und konstruierten Probleme und Defizite um die Bildungsbeteiligung von Kindern und Jugendlichen aus Einwandererfamilien aufbietet: Eine auf Rangordnungskriterien und -kämpfe orientierte Kultur, die das Denken in „südlichen" und insbesondere in muslimischen Ländern bestimme. Für die niedrigere Bildungsbeteiligung der fraglichen Kinder und Jugendlichen seien also nicht etwa strukturelle Defizite des Bildungssystems, soziale Faktoren, oder Diskriminierungserfahrungen (mit-)verantwortlich, sondern einzig und allein die rangordnungs-

---

[2] Vgl. Freimuth, Ingrid (2018); a. a. O., S. 212 f.

bezogene „Verhaltensprägung" und die entsprechenden „Persönlichkeitsstrukturen" von „südländlichen" (Haupt-)Schüler/innen.³

Freimuth untermauert diese sehr steile These nicht etwa mit soziologischen, psychologischen, anthropologischen oder erziehungswissenschaftlichen Studien, sondern mit Literatur zur Verhaltensforschung bei Wölfen und Hunden. Sie meint offenbar diese Forschung eins zu eins auf „südländische" Schüler/innen anzuwenden, die nach der Vorstellung der Autorin in wolfsrudel-ähnlichen Strukturen leben. Sie würden sich durch eine feste Ordnung und Hierarchie auszeichnen, die aus Ranghöheren und Rangniedrigeren bestehe, wobei die ersteren die letzteren für jede Übertretung der Regeln hart sanktionieren.⁴ Die fraglichen Schüler/innen seien „Wesen", die ständig um den nächsthöheren Platz in der Rangabfolge kämpfen würden; dabei seien in „Hauptschülerkreisen" aggressive Körpersprache und Drohverhalten wichtiger als intellektuelle Anstrengung.⁵

Aus dieser unumwundenen Anwendung verhaltensbiologischer Populärerkenntnisse auf die Spezies „südländischer Hauptschüler", den Freimuth durch Verallgemeinerung einer überschaubaren Anzahl von geschilderten eigenen Einzelerlebnissen konstruiert, ergibt sich ein pädagogisches Gebot für den Umgang mit dieser Spezies, das durch seine Schlichtheit verlockend ist: Lehrerinnen und Lehrer sollen ihre Position als „Ranghöheren" gegenüber den Schüler/innen als „Rangniedrigeren" behaupten, klare Regeln für die letzteren aufstellen, und sie bei Übertretung dieser Regeln umgehend und spürbar bestrafen. Partnerschaftlicher oder demokratischer pädagogischer Umgang mit den Angehörigen der fraglichen Spezies widerspreche diesem Gebot und sollte unterlassen werden: Dies obwohl der Wert der individuellen Freiheit für die „Herkunftskultur" der Autorin zentral sei, der mit einer kritischen Haltung gegenüber hierarchisch aufgestellten Regeln zusammenfallen würde.⁶ (Als ob die neuere Geschichte dieser „Herkunftskultur" nicht durch einen grausamen Versuch gekennzeichnet wäre, ein Regime gewaltsam in ganz Europa (und darüber hinaus) zu installieren, das jede Form von individueller Freiheit brutal niederschlägt.)

Das „rangordnungsgemäße", erklärt autoritäres pädagogisches Handeln und Verhalten⁷ ist aber auch alles, was man nach Freimuth für die schulische Integration

---

³Vgl. Ebd., S. 11; S. 18; S. 145
⁴Vgl. Ebd. S. 138–140
⁵Ebenda, S. 18
⁶Vgl. ebd., S. 144 f.; S. 206–208
⁷„Auf Rangordnung fixierten Persönlichkeiten sollte man nach meiner Erfahrung freundlich, bestimmt und *autoritär* begegnen" (Freimuth, Ingrid (2018), a. a. O., S. 231, hervorgehoben von mir – K.S.)

von „südländischen" Kindern und Jugendlichen brauche. Innovative pädagogische Konzepte, Empathie gegenüber Schüler/innen oder gar strukturelle Reformen erscheinen nicht notwendig, wenn nicht sogar kontraproduktiv. In dieser Hinsicht ist eine Szene aus der erwähnten TV-Sendung von Maybrit Illner „Schule: Armut, Gewalt, Ausgrenzung" sehr bezeichnend: Ein junger Mann namens Yiğit Muk wurde vorgestellt, der sich von einem Hauptschüler und Gang-Mitglied hin zu einem Einser-Abiturienten und BWL-Student verwandelt hatte. Diese sprunghafte Entwicklung wurde, nach der Darstellung von Herrn Muk vor allem dadurch ermöglicht, dass Lehrer/innen an einer Privatschule an ihn geglaubt und ihn motiviert hätten. Als Hauptursachen für das schulische Zurückbleiben vieler Kinder und Jugendlichen „mit Migrationshintergrund" benannte er wiederholt „Segregation" und „Vererbung vom sozialen Stand". Als daraufhin die Moderatorin Frau Freimuth gefragt hat, warum nur wenige wie Herr Muk aus Schulbildung verweigernden „Macho-Kulturen" ausbrechen, ist sie auf die Segregation-Thematik gar nicht eingegangen, die in den Äußerungen von Herrn Muk so zentral war. Vielmehr nutze Frau Freimuth das erteilte Wort um ihre Theorie von Rangordnungskämpfen als Hauptursachen für die Schulbildungsdefizite der betroffenen Kinder und Jugendlichen noch einmal zusammenzufassen.[8] Dabei nimmt sie offenbar nicht einmal hypothetisch an, dass Erfahrungen mit Ausgrenzung, Geringschätzung oder Diskriminierung ein wichtiger Grund für die betroffenen Heranwachsenden sein könnte zu versuchen, sich die Anerkennung, die ihnen ansonsten versagt bleibt, dadurch zu holen, dass sie sich die Position eines „Alphatiers" in einer Gruppe von sozial und kulturell benachteiligten „südländischen" Hauptschüler/innen erkämpfen.

In der Tat bestreitet Ingrid Freimuth in ihrem Buch wiederholt und vehement jede Diskriminierung von Schüler/innen aus Einwandererfamilien – die sie übrigens pauschal und bewusst als „Ausländer" bezeichnet, ohne sich dabei um die Frage zu scheren, ob sie deutsche Staatsbürger/innen sind, oder nicht.[9] Man könne nicht im Ernst von Diskriminierung muslimischer Jugendlichen in Deutschland sprechen, in Fremuths Frankfurter (Schul-)Alltag sei an keiner Stelle Fremdenfeindlichkeit zu spüren.[10]

Ich möchte hier die Frage beiseiteschieben, ob jemand wirklich etwas spüren kann, von dem er oder sie nicht selbst betroffen ist. Stattdessen möchte ich darauf

---

[8] Vgl. ZDF (2018): Maybrit Illner vom 05.04.2018 – Schule: Armut – Gewalt – Ausgrenzung. Online unter: https://www.youtube.com/watch?v=Y5y2c1XV5XA (Letzter Zugriff am 17.03.2021)

[9] Vgl. etwa Freimuth, Ingrid (2018): a. a. O., S. 33 f.;

[10] Vgl. ebd., S. 19; S. 69; S. 108

hinweisen, dass gerade in den späteren 1990er- und den früheren 2000er-Jahren eine Reihe von sozialwissenschaftlichen Studien erschienen sind, die strukturelle Diskriminierung an deutschen Schulen gerade in Bezug auf „ausländische" Schüler/innen nachweisen, die in Freimuths Buch besonders schlecht wegkommen – also muslimische, insbesondere „türkische" und „marokkanische" Schüler/innen. So zeigt eine Untersuchung von Schulbüchern für Sozial-, Gesellschafts- und Sachkunde in Hessen und Bayern aus dem Jahre 1999, dass „Ausländerkinder", insbesondere solche aus muslimischen Familien, typischerweise als „zwischen zwei Stühle sitzend" dargestellt werden. Dieser Zustand „zwischen den Kulturen" wird wiederum als Schwierigkeit, sowie innere und äußere Konflikte verursachend, kurzum: als ein Defizit portraitiert.[11] Von hier aus gibt es nur einen Schritt zu der Annahme, dass dieses Defizit es den „Ausländerkindern" kaum erlauben würde, sich für die höheren, akademischen weiterbildenden Schulen zu qualifizieren. Wie bereits im letzten Kapitel erwähnt, haben Mechtild Gomolla und Frank-Olaf Radtke Anfang der 2000er-Jahre diese, damals gängige Praxis der Defizitzuschreibungen an die Persönlichkeitsstrukturen von Schüler/innen aus Einwandererfamilien als institutionelle Diskriminierung aufgefasst.[12] Sie bewirkt insofern eine Komplexitätsreduzierung etwa bei der Ausführung der Auslesefunktion des Schulsystems, als ethnische Herkunft als ein leicht zu erkennendes Kriterium für schulische Selektionsentscheidungen operationalisiert. Diesbezüglich besonders instruktiv sind die Beiträge auf der Twitter-Plattform „Me Two", auf der Menschen mit Migrationsgeschichte über ihre Diskriminierungserfahrungen berichten. Es ist bezeichnend, dass sich der Großteil dieser Berichte auf Schulerlebnisse beziehen, die mehrheitlich aus den 1990er- bzw. frühen 2000er-Jahren stammen. Dabei wiederholt sich immer wieder ein zentrales Motiv, wonach Schüler/innen mit Migrationsgeschichte, die später erfolgreiche Karrieren in Wirtschaft, Politik oder Kultur absolvierten, in die Hauptschule hineingedrängt wurden, und zwar alleine aufgrund von Einschätzung des „Migrationshintergrunds" als negativer Bildungsfaktor an sich. So beschreibt die bekannte Musikjournalistin Miriam Davoudvandi das folgende Erlebnis in einem Tweet:

> „4. klasse, es geht um weiterführende schulen. ich bin klassenbeste. lehrerin empfiehlt hauptschule, damit ich „unter gleichgesinnten" bin. eltern können kaum deutsch und vertrauen lehrerin. bekannte greift zum glück ein. 5. klasse: ich bin klassenbeste auf dem gymnasium".

---

[11] Vgl. Höhne Thomas/Kunz, Thomas/Radtke, Frank-Olaf (1999): Bilder von Fremden. Formen der Migrantendarstellung als der „anderen Kultur" in deutschen Schulbüchern von 1981–1997. Frankfurt am Main: Goethe Universität, S. 83–85

[12] Vgl. Gomolla, Mechtild/Radtke, Frank-Olaf (2002): a. a. O., S. 21; S. 257–262

Bemerkenswert ist auch der Tweet von einem „HRT":

„7.Klasse Elternsprechtag, 1er-Schüler: Meine Mutter wird v.d. Lehrerin nach meinem Berufswunsch gefragt. Auf „Arzt" erwiderte d. Lehrerin, als Ausländerkind solle ich mir d. abschminken. 27 Jahre später bin ich leitender Oberarzt u. ärgere mich noch immer über sie."[13]

Sind dies vielleicht nur vereinzelte Fälle? Wohl nicht, wenn man zahlreichen empirischen Studien Glauben schenkt, wonach Schüler/innen aus Einwandererfamilien oder mit ausländisch klingenden Namen bei gleichen Leistungen mit ihren „bio-deutschen" Mitschüler/innen schlechtere Bewertungen erhalten und mit niedrigeren Erwartungen ihrer Lehrer/innen konfrontiert sind.[14]

Ab Ende der 1990er-Jahre habe ich einige Jahre lang selbst oft an Hauptschulen in meiner Eigenschaft als Wissenschaftlicher Mitarbeiter eines breit angelegten Forschungsprojekts zur Schulentwicklung in Hannover hospitiert. Im Allgemeinen herrschten an diesen Schulen eine depressive Stimmung und breit verbreitete Resignation. Hauptschulen sind damals zu Restschulen geworden, an denen diejenigen Kinder gelandet sind, die keinen Zugang zu Gymnasien, Real- oder Gesamtschulen gefunden haben. Obwohl die Mehrheit dieser Kinder in der Tat aus Einwandererfamilien stammte, waren die Gründe dafür nicht irgendwelche „fremdkulturelle Mentalitäten", sondern zum einen das niedrigere soziale Kapital der Eltern, dieses erlaubte ihnen nicht, ihre Kinder ausreichend zu unterstützen und sich für sie einzusetzen. Zum anderen waren viele dieser Kinder der eben erwähnten institutionellen Diskriminierung ausgesetzt: Engagierte Lehrer/innen haben mir wiederholt berichtet, dass auch an ihrer Hauptschule Kinder offenbar wegen ihres „Migrationshintergrunds" gelandet sind, welche die Leistungsfähigkeiten einer Gymnasiastin oder eines Gymnasiasten hätten. Diese Lehrer/innen haben sie dabei auch intensiv unterstützt, um den fast unmöglichen Sprung von der Hauptschule ins Gymnasium zu schaffen, aber wie viele der betroffenen Schüler/innen hatten das Glück, diese engagierte Unterstützung durch einzelne Lehrpersonen zu erhalten? Wohl bei weiten nicht alle. Die größte Mehrheit von ihnen musste unter dem Stigma resignieren,

---

[13] Metzker, Juliane (2018): Schluss mit der Meinungsmache! So machen wir aus #MeTwo eine echte Rassismus-Debatte, in *Perspective Daily vom 7. August 2018*. Online unter: https://perspective-daily.de/article/589/probiere (Letzter Zugriff am 18.03.2021)

[14] Eine zusammenfassende Darstellung der Ergebnisse neueren empirischen Studien, die diesen Befund untermauern, findet sich in Bernewasser, Julia (2018): Gleiche Leistung, schlechtere Note, in Zeit Online vom 4. August 2018. Online unter: https://www.zeit.de/gesellschaft/2018-08/rassismus-schule-metwo-diskriminierung-migrationshintergrund-namen (Letzter Zugriff am 19.03.2021)

eine Rest- bzw. Ghetto-Schule für wenig begabte Schulversager zu besuchen – und dies musste sich zwangsläufig verheerend auf ihre Bildungsmotivation ausgewirkt haben.

Bei meinen häufigen Hospitationen an Hauptschulen musste ich die Erfahrung machen, dass die Gruppe der besonders „problematischen", oder „verhaltensauffälligen" Schüler/innen sozusagen „multiethnisch" zusammengesetzt war, und keineswegs überwiegend aus Heranwachsender von türkisch- oder arabischstämmigen Familien bestand. Zu dieser Gruppe gehörten auch viele Kinder und Jugendliche, deren Eltern als Spätaussiedler aus der ehemaligen Sowjetunion gekommen waren. Viele von ihnen wiesen auffällig aggressives bis gewaltbereites, auch selbst-destruktives Verhalten und eine nur geringe Bildungsmotivation auf. Interessanterweise werden aber die problematischen Hauptschüler/innen aus Spätaussiedler-Familien von Freimuth gar nicht erwähnt, obwohl sie ansonsten gern problematisches schulisches Verhalten ethnokulturell konnotiert. Warum eigentlich nicht? Offenbar weil die ehemaligen Sowjetrepubliken nicht südlich von Deutschland liegen, sodass die Kinder und Jugendlichen, die aus diesen Republiken kommen, und die noch dazu deutsch ethnische Wurzeln haben, sich nicht in ihrem kollektivierenden Konstrukt des südländisch-muslimischen Schülers unterbringen lassen, deren Verhalten deshalb so problematisch sei, weil es auf Rangordnungen und Rangordnungskämpfen aus sei.

Dies zeigt bereits an sich, wie künstlich dieses Konstrukt ist. Dass Freimuth dieses Konstrukt zudem mit Erfahrungen aus ihrem Alltagseben auf einer Insel im christlichen, demokratischen und durchaus liberalen Griechenland noch zu untermauern versucht, versetzt es in den Bereich des Grotesken. Nicht grotesk, sondern vielmehr zutiefst beunruhigend ist allerdings, dass Freimuths Thesen, die so viel öffentliche Aufmerksamkeit und Zustimmung erhielten, wesentliche Züge des Rechtspopulismus tragen, so wie sie im vorigen Kapitel herausgearbeitet wurden. So erscheint in den Ausführungen von Fremuth das Denken und Handeln von menschlichen Individuen als determiniert durch ihre „Herkunftskultur", die als homogen und unzulänglich für reflexive Positionierungen und Wahlentscheidungen ihrer Angehörigen aufgefasst wird. Fremde, als feindlich wahrgenommene, „Herkunftskulturen" werden wiederum nativistisch bzw. naturalistisch durch Erklärungsmuster populärer Verhaltensbiologie dargelegt, die sich auf das Verhalten von Wölfen und Hunden beziehen. Dadurch werden die Mitglieder dieser Kulturen *enthumanisiert*, da sie Raubtieren gleichgesetzt werden, die mit roher Gewalt um höhere Rangpositionen im Rudel kämpfen.

Man muss sich fragen, warum der Rechtspopulismus von Freimuth die Öffentlichkeit kaum skandalisiert, ganz im Unterschied zu demjenigen von Höcke und Jongen, die ähnlich kulturalistisch, naturalistisch und menschenverachtend in

Bezug auf Migrant/innen und ihre Unterstützer/innen argumentieren. Positionen, die Menschen auf ihre ethnische Herkunft reduzieren, und dabei Angehörige bestimmter „Herkunftskulturen" kollektiv abwerten, stoßen allgemein – zurecht – auf heftige Ablehnung und auch Empörung in der Öffentlichkeit: es sei denn, diese Positionen beziehen sich auf schulische Bildung. In der bildungspolitischen Diskussion scheinen sie vollkommen salonfähig zu sein. Schließlich werden die Thesen von Freimuth nicht nur von der AfD zelebriert; sie ist ein gern gesehener Gast von Mainstream-Fernsehen- und Rundfunksendungen, wie auch bei Veranstaltungen von demokratischen Parteien wie etwa der SPD.

Eine mögliche Erklärung für diese erstaunliche Differenz könnte darin liegen, dass die Kollektivierung von bestimmten Heranwachsenden anhand ethnisch-biologischer Herkunft zu einer Gattung „Kinder und Jugendlichen mit Migrationshintergrund", die mit Bildungsdefiziten und Schulproblemen konnotiert wird, bereits seit längerer Zeit in der bildungspolitischen Diskussion gang und gäbe ist. Diese Kollektivierung wurde durch die Interpretation der Ergebnisse bestimmter wissenschaftlicher Studien – vor allem der PISA – in der Öffentlichkeit autorisiert, und sie wird inzwischen mit einer bedrohlichen Selbstverständlichkeit vollzogen.

Das Gespenst des Migrationshintergrunds

Die Ergebnisse der ersten PISA-Studie, die 1999 durchgeführt wurde, haben einen regelrechten Schock in Deutschland ausgelöst, der auch heute noch nicht vollständig überwunden ist. Zwei Befunde der Studie wurden als besonders allarmierend wahrgenommen: Erstens, die im internationalen Vergleich unterdurchschnittlichen Ergebnissen in Lesen, Mathematik und Naturwissenschaften der 15-jährigen Jugendlichen in Deutschland. Zweitens, eine Herkunftsabhängigkeit des Leistungsniveaus der einzelnen Schüler/innen, die in kaum einem anderen Land so stark ausgeprägt ist. (Bei den neueren PISA-Studien liegt das Gesamtergebnis der deutschen Schüler/innen knapp über dem OECD-Durchschnittswert. Die Herkunftsabhängigkeit von Bildungschancen sucht allerdings immer noch ihrer gleichen im internationalen Vergleich.)

Manche Kommentatoren haben die Hauptschuldigen für die die PISA-Misere in Deutschland schnell gefunden – nämlich, die Kinder und Jugendlichen „mit Migrationshintergrund" bzw. ihre angeblichen Sprach- und Sozialisationsdefizite. So macht der so genannte „Aktionsrat Bildung" der Vereinigung der bayerischen

Wirtschaft[15] in seinem Jahresgutachten Bildungsgerechtigkeit 2007 ein generelles „Kompetenzproblem von Migrantenkindern" aus.[16] Diesen Defiziten solle man mit einer verpflichtenden, bewusst freiheitseinschränkenden „konsequenten Akkulturation" entgegenwirken. Dazu gehöre das Praktizieren der deutschen Sprache im öffentlichen und im privaten Raum, das von den „Migrantenkindern" eingefordert werden soll.[17] Hinter dem Umstand, dass Kinder aus Einwandererfamilien in einem Land wie Kanada nicht schlechter, sondern sogar etwas besser als der nationale Durchschnitt bei PISA abschneiden, wird nicht etwa ein inklusiveres, wenig segregierendes, oder einfach besseres Schulbildungssystem dort vermutet. Vielmehr wird dieser Umstand darauf zurückgeführt, dass es in Ländern wie Kanada eine gezielte und selektive Einwanderungspolitik gäbe, die man sich auch für Deutschland wünsche.[18] (Eine Behauptung, die übrigens außer Acht lässt, dass ein beträchtlicher Teil der Einwanderung nach Kanada aus Geflüchteten und Menschen besteht, die aufgrund der Familienzusammenführung ins Land eingewandert sind, und demnach keine Fachkräfte sind, die nach einem Punktesystem ausgewählt werden.[19] Ebenfalls wird der Umstand ignoriert, dass die Existenz einer signifikanten Minderheit von Ureinwohner/innen in Kanada, die sich ethnisch und kulturell erheblich von dem Mainstream unterscheidet und in der Vergangenheit systematischer Ausgrenzung und Unterdrückung unterzogen worden ist, das Land nicht daran hindert, stets einen Spitzenplatz bei international-vergleichenden Bildungsstudien einzunehmen.)

Die implizite These in dem Ruf nach einer rigoros-selektiven Einwanderungspolitik ist kaum zu übersehen: Deutschland soll sich bessere Migrantinnen und Migranten aussuchen; die Mehrheit derjenigen von ihnen, die aktuell in Deutschland leben, vererben ihre eher niedrigen kognitiven Kompetenzen, Leistungsfähigkeiten und/oder Anpassungsbereitschaft an ihre Kinder. Von dieser These führt nur

---

[15] Mitglieder des Aktionsrates sind zum Zeitpunkt des Erscheinens des Jahresgutachtens 2007 Bildungsgerechtigkeit einige der prominentesten Bildungsforschern Deutschlands: Dieter Lenzen, Hans-Peter Blossfeld, Wilfried Bos, Detlef Müller-Böling, Jürgen Oelkers, Manfred Prenzel und Ludger Wößmann

[16] Vereinigung der Bayerischen Wirtschaft (Hrsg.) [Wiss. Koordination D. Lenzen, Vorsitzender des Aktionsrates Bildung] (2007): Bildungsgerechtigkeit. Jahresgutachten 2007. Wiesbaden: VS Verlag, S. 136

[17] Vgl. ebd., S. 146

[18] Vgl. ebd., S. 33; S. 36; S. 136; S. 146

[19] Somers, Shaina (2019): Kanadas Migrations-, Flüchtlings- und Asylpolitik: Entwicklungen seit 2015, in *Bundeszentrale für politische Bildung (BpB) vom 14.10.2019*. Online unter https://www.bpb.de/gesellschaft/migration/laenderprofile/298203/entwicklungen-seit-2015 (Letzter Zugriff am 01.05.2021)

ein kleiner Schritt zur berühmten, offen rassistisch-biologizistischen Behauptung von Thilo Sarrazin, die Kinder insbesondere von muslimischen Migrant/innen seien dümmer als dem Durchschnitt, weil diese mehrheitlich ungebildet und zur Unterschicht angehörig seien, und weil Intelligenz zu 50 bis 80 Prozent vererbbar sei: Eine These, die unter anderem von einschlägig ausgewiesenen Biolog/innen nicht nur heftig kritisiert, sondern auch schlichtweg als „Unsinn" bezeichnet wurde.[20]

Dass Kinder von Migrant/innen die Hautschuldigen für das schlechte Abschneiden Deutschalands bei internationalen Schulleistungsvergleichen seien, ist eine Behauptung, die sich auch bei den Interpretationen der Ergebnisse der letzten PISA Studie 2018 durch prominente Bildungswissenschaftler/innen wiederfindet. Besonders bezeichnend diesbezüglich ist ein Zeitungs-Interview mit der aktuellen Leiterin des deutschen Teils der PISA-Studie, Kristina Reiss, und dem bekannten empirischen Bildungsforscher Olaf Köller. In Hinblick auf die Verschlechterung der Ergebnisse der PISA Studie 2018 in Deutschland im Vergleich zu den vorherigen PISA-Studien sprechen die beiden von einem Zuwachs der Kinder und Jugendlichen „mit Migrationshintergrund" im deutschen Schulsystem, sowie von einer Verkleinerung des Anteils der Einwandererfamilien, die zu Hause Deutsch sprechen. Auf die darauffolgende Frage der Interviewer: „Sind die schlechteren Pisa-Ergebnisse also der wachsenden Zahl von Einwandererkindern geschuldet?", antwortet Köller indirekt bejahend, indem er behauptet, dass deutlich bessere PISA-Ergebnisse erzielt werden könnten, wenn „wir" die Deutschkenntnisse dieser Kinder „hartnäckig und systematisch" verbessern würden.[21]

Wenn es also ein Problem im deutschen Schulbildungssystem in Bezug auf die Kinder und Jugendlichen „mit Migrationshintergrund" gäbe, so sei dies einzig und allein die unzulängliche, nicht ausreichend „hartnäckige" Forderung und Förderung dieser Kinder und Jugendlichen, ihre persönlichen, angeblich sozialisationsbedingten (bedingt etwa dadurch, dass sie zu Hause z. B. Türkisch sprechen), abzulegen. Strukturelle Defizite des deutschen Schulbildungssystems scheint es für die benannten Bildungsforscher/innen, wie für viele andere Interpreten von PISA, bezüglich der Bildungsbenachteiligung dieser Kinder und Jugendlichen nicht zu geben.

---

[20] Vgl. etwa Kekulé, Alexander (2010): Verquaste Theorie, in *Der Tagesspiegel vom 31.08.2010*. Online unter https://www.tagesspiegel.de/meinung/sarrazins-thesen-verquaste-theorie/1915770.html (Letzter Zugriff am 26.04.2021)

[21] Vgl. Kerstan, Thomas/Spiewak, Martin (2019): „Anlass für Alarm" (Interview mit Kristina Reiss und Olaf Köller, in *Zeit Online vom 3. Dezember 2019*. Online unter: https://www.zeit.de/gesellschaft/schule/2019-12/pisa-studie-schulleistungen-oecd-risikoschueler-schulsystem (Letzter Zugriff am 22.03.2021)

Sind aber die angeblichen Sprachdefizite der Kinder und Jugendlichen aus Einwandererfamilien wirklich so gravierend und dermaßen bildungshemmend, wie dies immer wieder suggeriert wird? Wenn dies der Fall wäre, dann müssten diese Defizite sich am stärksten in der Grundschule auswirken: Dies insbesondere angesichts der Feststellungen von Köller und Reiss, dass die problematischsten Kinder und Jugendlichen „mit Migrationshintergrund" nicht etwa geflüchtete Heranwachsende seien, die in vielen Fällen Quereinsteiger/innen in das deutsche Schulsystem sind, sondern Kinder und Jugendliche, die in Deutschland geboren sind, und das hiesige Schulsystem von Anfang an durchliefen. Es ist nur logisch anzunehmen, dass falls die angeblichen Sprachdefizite dieser Heranwachsenden sich so gravierend auf ihren Bildungserfolg auswirken, ihre Rückstände im Vergleich zu den Kindern mit Deutsch als Erstsprache am stärksten in den ersten Jahren nach der Einschulung sein müssten. Man kann davon ausgehen, dass nach vier Jahren Unterricht und Schulalltag auf Deutsch diese Sprachdefizite – zumindest weitgehend – überwunden sind.

Nun untersucht die IGLU-Studie seit 2001 die Bildungsleistungen von deutschen Grundschulkindern im internationalen Vergleich – ähnlich wie die PISA dies bei älteren Schüler/innen tut. Dabei zeigt diese Studie auf, dass in der deutschen Grundschule weder das Durchschnittsniveau der Schülerleistungen über die Jahre hinweg so problematisch noch die Herkunftsabhängigkeit dieser Leistungen so stark ausgeprägt sind wie in der Sekundärstufe laut PISA. Die letzte IGLU- Studie 2016 beziffert den Leistungsnachteil beim Lesen der Viertklässler und Viertklässlerinnen „mit Migrationshintergrund" (beide Elternteile im Ausland geboren) mit 48 Punkten; bei den 15-jährigen Schüler/innen „mit Migrationshintergrund" beträgt dieser Nachteil laut PISA 2015 72 Punkte und laut PISA 2018 – 63 Punkte, welche etwa 1,5 Jahre Schulzeit entsprechen sollen.[22] Berücksichtigt man allerdings nach PISA 2018 den sozioökonomischen Status der Schüler/innen (also etwa Beruf, finanzielle Lage oder Bildungsstand der Eltern), dann verringert sich der Leistungsrückstand der Schüler/innen „mit" gegenüber derjenigen „ohne" auf lediglich 17 Punkte.[23]

---

[22] Vgl. Hußmann Anke/Wendt, Heike/Bos, Wilfried u. a. (Hrsg.) (2017): IGLU 2016. Lesekompetenzen von Grundschulkindern in Deutschland im internationalen Vergleich. Münster/New York: Waxmann, S. 22; Deutscher Bundestag (2018): Zu Teilaspekten der PISA-Studien, S. 12. Online unter: https://www.bundestag.de/resource/blob/589236/ c56aa6d4a4dd9b6632a8bf4c43ef1a37/WD-8-134-18-pdf-data.pdf (Letzter Zugriff am 22.03.2021); OECD (2019): Deutschland – Ländernotiz – Ergebnisse PISA 2018, S. 1. Online unter: http://www.oecd.org/berlin/themen/pisa-studie/PISA2018_CN_DEU_German.pdf (Letzter Zugriff am 26.03.2021)

[23] OECD (2019): Deutschland – Ländernotiz – Ergebnisse PISA 2018, a. a. O., S. 1

Sind nun diese 17 Punkte, oder etwas weniger als ein halbes Schuljahr Rückstand primär mit immanent migrationsspezifischen Faktoren wie Sprachdefiziten oder „kulturelle Differenzen" zu erklären? Wohl kaum, denn diese Faktoren hätten sich, wie bereits erwähnt, viel stärker in der Grundschule als in der Sekundärstufe auswirken müssen – was aber nicht der Fall ist. Viel plausibler erscheint die Erklärung, dass der Leistungsrückstand der Kinder und Jugendlichen aus Einwandererfamilien, der nicht auf sozioökonomischen Faktoren zurückzuführen ist, durch die Art und Weise bedingt ist, wie sie bei dem Übergang von der Grundschule in die weiterführenden Schulen behandelt werden. Ich meine hier natürlich die Selektion der zehnjährigen Kinder auf unterschiedliche – akademische und nicht-akademische – Schultypen im Züge des dreigegliederten Schulbildungssystems, das in sämtlichen deutschen Bundesländern nach wie vor praktiziert wird. Dieses Systems ist – so die These – bestens dazu geeignet, die Bildungsmotivation der Kinder aus Einwandererfamilien zur Verkümmerung zu bringen und sie mittelfristig zu Selbstethnisierung zu treiben: und zwar auch und gerade durch die Zuschreibung des „Migrationshintergrunds" als herkunftsbasiertes Kollektivmerkmal an sie.

Sämtliche staatliche und politische Akteure, die sich für die Beibehaltung dieses Systems einsetzen, begründen dies mit dem Argument, es sei „begabungsgerecht" – als ob Begabungen bereits in der frühen Kindheit festgelegt wären und ihre Entwicklung nicht von der Anerkennung resp. der Missachtung abhängen würde, welche die Kinder in der Schule erfahren. Allerdings zeigen sowohl die Zeugnisse der Betroffenen auf der Plattform „MeTwo" wie auch einschlägige empirische Studien, die oben zitiert wurden, dass im Rahmen des dreigegliederten Schulsystems der Migrationshintergrund selbst zu einem – stillschweigenden – Selektions- und Segregationskriterium wird. Diese Zeugnisse und Studien weisen nach, dass Lehrer/innen oft niedrigere Erwartungen an Kindern und Jugendliche „mit Migrationshintergrund" unabhängig von ihren Leistungen und Leistungspotenzialen haben, und dass sie ihre Bildungsmöglichkeiten skeptischer beurteilen, als die von Kindern „ohne". Diese Erfahrung musste sogar der Entwickler des Biontech-Impfstoffes gegen COVID 19 Prof. Dr. Uğur Şahin machen, der Sohn türkischer Gastarbeiter ist. Nach seinen Angaben wollte sein Lehrer ihn in die Hauptschule schicken. Erst durch das Einschreiten des deutschen Nachbars konnte Şahin auf das Gymnasium gehen.[24]

---

[24] Vgl. Rossmann, Ernst Dieter/Samsami, Behrang (2021): Gemeinsam Denken, in *der Freitag, Ausgabe 12/2021.* Online unter: https://www.freitag.de/autoren/behrang-samsami/gemeinsam-denken (Letzter Zugriff 25.03.2021)

Der zentrale Grund für diese Lehrer/innenhaltung scheint die breit verbreitete Vorstellung vom „Migrationshintergrund" als ein grundsätzliches bildungsbezogenes Persönlichkeitsdefizit zu sein. Als ich 2006 die bildungspolitischen Kapitel der damaligen Wahlprogramme der größten politischen Parteien Deutschlands untersucht habe, musste ich feststellen, dass in diesen Wahlprogrammen bereits damals der „Migrationshintergrund" mehr oder weniger explizit, aber durchgehend als Bezeichnung für eine Art vererbte Lernbehinderung verwendet wurde, die eine besondere Förderung erfordere.[25] Hat sich seitdem vielleicht etwas diesbezüglich verändert? Wohl kaum: Wenn überhaupt, dann spricht man heutzutage noch ungenierter von „Kindern und Jugendlichen mit Migrationshintergrund" als ein „Problem" für das deutsche Schulbildungssystem. Buch-Bestseller aus den letzten Jahren wie dasjenige von Ingrid Freimuth sind ein klares Indiz dafür. Möglicherweise kommt noch hinzu, dass viele Lehrer/innen nicht ohne Recht davon ausgehen, dass eine Schülerin oder ein Schüler kaum ohne intensive und kontinuierliche Unterstützung durch die Eltern am deutschen Gymnasium bestehen kann. Diese Unterstützung zu gewährleisten, traut man dem türkischen Gastarbeiter oder der afghanischen Geflüchtete eher nicht zu, deshalb zögert man, seiner Tochter oder ihrem Sohn eine gymnasiale Laufbahn zu empfehlen, selbst wenn sie oder er die dazu notwendigen Leistungen am Ende der Grundschule erbringt. Nebenbei sei an dieser Stelle angemerkt, dass der Umstand, dass das Schulsystem in Deutschland, besonders in seinen höheren Segmenten, so stark auf die Zuarbeit der Eltern angewiesen ist, die Herkunftsabhängigkeit von Bildungschancen und Bildungskarrieren hierzulande immens verstärkt.

Fassen wir es zusammen: Wir begegnen in Bezug auf die Kinder aus Einwandererfamilien einem weit verbreiteten, ja institutionalisierten Denkmuster, das sich wie folgt pointiert zum Ausdruck bringen lässt: Wer einen „Migrationshintergrund" hat, besitzt grundsätzlich ein Bildungsdefizit. Dieses sei teilweise in der Persönlichkeitsstruktur der Betroffenen enthalten, in ihrer angeblichen kulturellen und sprachlichen Differenz, und teilweise durch die mangelhafte Unterstützung durch die Familie, letztlich durch ihr angeblich niedriges kulturelles und soziales Kapital bedingt. Um dieses Defizit auszugleichen, sollen spezielle Maßnahmen des „Förderns und Forderns" in Bezug auf diejenigen getroffen werden, die als Mitglieder dieser Gruppe identifiziert werden.

Dabei wird diese Identifizierung anhand der Zuschreibung von Merkmalen vollzogen, die nicht im Verantwortungsbereich der Betroffenen stehen, d. h. an-

---

[25] Vgl. Stojanov, Krassimir (2008): Die Kategorie der Bildungsgerechtigkeit in der bildungspolitischen Diskussion nach PISA. Eine exemplarische Untersuchung, in *Zeitschrift für Qualitative Forschung (ZfQ), Heft 1–2 2008*, S. 209–230

hand von Merkmalen, für die sie nichts können. Denn den „Migrationshintergrund" erwirbt man nicht anhand von freien Entscheidung des Individuums (oder seiner Eltern), wie etwa die Mitgliedschaft in der politischen Gemeinschaft der Nation; eine Mitgliedschaft, die durch die Institution der Staatsbürgerschaft konstituiert wird. Vielmehr ist der „Migrationshintergrund" ein Merkmal der biologisch-ethnischen Herkunft des Einzelnen. Dabei bezieht man dieses Merkmal speziell in Deutschland auch auf Menschen mit gemischter Abstammung: liegt nach der internationalen PISA-Studie dann ein Migrationshintergrund vor, wenn die beiden Eltern im Ausland geboren sind, ist dies nach der Definition des Statistischen Bundesamtes und des Bundesamt für Migration und Flüchtlinge (BAMF) auch dann der Fall, wenn nur ein Elternteil die deutsche Staatsbürgerschaft nicht durch Geburt besitzt.[26] Es würde demnach genügen, einem Kind einen „Migrationshintergrund" zuzuschreiben, wenn lediglich sein Großvater nicht in Deutschland geboren ist, da sein Sohn (also der Vater des Kindes) zum Zeitpunkt seiner Geburt in Deutschland nicht automatisch die deutsche Staatsbürgerschaft erhielt. Es genügt also sogar eine kleine Beimischung von „fremdkultureller" Abstammung in die Herkunft des Einzelnen, um ihn oder sie einer statistisch gesonderten Gruppe zuzuordnen, die als defizitär in Hinblick auf Bildung und als förderungsbedürftig identifiziert wird. Dabei geschieht diese Zuschreibung einer kollektiven defizitären Identität dieser Gruppe ungeachtet der einschlägigen Forschungsergebnisse etwa der PISA-Studie, wonach Schüler/innen „mit Migrationshintergrund" sehr heterogen in Hinblick auf ihre schulischen Leistungen und Entwicklungswege sind. Demnach befinden sich ca. 16 % dieser Schülerinnen und Schüler im obersten Quartil der Leistungsverteilung.[27]

Die Zuordnung von heranwachsenden Menschen zu einem als defizitär und homogenen, ausschließlich aufgrund von rigiden Abstammungskriterien konstruiertem Kollektiv muss sich zwangsläufig verheerend auf ihre Bildungsmotivation und auf die Entwicklung ihrer Bildungsfähigkeiten auswirken. Zu diesem Schluss muss man jedenfalls kommen, wenn man davon ausgeht, dass (1) Bildung Entwicklung von Individualität und rationaler Autonomie des Einzelnen bedeutet, und (2) diese Entwicklung entscheidend von der Anerkennung der Einzigartigkeit und des Autonomiepotenzials des Individuums durch seine Bezugspersonen, ein-

---

[26] Vgl. OECD (2019): Deutschland – Ländernotiz – Ergebnisse PISA 2018, a. a. O., S. 1 f.; Bundesamt für Migration und Flüchtlinge (2021): Personen mit Migrationshintergrund in Deutschland, Online unter: https://www.bamf.de/DE/Themen/Forschung/Veroeffentlichungen/Migrationsbericht2018/PersonenMigrationshintergrund/personenmigrationshintergrund-node.html (Letzter Zugriff am 26.03.2021)

[27] Vgl. OECD (2019): Deutschland – Ländernotiz – Ergebnisse PISA 2018, a. a. O., S. 7

schließlich durch seine Lehrer/innen abhängt. Diese zwei Prämissen sind nun näher zu erläutern:

(1) Wie im ersten Kapitel bereits ausgeführt, ist Bildung spätestens seit Humboldt und Hegel als eine Vermittlung zwischen dem Individuellen und dem Universellen zu verstehen. Demnach bildet sich der oder die Einzelne als menschliches Individuum, indem er oder sie die Grenzen seiner oder ihrer primären Umwelt überschreitet und sich von seiner oder ihrer Sozialisation entfremdet, bzw. sich von ihr nicht blind determinieren oder „prägen" lässt, sondern sie autonom und individuell verarbeitet. Ein Kind bildet sich nicht als „Person mit Migrationshintergrund" oder als „Bio-Deutscher", sondern *als heranwachsender Mensch*. Sein Bildungsprozess widersetzt sich durch seine innere Logik jeder Art von Subsumieren seines Subjekts unter Kollektiven, die entlang von Abstammung oder familiären Sozialisation konstruiert werden. Wenn man das einzelne Kind dennoch in solche Kollektivkonstrukte hineinpresst, dann erschwert man immens seinen Bildungsprozess, oder gar verunmöglicht man ihn gänzlich.

(2) Das Letztere passiert deshalb, weil die Entwicklung der Fähigkeit, die Grenzen der eigenen primären Umwelt und Sozialisation zu überschreiten, und eine autonomiestiftende Distanz zu dieser Umwelt und Sozialisation einzunehmen, entscheidend von der Anerkennung des Potenzials dieser Fähigkeit durch die Mitmenschen abhängt. Wird dieses Potenzial dadurch missachtet, dass der oder die Einzelne nicht primär als Individuum, sondern als Exemplar einer ihm oder ihr vorgegebenen, und sie oder ihn determinierenden (Herkunfts-)Gemeinschaft betrachtet und behandelt wird (die noch dazu als defizitär gilt), dann lässt sich dieses Potenzial nicht verwirklichen. Dann versteht sich das Individuum – auch im Sinne einer trotzigen Reaktion – nach und nach lediglich als Träger einer kollektiven Identität, d. h. es durchläuft mit großer Wahrscheinlichkeit einen Prozess der Selbstethnisierung. Dies ist eine zentrale Erkenntnis des anerkennungstheoretischen Ansatzes zu sozialen Ermöglichungsbedingungen von Bildung, den ich im nächsten Kapitel ausführlich darlegen werde. An dieser Stelle möchte ich lediglich eine zentrale Prämisse dieses Ansatzes benennen und kurz mit einem Beispiel verdeutlichen: Grundsätzlich möchte jeder Mensch als Individuum anerkannt werden, das zu freien und autonomen Wahlentscheidungen fähig ist. Dementsprechend empfindet grundsätzlich jeder Mensch es als eine leidvolle Missachtung und dauerhafte Kränkung, wenn seine oder ihre eigenen Gründe für seine oder ihre Handlungen ignoriert werden, und sie stattdessen als durch äußerliche Faktoren, wie Abstammung oder „Herkunftskultur" determiniert missbilligt werden. Dabei

wird diese Kränkung nicht immer als solche verbal artikuliert; in vielen Fällen äußert sie sich vielmehr in destruktivem oder selbst-destruktivem Verhalten.

In diesem Zusammenhang fällt mir eine Geschichte ein, die mir mal eine Bekannte erzählt hat, welche vor mehr als zwei Jahrzehnten aus Afghanistan nach Deutschland geflohen ist. Ihr in Deutschland geborener Sohn musste im Teenager-Alter bei einem Tanzabend dabei sein, der von seiner Schule organisiert wurde. Der Sohn war schüchtern, hat bis dahin noch nicht getanzt, und wollte auch jetzt nicht tanzen. Dann kam sein Klassenlehrer und sagte zu ihm: „Du bist ein afghanischer Macho, deshalb tanzest du nicht, aber jetzt muss du!". Der Junge ist zitternd nach Hause gekommen, litt lange Zeit heftig unter diesem Spruch, und der weitere Besuch der Schule kostete ihm wochenlang große Überwindungen.

Ist diese Reaktion vielleicht Ausdruck von Überempfindlichkeit, die Menschen mit Migrationsgeschichte oft in solchen Situationen vorgeworfen wird? Wohl kaum, wenn man realisiert, dass Sprüche wie der eben zitierte die individuellen Gründe, Wünsche und Gefühle der betroffenen Person zugunsten ihrem klischeehaften Einstecken in eine Schublade ignoriert werden, auf der das Etikett „fremde (Macho-)Kultur" klebt. Hier wird der einzelne Mensch letztlich wie ein Ding behandelt, das von Kräften bewegt wird, die ihm äußerlich sind. Dies kommt insofern der Missachtung der Würde des Einzelnen gleich, als ihr Kernelement die Fähigkeit zu selbstbestimmten, freien Wahlentscheidungen ist.

Ein Effekt dieser Missachtung ist, wie bereits erwähnt, die Selbstethnisierung von vielen, die von ihr betroffen sind. Wenn das Potenzial des Individuums, die Grenzen seiner „Herkunftskultur" zu überschreiten, sich zu ihr reflexiv zu positionieren, sich von ihr vielleicht zu emanzipieren, sie aber auf jeden Fall aber sie individuell und modifizierend zu biographisieren, dauerhaft oder systematisch nicht anerkannt wird, dann verkümmert dieses Potenzial. Dann neigen die Adressaten dieser Missachtung dazu, sich mit dieser „Herkunftskultur" strak zu identifizieren, und sie gleichzeitig zu purifizieren, d. h. sie in einer dogmatisch-kanonisierten Form aufrechtzuerhalten, welche frei von individuellen und konkurrierenden Interpretationen und Revisionen ist. Vor diesem Hintergrund ist das bekannte Phänomen nicht verwundbar, dass die Kinder aus muslimischen Einwandererfamilien, die das deutsche Schulbildungssystem durchlaufen haben, sich oft stärker mit dem Islam als ihrer Eltern identifizieren – und zwar mit einer strengeren, traditionalistischeren und fundamentalistischeren Auslegung des Islams.

Zudem trägt die Konstruktion der Gruppe „Schüler/innen mit Migrationsgrund" mittelbar zu der Ethnisierung der Gesamtgesellschaft bei. Dazu muss man sich vor Augen führen, dass der Begriff „Migrationshintergrund" zuerst in Bezug auf Kinder und Jugendliche eingeführt worden ist, und zwar vor allem hinsichtlich ihrer schulischen Situation. Die „Einweihung" dieses Begriffs fand im Zehnten deutschen Kinder- und Jugendbericht 1998 unter der Federführung der Erziehungswissenschaftlerin Ursula Boos-Nünning statt, und zwar als Bezeichnung für die Kinder, die nicht in „deutschen Kulturtraditionen" aufwachsen[28] In den Jahren danach wurde der Begriff zu „Menschen mit Migrationshintergrund" (die so genannten „MMGs") erweitert, d. h. man begann auch erwachsene Personen außerhalb von Schule nach ihrer „fremdkulturellen" Herkunft, zu klassifizieren. Wenn man so will, ist das semantische Virus des Migrationshintergrunds in den Feldern der Bildungspolitik und Pädagogik entstanden und hat sich von dort aus in verschiedenen Bereichen der Gesellschaft verbreitet: Wirtschaft, Kultur, Freizeit, Sicherheits- und Sozialpolitik usw. Allerdings ist die dichotomische Unterscheidung zwischen Personen mit und ohne „Migrationshintergrund" bis heute nirgendwo so stark ausgeprägt als im Bereich der Schule. Wirtschaftliche Unternehmen unterscheiden kaum zwischen Mitarbeiter/innen „mit" und „ohne" – und sie führen keine separaten Statistiken für die Leistungen der beiden Gruppen. Dasselbe gilt für Opernhäuser, Theatern, oder Musikbands. Und wenn heute jemand vorschlagen würde zu untersuchen, um wieviel Prozentpunkte die Leistungen der Gruppe der Spieler „mit Migrationshintergrund" in der deutschen Fußballnationalmannschaft diejenigen der Gruppe der „Bio-Deutschen" unter- oder überschreiben, so werden die meisten diesen Vorschlag empört zurückweisen.

Im Schulbildungsbereich hingegen sind solche Leistungsvergleiche zwischen den beiden Herkunftsgruppen inzwischen Routine und kaum ein Mensch regt sich darüber auf. Wie ist diese besondere Affinität in Bildungspolitik und Pädagogik für ethnisierende, herkunftsbasierte Kollektivierungen von an sich sehr unterschiedlichen heranwachsenden Menschen sowie die allgemeine Akzeptanz in der Gesellschaft dafür zu erklären?

Es ist naheliegend, dass die Aufteilung der Kinder und Jugendlichen in der Schule in zwei große Gruppen nach dem Kriterium „eigene oder fremde Herkunftskultur" in einem Zusammenhang mit der Hauptfunktion von Schule stehen muss, Bildung zu vermitteln. Mit anderen Worten muss diese Aufteilung mit der Vorstellung von Bildung stehen, die das Schulsystem dominiert. Diese Vorstellung würde dann die angesprochene Aufteilung rechtfertigen, vielleicht sogar als zwin-

---

[28] Vgl. Deutscher Bundestag (1998): Bericht über die Lebenssituation von Kindern und die Leistungen der Kinderhilfen in Deutschland (Zehnter Kinder- und Jugendbericht) mit der Stellungnahme der Bundesregierung, S. 22; auch S. 133–144. Online unter https://www.bmfsfj.de/resource/blob/94550/a8463439e42a143d8fc41a4636b98f65/prm-16045-broschure-10-kinder-und-juge-data.pdf (Letzter Zugriff 29.03.2021). Vgl. auch Dirim, Inci/Mecheril, Paul u. a. (2018), a. a. O., S. 169

gend herausstellen, wenn in ihr sich Bildung als verwandt zu einer bestimmten Herkunftskultur und als fremd zu Herkunftskulturen darstellt, die von ihr abweichen. Dabei handelt es sich nicht nur um „Herkunftskultur" im Sinne von „Migrationshintergrund", sondern auch im Sinne des sozioökonomischen und soziokulturellen Status der Familie, aus der das heranwachsende Individuum stammt. Diese Verkettung von Bildung und Herkunft macht sich in der verallgemeinerten Rede von „bildungsfernen Schichten" oder „bildungsfernen Familien" sowie in den Versuchen der entsprechenden Studien besonders sichtbar, „Bildungsferne" und „Bildungsnähe" anhand von festen, bezifferten Indikatoren zu vermessen.

„Bildungsferne" und Verdinglichung von Bildung als Mittel sozialer und kultureller Exklusion

Seit ungefähr zwei Dekaden ist in der bildungspolitischen und teilweise auch in der bildungswissenschaftlichen Diskussion viel von Schüler/innen aus „bildungsfernen" Familien als eine angebliche Risikogruppe für das deutsche Bildungssystem die Rede. Allerdings ist die Unterscheidung zwischen „bildungsnahen" und „bildungsfremden" Schichten ihrem Sinn nach bereits in dem konservativ-bildungsbürgerlichen Bildungsverständnis enthalten, das im ersten Kapitel erörtert wurde. Demnach ist Bildung im Wesentlich als Aneignung eines nationalen hochkulturellen Kanons zu verstehen. Dieser Kanon spiegelt eben die traditionalistische und zugleich elitäre Ideologie des Bildungsbürgertums wider, aber er ist an dem kulturellen Mainstream der Gesellschaft anschlussfähig, so wie er in ihren Ober- und Mittelschichten vertreten ist. Wenn man allerdings nicht in diese Schichten hineingeboren ist, sondern aus Unterschichten und/oder kulturellen Minderheiten abstammt, dann befindet man sich schon durch die eigene Herkunft in einer Ferne zum Kanon.

„Bildungsferne" im heute dominierenden Sprachgebrauch bemisst sich nicht so sehr an die vermeintliche Distanz zum hochkulturellen Kanon, sondern primär an einem Abstand zu eher äußerlichen Dingen, von denen man annimmt, dass sich Bildung in ihnen verkörpert: höhere Schulzeugnisse, Bücher und Computer, offizielle Sprache. Nur: heute wie früher postuliert man „Bildungsferne" als herkunftsbedingt. Das heutige Konstrukt „Kinder und Jugendliche" aus „bildungsfernen Familien" überschneidet sich weitgehend mit dem Konstrukt „Kinder und Jugendliche „mit Migrationshintergrund", obgleich zwischen den beiden Gruppen meistens nominell unterschieden wird. In einer vom Statistischen Bundesamt ausgezeichneten und veröffentlichten Studie sind als „bildungsfern" schlicht und ergreifend diejenigen Familien bezeichnet, bei denen die Eltern höchstens über einen Hauptabschluss verfügen (und viele Einwandererfamilien fallen selbstverständlich nicht darunter).[29] Allerdings werden in prominenten bildungspolitischen Dokumenten, wie dem bereits zitierten Jahresgutachten Bildungsgerechtigkeit 2007 des Aktionsrates Bildung „Kinder aus bildungsfernen Familien" durchgehend im gleichen Atemzug wie „Kinder mit Migrationshintergrund" angesprochen. Für diese wird letztlich unterstellt, dass sie tendenziell „bildungsfern" erzogen und sozialisiert werden.[30]

Im Unterschied zum „Migrationshintergrund" ist der Terminus „Bildungsferne" in den letzten Jahren etwas in Ungnade geraten, und er wird seltener direkt verwendet, aber sein Inhalt und die in ihm implizierte Botschaft werden durch synonyme Begrifflichkeiten umschrieben. So wird im nationalen Bericht über PISA 2018 Bildungsdauer bzw. Bildungsabschlüsse der Eltern sowie Anzahl von Kultur- und Wohlstandsgütern wie Bücher oder Tablet-Computer als ein Faktor für Schulleistungen erfasst, der wiederum von einem niedrigeren sozioökonomischen Status der Eltern und „Zuwanderungshintergrund" negativ beeinflusst werde.[31] Man kann also insgesamt schlussfolgern, dass das Zusammenspiel zwischen niedrigem kulturellen Kapital, niedrigem sozioökonomischen Status und „Migrationshintergrund" hier dies umschreibt, was man an anderen Stellen eben als „Bildungsferne" bezeichnet: Man ist „bildungsfern", wenn in dem nahen, familiären Umfeld, in dem man aufwächst, keine höheren Bildungsabschlüsse, nur wenige Bücher und kaum Tablets vorhanden sind, die Eltern „einfachen" Berufen nachgehen – und auch wenn eine andere Sprache als Deutsch gesprochen wird. Die Nutzung einer Fremdsprache durch die betroffenen Schüler/innen in ihren privaten Interaktionen und sogar das Wechseln zwischen dieser Sprache und Deutsch wird in der bildungspolitischen Diskussion immer wieder als ein Faktor postuliert, der es den betroffenen Kindern und Jugendlichen erschwere, gute Testergebnisse etwa bei PISA zu liefern; der sie also von „Bildung" fernhalte.[32]

---

[29] Schindler, Steffen (2013): Öffnungsprozesse im Sekundarschulbereich und die Entwicklung von Bildungsungleichheit. Wiesbaden: Statistisches Bundesamt, Wirtschaft und Statistik, S. 154. Online unter: https://www.destatis.de/DE/Methoden/WISTA-Wirtschaft-und-Statistik/2013/02/bildungsungleichheit-022013.pdf;jsessionid=CD72BFCB77D71D27 AD95C7488A16351B.live741?__blob=publicationFile (Letzter Zugriff am 29.03.2021)
[30] Vgl. Vereinigung der Bayerischen Wirtschaft (Hrsg.): a. a. O., S. 12; S. 57
[31] Reiss, Kristina/Weis, Mirjam/Klieme, Eckhard/Köller, Olaf (Hrsg.) (2019): PISA 2018. Grundbildung im internationalen Vergleich. Münster/New York: Waxmann, S. 133 f.
[32] Vgl. etwa Vereinigung der Bayerischen Wirtschaft (Hrsg.) [Wiss. Koordination Dieter Lenzen] (2007): a. a. O., S. 35; S. 136; S. 146. Vgl. auch Reiss, Kristina/Weis, Mirjam/Klieme, Eckhard/Köller, Olaf (Hrsg.) (2019): a. a. O., S. 130; S. 155 f.

Dass Zwei- bzw. Mehrsprachigkeit als ein bildungshindernder Faktor interpretiert wird, ist besonders bezeichnend dafür, welches Verständnis von „Bildung" in der bildungspolitischen Diskussion vorherrscht, in der die Figur der „bildungsfernen Schichten" explizit oder implizit hervorgebracht wird. Denn eigentlich müsste die Praxis des Wechselns zwischen verschiedenen Sprachen, die die meisten Kinder aus Einwandererfamilien spielerisch vollziehen, als ein großes Bildungspotenzial enthaltend, als den Bildungsprozess des Individuums im hohen Maße fördernd aufgefasst werden. Dies ist zumindest dann der Fall, wenn wir uns an den klassischen neuhumanistischen Bildungsbegriff Humboldts orientieren. Wie bereits im ersten Kapitel ausgeführt, ist Bildung nach ihm ein Prozess der Welt-Erschließung; ein Prozess, der die Einnahme von unterschiedlichen Perspektiven zur Welt und das Übersetzen zwischen ihnen durch das Individuum voraussetzt, wobei sich diese Perspektiven in je unterschiedlichen Sprachen verkörpern. Bei diesem Übersetzten zwischen verschiedenen Sprachen entsteht gewissermaßen auf einer quasi-natürlichen Basis ein reflexiver Umgang mit den Begrifflichkeiten, die das Individuum verwendet bzw. denen es begegnet. Dadurch erhöht sich seine Sensibilität für den jeweiligen Sinn dieser Begrifflichkeiten. Diese Sensibilität ist wiederum als eine Grundsäule von Selbst-Entwicklung, von Entwicklung der Fähigkeit zur begrifflichen Selbst-Artikulation anzusehen. Wenn also Zwei- oder Mehrsprachigkeit sich von einem „Bonus" zu einem „Malus" für eine erfolgreiche Schulkarriere verwandelt, dann muss man sich eben fragen, was mit dem System „Schule" nicht stimmt, sodass es Bildungspotenziale gerade von Kindern und Jugendlichen „mit Migrationshintergrund" nicht nutzt, und stattdessen diese zu tendenziell defizitären Schüler/innen macht.

Allerdings wird bei der Figur der „Bildungsferne" Bildung nicht als *Prozess* von Welt-Erschließung und Selbst-Entwicklung verstanden, der sich im Inneren des menschlichen Individuums vollzieht, sondern als Summe von *Dingen* durchdekliniert, die dem Individuum äußerlich sind, und zu denen es sich, bedingt durch seine Herkunft, in einer kleineren oder größeren räumlichen Distanz befindet – Schulzeugnisse, Bücher, Tabletts, Tests etc. Auch die Sprache wird hier verdinglicht, da sie als *Instrument* für besseres Abschneiden bei Tests und für bessere Schulnoten bzw. -zeugnisse aufgefasst wird, und nicht als *Praxis* der Selbst-Artikulation. Würde man Sprache als eine solche – im Übrigen im hohen Maße bildungsstiftende – Praxis interpretieren, dann würde man die Erstsprachen der Kinder und Jugendlichen und ihre Übersetzungen zwischen diesen Erstsprachen und der gemeinsamen Verkehrssprache Deutsch in das schulische Geschehen bewusst einbeziehen. Dann würde man das Verbot der Nutzung von anderen Sprachen als Deutsch in der Schule, das aktuell von verschiedenen Seiten gefordert wird, als vollkommen kontraproduktiv erachten.

Wenn man „Bildung" nicht auf der beschriebenen Art und Weise *ver-dinglicht*, dann ist die Rede von „Bildungsferne" bzw. ‚bildungsfernen Schichten" sinnlos. Dann gibt es keine „bildungsferne" Menschen mehr, weil sich Bildung *in* jedem einzelnen Menschen ereignet, insofern jeder Mensch einen Bezug zu sich selbst entwickelt und dabei sein oder ihr Selbst in die Welt hinein objektiviert, es gewissermaßen „verweltlicht". Die Kehrseite dieses Prozesses ist, dass das menschliche Individuum sich die Welt in ihrer Universalität, in ihrer Differenz zu seiner partikularen Umwelt nach und nach erschließt.

Der so grob skizzierte Bildungsprozess kann jedoch stark erschwert werden, wenn das Potenzial und die ursprüngliche Motivation des Individuums die Grenzen seiner Umwelt stets zu überschreiten und dabei freiheitlich zu handeln, dauerhaft missachtet werden. Diese Missachtung besteht in der Betrachtung und der Behandlung des Individuums als determiniert in seinem Denken und Handeln durch seine Herkunft und seine Herkunftskultur. Die fragliche Missachtung ist wohl dann besonders verhängnisvoll, wenn sie ausgerechnet von Institutionen wie der Schule generiert wird, die eigentlich Bildung fördern sollen.

Das so umrissene Verständnis von Bildung als dynamische Selbst-Entwicklung und Welt-Erschließung klingt als Gegenentwurf zur derzeit vorherrschenden Vorstellung von verdinglichter Bildung an dieser Stelle sicherlich noch sehr abstrakt. Dieses Verständnis werde ich jedoch im nächsten Kapitel ausführlich darlegen. Anschließend werde ich die sozialen Voraussetzungen gelungener Bildungsprozesse erörtern. Ich habe bis jetzt lediglich angedeutet, dass diese Voraussetzungen als Anerkennungsbeziehungen zu verstehen sind, an denen alle Schüler/innen *als Individuen* teilhaben sollen. Nun gilt es, diese bildungsstiftenden Anerkennungsbeziehungen auszudifferenzieren und in ihrer Struktur und Dynamik zu rekonstruieren. In einem darauffolgenden Schritt wird dann die Frage zu erörtern sein, wie sie institutionell implementiert werden können, und welche strukturellen Reformen im Schulsystem dies erfordern würde.

Teil II
Ein Gegenentwurf – Bildung als demokratische Selbst-Verwirklichung

An dieser Stelle beginnt der positive, oder – wenn man so will – der konstruktive Teil dieses Buches. In seiner hier ansetzenden zweiten Hälfte lege ich einen konzeptuellen Gegenentwurf zur breit verbreiteten Vorstellung von Bildung als Aneignung von in vorab festgelegten „Dingen", bzw. kanonisierten Kulturgütern dar,– eine Vorstellung, die m. E. selbst als Ausdruck von Halbbildung anzusehen ist. Diese angeblich bildungstragenden Kulturgüter entstammen aus der Lebenswelt der soziokulturell privilegierten Schichten, wohingegen die Angehörigen der sozial und kulturell unterprivilegierten Gruppen sich qua Herkunft in einer mehr oder weniger ausgeprägten Distanz zu ihnen befinden. Die so knapp zusammengefasste Bildungsvorstellung bedingt eine defizitäre bildungsbezogene Kollektivierung derjenigen Heranwachsenden durch Bildungspolitik und Pädagogik, wessen Abstammung von der des sozialen und kulturellen Mainstreams abweicht. Durch diese Kollektivierung aufgrund von Herkunftsmerkmalen werden sie nachträglich ethnisiert und kulturalitischen, de-individualisierenden Zuordnungen und Zuschreibungen unterzogen, die eben typisch für Halbbildung sind, welche wiederum die Verbreitung vom Populismus ermöglicht.

Bei dem konzeptuellen Gegenentwurf, den ich in den nächsten Seiten vorlege, wird Bildung nicht wie herkömmlich als eine Bewegung von außen nach innen, d. h. von bestimmten Dingen oder Kulturgütern hin zu ihrer Aneignung durch die Educanden verstanden. Vielmehr konzipiere ich Bildung in Anschluss vor allem an Hegel als eine Bewegung von innen nach außen, als Verwirklichung des Selbst des Individuums in der Welt, wobei diese Verwirklichung seine Inklusion in demokratischen Anerkennungsbeziehungen voraussetzt. Demnach ist Bildung, pointiert ausgedrückt, als demokratische Selbst-Verwirklichung aufzufassen.

5 Eine notwendige Voranmerkung zum Begriff „demokratische Selbst-Verwirklichung"

Die Bezeichnung von Bildung als demokratischer Selbst-Verwirklichung kann für einige Missverständnisse sorgen. Zwei von ihnen möchte ich bereits an dieser Stelle vorbeugen: „Selbst-Verwirklichung" könnte als ein subjektivistischer Terminus missverstanden werden, der auf das Einzelindividuum fokussiert ist. Die meisten Menschen würden jedoch annehmen, dass Bildung auch objektive Dimensionen mitumfasst wie Erwerb vom Wissen mit überindividuellen Inhalten und Geltungsansprüchen, sowie Sicherung der Reproduktion der Gesellschaft, einschließlich des Staates und der Wirtschaft.

Mir scheint es, dass dieses subjektivistische Missverständnis von Selbst-Verwirklichung, das die bildungstheoretische Relevanz dieses Begriffs in Frage stellt, daher rührt, dass er meistens als synonym zur „Selbst-Bestimmung" verwendet wird. Und „Selbst-Bestimmung" kann eine gewisse Autarkie in dem Sinne suggerieren, dass das Individuum seine Wahlentscheidungen unabhängig von den Einflüssen der äußeren Wirklichkeit treffen, und sich von der letzteren emanzipieren kann und soll. „Selbst-Verwirklichung" meint jedoch strenggenommen, dass man sein Selbst zur Wirklichkeit macht, oder, anders ausgedrückt, dass man es objektiviert. Diese Selbst-Objektivierung setzt es voraus, dass man die eigenen Bedürfnisse, Wünsche, Ziel- und Wertevorstellungen durch die Befassung mit äußerlichen Gegenständen und objektiven Wissensinhalten formt und entwickelt. Ferner erfordert sie, dass diese Bedürfnisse, Wünsche, Ziel- und Wertevorstellungen selbst eine gewisse Objektivität erhalten, d. h. dass sie mit gesellschaftlichen Institutionen und Tätigkeitsfelder in Verbindung gebracht und innerhalb dieser realisiert werden.

Das zweite Missverständnis könnte sich eher in der Bezeichnung „*demokratische* Selbst-Verwirklichung" äußern. Man assoziiert mit Selbst-Verwirklichung oft ja eine eher egoistische Haltung, welche kaum vereinbar mit dem Gebot einer gleichberechtigen Kooperation mit den Mitmenschen ist, die Demokratie auszeichnet. Allerdings halte ich die Kurzschließung von Selbst-Verwirklichung mit Egoismus oder Egozentrismus für grundfalsch. Wie ich im zweiten Teil des nächsten Kapitels bezugnehmend auf einschlägigen Autoren wie Axel Honneth und Heinz Kohut ausführlich darlegen werde, ist bereits die Entstehung des Selbst in Beziehungen intersubjektiver Anerkennung wie Empathie, Respekt und Wertschätzung eingebettet. Die Entwicklung des Selbst erfordert wiederum die Artikulation seiner Bedürfnisse und seiner Bestrebungen in einer Art und Weise, die sie für die Mitmenschen rational nachvollzierbar macht. Diese Artikulation ist eine weitere notwendige Dimension der bereits angesprochenen Selbst-Objektivierung. Sie erfordert, dass das Individuum sich in die Perspektiven der Anderen hineinversetzt, dass es seine Bedürfnisse und Bestrebungen aus diesen Perspektiven heraus betrachtet und sie begründet, und zwar mit Argumenten, die für die Anderen überzeugend sind. Kurzum, Selbst-Verwirklichung setzt nicht nur die Anerkennung der Individualität des Einzelnen durch die Anderen voraus; darüber hinaus setzt die Selbst-Verwirklichung die Anerkennung der Anderen durch das Individuum als ihm gleichgestellten, aber von ihm unterschiedlichen Individuen voraus, mit denen es auf einer rationalen und offenen Basis kooperiert. Genau diese, auf reziproke Anerkennung basierte Kooperation ist das, was Demokratie als Lebensform nach Dewey ausmacht.

Im nächsten Kapitel werde ich das angesprochene Konzept von Bildung als demokratische Selbst-Verwirklichung systematisch, wenn auch in der gebotenen Kürze, darlegen. Eine zentrale Konsequenz aus diesem Konzept ist, dass Demokratiebildung – und dies bedeutet Bildung, die Populismus entgegenwirkt – generell gesprochen als Persönlichkeitsbildung zu verstehen ist. Im darauffolgenden Kapitel werde ich einige schulpädagogische Ansätze zur Demokratiebildung erörtern und aufzeigen, dass sie dann nur eine sehr eingeschränkte Wirkung haben können, wenn sie Demokratiebildung nicht als die Kehrseite von Persönlichkeitsbildung betreiben. Diese inhärente Verbindung zwischen Demokratiebildung und Persönlichkeitsbildung sehe ich exemplarisch in der Praxis einer inklusiven Privatschule weitgehend verwirklicht, die ich an dieser Stelle als beispielhaft vorstellen möchte. Das Buch schließt ab mit der Formulierung einiger Forderungen nach strukturellen Reformen des Schulbildungssystems, welche Demokratie- und Persönlichkeitsbildung – und das heißt Bildung gegen Populismus – ermöglichen würden. Diese Forderungen werden im letzten Kapitel gestellt und begründet.

6 Grundzüge eines freiheitlichen und demokratischen Bildungsbegriffs

Der Bildungsbegriff, den ich in diesem Kapitel darlegen möchte, ist *freiheitlich*, weil er auf die Selbst-Verwirklichung des Individuums und gegen seine Unterordnung unter Kollektiven ausgerichtet ist, die auf der Grundlage von nichtgewählten, quasi-natürlichen Gruppenmerkmalen wie Herkunft oder Abstammung konstruiert werden. Er ist *demokratisch*, weil er individuelle Selbst-Verwirklichung als eingebettet in demokratischen Anerkennungsbeziehungen und demokratischen Institutionen konzipiert.

Ich beginne die Darlegung dieses Begriffs mit der Wiederaufnahme eines, in den früheren Kapiteln bereits mehrmals erwähnten, hegelianischen Denkmotivs, wonach Bildung als Vermittlung zwischen dem Einzelnen und dem Allgemeinen zu verstehen ist, in deren Zügen das Besondere des Individuellen begriffen und artikuliert wird. Zum einen charakterisiert die Fähigkeit zu dieser Vermittlung den Zustand des Gebildet-Seins. Zum anderen zeichnet sie den Prozess der Bildung selbst aus, und zwar konkretisiert als Vermittlung zwischen dem besonderen Individuum und der universellen Welt. Da das Selbst die Instanz ist, die die Individualität des Einzelnen ausmacht, widmet sich der nächste Abschnitt dem Charakter und der Struktur des Selbst. Hierbei wird gezeigt, dass das Selbst aus zwei zentralen Dimensionen besteht, nämlich einerseits den Bedürfnissen nach Spiegelung und Bestätigung und, und andererseits den Idealen bzw. Werten. Wenn wir Bildung mit Hegel als ein Vorgang der Selbst-Universalisierung auffassen, dann vollzieht sich diese – so die These – zum einen als begriffliche Artikulation der beiden Dimensionen des Selbst, d. h. der Bedürfnisse und der Ideale, durch das Individuum. Dadurch bekommen sie eine rationale Form, und sie werden für die Anderen nachvollzierbar und argumentativ zugänglich. Die Befähigung zu dieser begrifflichen Selbst-Artikulation setzt die Entwicklung eines Sinns für Objektivität, Logik und Argumentation voraus, und diese Entwicklung wird grundsätzlich durch die Befassung mit wissenschaftlichen Inhalten ermöglicht. Zum anderen vollzieht sich die Vermittlung zwischen Selbst und Welt auch in dem Bereich, der Hegel als „praktische Bildung" bezeichnet. Hier verwirklicht sich das Individuum in anspruchsvollen, ausdifferenzierten Tätigkeiten, deren Ausführung ein hohes Maß an praktischem Begreifen und Anwenden objektiver Zusammenhänge impliziert.

In einem nächsten Schritt zeige ich unter Bezugnahme vor allem auf Schriften Axel Honneths auf, dass die zuvor herausgearbeiteten Vorgänge, die begriffliche Selbst-Artikulation und die praktische Selbst-Objektivierung des Individuums, seine Teilnahme an wechselseitigen Anerkennungsbeziehungen der Empathie, des moralischen Respekts und der sozialen Wertschätzung voraussetzt. Insofern sich Selbst-Verwirklichung durch die Teilnahme an diesen Anerkennungsbeziehungen vollzieht, sind sie als Quellen von sozialer Freiheit anzusehen. Und insofern sie als reziproke Interaktionsformen zwischen gleichgestellten, aber sich voneinander unterscheidenden Individuen fungieren, sind die erwähnten Anerkennungsbeziehungen als Kernstück einer demokratischen Lebensform aufzufassen, die zugleich bildungsstiftend ist.

Bevor ich allerdings mit der so skizzierten inhaltlichen Darlegung eines freiheitlichen und demokratischen Bildungsbegriffs beginne, muss ich kurz erläutern, warum sich diese Darlegung ausgerechnet an der Philosophie Hegels orientiert, die für viele als idealistisch, spekulativ und daher praxisfern gilt. Gegen diese breit verbreitete Vorstellung von Hegels Werk halte ich insbesondere sein Bildungsverständnis auch heute für im höchsten Maße praxisrelevant und als ausgestattet mit dem Potenzial, Bildungspolitik und Pädagogik in einer dezidiert anti-populistischen Richtung Orientierung zu geben.

Warum Hegel? Vorzüge eines neuhegelianischen Ansatzes zum Bildungsbegriff

Die akademische Laufbahn von Georg Wilhelm Friedrich Hegel war alles andere als einfach und geradlinig. Er erhielt seine erste ordentliche Professur in Heidelberg mit 46 Jahren (und 15 Jahre nach seiner Habilitation) ziemlich spät für die damaligen Verhältnisse; zuvor übte er unterschiedliche Tätigkeiten im außeruniversitären Bereich aus. Dazu gehörte auch Hegels Position als Rektor des Egidien-Gymnasiums in Nürnberg zwischen 1808–1816. Aus dieser Zeit sind fünf Reden überliefert worden, die er zu den Jahresabschlüssen an der Schule hielt. Zwar war der primäre Zweck dieser Reden die pädagogischen Ziele und Prinzipen des Gymnasiums der interessierten Öffentlichkeit darzulegen. Sie stellen jedoch zugleich nach der trefflichen Einschätzung von Karl Löwith die „faßlichste Einführung in Hegels Grundbegriff vom Geist" überhaupt dar.[1] Denn Hegels pädagogische Vorstellungen sind in seiner Auffassung von der Bildung des Geistes begründet, wobei diese Vorstellungen auf die Frage fokussiert sind, mit welchen unterrichtlichen Mitteln die Bildung angeleitet und unterstützt werden kann.

In den *Gymnasialreden* fasst Hegel die Bildung des Geistes zunächst als eine Entfremdung von dem selbstverständlich Gegebenen, von den unmittelbaren Erfahrungen und Erlebnissen des Individuums auf, in denen es „versenkt" sei – eine Entfremdung, durch die das Individuum eine reflexive Distanz zu sich selbst einnimmt, sich gewissermaßen zum Gegenstand für sich selbst macht. Diese Entfremdung soll man laut Hegel an Schulen durch die Beschäftigung der Gymnasiasten (sie waren ja ausschließlich männlich) mit etwas „Fremdartigem", „Nicht-Unmittelbaren" bewerkstelligen, in dem sich jedoch die Schüler wiedererkennen können – aber auf einer sich über den Alltag erhöhenden, universellen Ebene. Die Funktion dieses bildungsstiftenden „Fremdartigen" soll nach Hegel zum einen die Welt der griechischen Antike übernehmen. Für ihn stellt diese Welt nämlich das allgemeine und zugleich von der Moderne weit entfernte Ideal eines vollkommenen menschlichen Zusammenlebens dar, in dem Geist und Natur, Individualität und Allgemeinheit in einem harmonischen Verhältnis zueinanderstehen.[2] Zum anderen soll man die Begegnung mit dem Fremdartigen durch die Befassung der Jugendlichen mit Kategorien und Regeln von Einzelwissenschaften ermöglichen, die durch ihre Objektivität und Allgemeingültigkeit der Partikularität subjektiver Erfahrungen und Ansichten kontrastieren. Allerdings können diese Kategorien und Regeln nach Hegel nur dann verstanden werden, wenn die Schüler sie durch die „Selbsttätigkeit des Ergreifens" auf Einzelfälle und konkrete Situationen anwenden; wenn sie ihre konkreten Erfahrungen und Erlebnisse in diese Kate-

---

[1] Löwith, Karl (1968): Löwith, Karl. 1968. Einleitung, in Löwith, Karl/Riedel, Manfred (Hrsg.): *Georg Wilhelm Friedrich Hegel. Studienausgabe in 3 Bänden, Band I*. Hamburg: Fischer, S. 14

[2] Vgl. Hegel, Georg W. F. (1809/1968): Gymnasialreden (am 29. September 1809), in Löwith, Karl/Riedel, Manfred (Hrsg.): *Georg Wilhelm Friedrich Hegel. Studienausgabe in 3 Bänden, Band I.*, Hamburg: Fischer, S. 29–39, insb. S. 33–36

gorien und Regeln hineinprojizieren. So soll ein „wechselwirkendes Uebergehen zwischen Einzelnem und Allgemeinen" zustande kommen.[3]

In den späteren „Grundlinien der Philosophie des Rechts" fasst Hegel diesen ständigen Übergang zwischen Einzelnem und Allgemeinen, der den Kern der Bildung nach ihm ausmacht, als eingebettet in der Dynamik der sozialen Beziehungen des Individuums in der modernen Gesellschaft auf. Wie bereits im ersten Kapitel ausgeführt, beginnt der Bildungsprozess des Individuums mit seiner Entfremdung von der natürlich-unmittelbaren Gemeinschaft der Familie im Zuge seines Eintritts in die bürgerliche Gesellschaft. Im Unterschied zur Familie (und zur erweiterten Familie des Volkes oder der Ethnie), die als Kollektivsubjekt mit „gemeinsamen Blut" fungiert, besteht die bürgerliche Gesellschaft aus eigenständigen Individuen, die je eigene Interessen und Wertevorstellungen verfolgen. Damit die Individuen miteinander kooperieren können, muss jeder und jede ihre oder seine Interessen und Werte so in eine rationale, argumentative und letztlich allgemeingültige Form transformieren, dass sie von allen anderen Gesellschaftsmitgliedern nachvollzogen und akzeptiert werden können, die sich durch ihre je individuelle Andersheit auszeichnen.[4]

Hier kommt die ganz große konzeptuelle Stärke des Bildungsbegriffs Hegels und seine Aktualität zum Vorschein: Niemand vor ihm und auch niemand nach ihm hat Bildung so differenziert und tiefgreifend *zugleich* als Entwicklung von Individualität und individueller Freiheit, *und* als fest eingebettet in sozialen Interaktionen und Strukturen aufgefasst. Die Vermittlung zwischen Einzelnem und Allgemeinen, die das Kernstück von Bildung nach Hegel ausmacht, erscheint somit nicht als etwas, was sich im abgeschiedenen Denken des Einzelnen abspielt, sondern als eine genuine soziale Praxis. Und weil sie eben sozial ist, ist sie auch beeinflussbar und gestaltbar durch gesellschaftliche Institutionen wie die Schule: Je nachdem etwa, inwiefern sie Empathie für die Bedürfnisse und die Ideale des heranwachsenden Individuums und Respekt für sein Potenzial zu generieren vermag, diese Bedürfnisse und Ideale rational-argumentativ zu artikulieren, wird ihm mehr oder weniger gelingen, seiner Besonderheit eine allgemeine Form zu geben,

---

[3] Hegel, Georg W. F. (1810/1968): Gymnasialreden (am 14. September 1810), in Löwith, Karl/Riedel, Manfred (Hrsg.): *Georg Wilhelm Friedrich Hegel. Studienausgabe in 3 Bändern, Band I.*, Hamburg: Fischer, S. 39–51, insb. S. 43f.
[4] Vgl. Hegel, Georg W. F. (1821/1986): a. a. O., S. 339–360

oder seinem subjektiven Willen in sich Objektivität gewinnen zu lassen; kurzum sich zu bilden.[5]

Jetzt ist an der Zeit, sich diese bildungsstiftende Praxis der Vermittlung zwischen dem Einzelnen und dem Allgemeinen näher anzuschauen. Dabei sollen wir auch einschlägige Interpretationen von einigen neuhegelianischen Autor/innen der Gegenwart mit in Betracht ziehen, die versuchen, die oft schwer zugängliche Ausführungen Hegels zu dieser Praxis mit der Hilfe von moderneren Begrifflichkeiten zu verdeutlichen und weiterzuführen.

Die begriffliche Artikulation des Besonderen im Zusammenspiel des Einzelnen und des Allgemeinen

Im § 187 der „Grundlinien der Philosophie des Rechts", der sich zentral dem Prozess der Bildung widmet, führt Hegel aus, dass die Besonderheit dadurch zum „Fürsichsein" der Einzelheit wird, dass sie, die Besonderheit, sich zur Allgemeinheit „verarbeitet" und „heraufbildet". Zugleich gebe sie der Allgemeinheit „den erfüllenden Inhalt", und dadurch fungiere sie als „fürsichseiende, freie Subjektivität" in dem Gemeinwesen, das Hegel als „Sittlichkeit" bezeichnet.[6]

Dieser Gedanke klingt ziemlich kompliziert und obskur, aber er lässt sich gut analytisch rekonstruieren und dadurch verdeutlichen: Zunächst einmal bedeutet er einfach, dass die Besonderheit des Individuums dann existent oder wirklich für es und die Anderen wird, wenn sie in allgemeingültigen Termini ausgedrückt wird. Dabei reichert sie den Inhalt dieser Termini an und sie werden sozusagen auch an

---

[5]Zwei aussägekräftige Textbeispiele für dieses Verständnis von Sich-Bilden: In Hegels Vorlesungen von 1821/22 zur Rechtsphilosophie heißt es: „Die Bildung heißt, dass das Besondere die Form der Allgemeinheit annehme" (vgl. Hegel, Georg W. F (1822/2005): a. a. O., S. 180). Und im § 187 der „Grundlinien der Philosophie des Rechts" findet sich die folgende Schlüsselstelle zum Bildungsbegriff: „Die Bildung ist daher in ihrer absoluten Bestimmung die Befreiung und die Arbeit der höheren Befreiung, nämlich der absolute Durchgangspunkt zu der nicht mehr unmittelbaren, natürlichen, sondern geistigen, ebenso zur Gestalt der Allgemeinheit erhobenen unendlich subjektiven Substanzialität der Sittlichkeit. Diese Befreiung ist im Subjekt die harte Arbeit gegen die bloße Subjektivität des Benehmens, gegen die Unmittelbarkeit der Begierde sowie gegen die subjektive Eitelkeit der Empfindung und die Willkür des Beliebens. Daß sie diese harte Arbeit ist, macht einen Teil der Ungunst aus, der auf sie fällt. Durch diese Arbeit der Bildung ist es aber, daß *der subjektive Wille selbst in sich die Objektivität gewinnt*, in der er seinerseits allein würdig und fähig ist, die Wirklichkeit der Idee zu sein" (Hegel, Georg W. F. (1821/1986): a. a. O., S. 344f.; Hervorgehoben von mir – K.S.)

[6]Vgl. Hegel, Georg W. F. (1821/1986): a. a. O., S. 345

die Besonderheit angepasst. Dadurch wird die letztere auf den *Begriff* gebracht, d. h. sie wird für alle Mitglieder der bürgerlichen Gesellschaft reell oder potenziell *begriffen*.

Ich möchte diesen Vorgang mit einem Beispiel aus meiner eigenen Unterrichtserfahrung verdeutlichen:[7]

Vor einigen Jahren führte ich eine Reihe von philosophischen Gesprächen mit 14-jährigen Jugendlichen an einer griechischen Schule in München durch. Viele von ihnen waren erst seit kurzer Zeit in Deutschland und beherrschten die deutsche Sprache nur unvollständig bis lediglich rudimentär. Ein Hauptziel der philosophischen Gespräche bestand ja gerade darin, die Fähigkeiten der Jugendlichen zu verbessern, sich auf Deutsch ausdrücken. Wir nahmen an, dass der beste Weg zu diesem Ziel ist, die Jugendlichen dazu zu animieren, ihre eigene Lebensideale und Wertevorstellungen zu Diskussion zu stellen – eine Annahme, die sich übrigens durch den Verlauf der Gespräche vollständig bestätigt hat.

Wir hatten wunderbare Diskussionen über Themen wie „Glück", „Freiheit", „Freundschaft" oder „Familie". Der größte „Hit" waren jedoch unsere Gespräche über „Liebe". In diesen Gesprächen nahm ich bewusst die Position eines zynischen Soziobiologen ein, der behauptet, dass die einzige wirkliche Funktion der Liebe sei, die Fortpflanzung der menschlichen Gattung zu ermöglichen. Alle teilnehmenden Jugendlichen haben energisch Einspruch gegen diese Behauptung gemeldet. Auch diejenigen, die nicht besonders gut Deutsch konnten, suchten fieberhaft nach Worten, um ihre Argumente dagegen zu formulieren – und dies ist ihnen übrigens im Laufe der Diskussion immer besser gelungen.

Letztendlich hat ein Mädchen – nennen wir es Anna – ein entgegengesetztes Verständnis von Liebe artikuliert. Demnach sei Liebe kein Mittel zur Reproduktion des menschlichen Lebens, weil sie an sich ein wahres menschliches Leben ausmache. Mit anderen Worten sei Liebe das Leben selbst; lebendig sein bedeute zu lieben und geliebt zu werden. Diese Bestimmung von Liebe hat die volle Zustimmung der gesamten Gruppe gefunden; man merkte, dass Anna mit dieser Bestimmung die gemeinsamen Intuitionen der beteiligten Jugendlichen auf den Begriff gebracht hat. Diese Begriffsbestimmung konnten wir dann im weiteren Verlauf weiter anreichen, und zwar dadurch, dass wir sie im Zusammenhang zum philosophischen Begriff des intrinsischen Werts gestellt und diskutiert haben.

Betrachtet man nun diese Situation durch die Optik der oben skizzierten Hegelschen Dialektik zwischen Einzelnem, Allgemeinen und Besonderem kann man

---

[7] Für eine ausführlichere Darstellung und Analyse des folgenden Beispiels siehe Stojanov, Krassimir (2019): Childrens' Ideals as Philosophical Topic, in *Educational Theory, Vol. 69, Issue 3/2019*, S. 327–340

folgendes feststellen: Die Ansichten von Anna zur Liebe sind Verkörperung ihrer ursprünglichen Individualität, d. h. ihrer *Einzelheit*. Dadurch, dass sie diese Ansichten in einer Form artikuliert und argumentiert, die zurecht *allgemeine* Gültigkeit beansprucht, werden sie zu etwas *Besonderem*, das nicht nur für die anderen, sondern auch für Anna selbst zuerst sichtbar wird. In diesem Sinne ist Annas besondere Bestimmung von Liebe „Fürsichsein" ihrer Einzelheit bzw. Individualität. Die Artikulation dieses Besonderen gibt dem allgemeinen, für die Gruppe zunächst abstrakten Begriff der Liebe einen „erfüllenden Inhalt" nach Hegel, da die mitdiskutierenden Jugendlichen sich ohne weiteres lebendige Erfahrungen und Sehnsüchte hinter Annas Aussagen vorstellen konnten. Dadurch, dass Anna die Besonderheit dieser spezifischen Erfahrungen und Sehnsüchte von ihr in einer allgemeingültigen Form ausdrückt und sie so als etwas Besonderes sichtbar macht, in der sich alle Mitdiskutierenden wiedererkennen, behauptet sie ihre Subjektivität in der Gemeinschaft.

Einige neuhegelianische Autor/innen der Gegenwart wie Robert Brandom und Jan Derry rekonstruieren die konkreten Mechanismen der so skizzierten Bestimmung des Besonderen und weisen sie dabei als eine soziale Praxis der begrifflichen (Selbst-)Artikulation aus. Der erste Zug dieser Rekonstruktion ist die Feststellung, dass die Bestimmung eines konkreten Sinngehalts (z. B. die Bedeutung von Liebe) seine Einordnung in einem Zusammenhang (oder terminologisch ausgedrückt: in einem Netz von Inferenzen) von Begriffen erfordert, die dieser Bestimmung als ihre Prämissen, ihre Konsequenzen sowie als ihre Negativfolien dienen.[8] Wenn also Anna in unserem Beispiel „Liebe" als „wirklich lebendig sein" bestimmt, dann liegt diesem Verständnis ein bestimmter Begriff des menschlichen Lebens zugrunde, wonach dieses – grob gesagt – mehr als biologisches Überleben, und nicht egoistisch zentriert ist, sondern sich in der emotionalen Verbundenheit zwischen zwei Menschen abspielt. Diese Bestimmung kommt allerdings nicht alleine durch ihre Ableitung von bestimmten Prämissen zustande, sondern auch durch das Explizieren ihrer Konsequenzen. So ist eine zentrale Konsequenz von Annas Verständnis von Liebe, dass sie einen intrinsischen Wert hat bzw. dass sie nicht Mittel zum Zweck, sondern Selbstzweck ist. Man kann sogar sagen, dass „Liebe" am ehesten den Begriff des Selbstzwecks artikuliert. Schließlich kommt Annas Bestimmung von Liebe auch durch das zustande, was Hegel als „bestimmte

---

[8] Vgl. Derry, Jan (2013) Vygotsky Philosophy and Education. Chichester: Willey Blackwell, S. 111–132. Vgl. auch Brandom, Robert B. (2019): A Spirit of Trust: A Reading of Hegel's Phenomenology. Cambridge/London: The Belknap Press of Harvard University Press, S. 2–4

Negation" bezeichnet,⁹ also durch eine Abgrenzung von dem, was Liebe *nicht* ist: etwa bloßem Sex, wenn er als Mittel zur Fortpflanzung verstanden wird. Insbesondere dieser Moment der bestimmten Negation zeigt, dass begriffliche Bestimmungen immer Bestimmungen von einem Besonderen in seiner *Differenz* zu anderen Besonderen sind. Daher ist „begriffliche Artikulation" als Synonym zum „differenzierten Denken" zu verstehen. Sein Gegenteil sind differenznivellierende, abstrakt-allgemeine Behauptungen und Erklärungsversuchen, so wie sie etwa für das Deutungsmuster des Kulturalismus charakteristisch sind, welches im Mittelpunkt der letzten zwei Kapitel stand. Bei diesem Muster können die besonderen Handlungsmotive oder Werte der einzelnen Individuen nicht begrifflich erfasst werden, weil diese Handlungsmotive und Werte als enthalten in einer abstrakt-allgemeinen kulturellen Substanz angesehen werden, die von den Individuen lediglich reproduziert wird.

Die Analyse der begrifflichen Artikulation darf sich nicht nur auf ihr Objekt begrenzen, d. h. auf besondere Inhalte, die differenzierend zu bestimmen sind, sondern diese Analyse soll auch ihr Subjekt mitumfassen. Diesbezüglich ist Robert Brandom's bahnbrechende Theorie der expressiven Vernunft sehr aufschlussreich. Nach Brandom stellt die begriffliche Bestimmung eines besonderen Sinngehalts ein *commitment* der Person, dar, die sie artikuliert; ein *commitment*, das auch die Inferenzen der Bestimmung miteinbezieht: also ihre Prämissen, ihre Konsequenzen und ihre Abgrenzung von entgegengesetzten Bestimmungen. Vor allem aber beinhaltet dieses *discursive commitment* die Verpflichtung der Person, die von ihr unternommene begriffliche Bestimmung argumentativ einzulösen, d. h. ihre Allgemeingültigkeit – auch gegen Gegen-Argumenten – zu begründen. Daher ist die begriffliche Artikulation von besonderen Sinngehalten immer eine soziale Praxis, da sie notwendigerweise in die Teilnahme des Subjekts dieser Bestimmung am sozialen Spiel des Gründe-Gebens und Nach-Gründen-Verlangens („giving and asking for reasons") übergeht.¹⁰

Die Rede von *commitments* an dieser Stelle unterstreicht den Umstand, dass die begrifflichen Inhalte, die man auf die skizzierte Art und Weise artikuliert, immer einen persönlichen Sinn für der/die Sprecher/in haben. Man engagiert sich in einer argumentativen Diskussion so richtig nur in Bezug auf Inhalte, die einen persönlich ansprechen, und in denen man sich mit seinen eigenen Anliegen, Erfahrungen und Intuitionen wiedererkennt. In diesem Sinne ist die Artikulation von begrifflichen

---

⁹Vgl. Brandom, Robert B. (2019): A Spirit of Trust: A Reading of Hegel's Phenomenology. Cambridge/London: The Belknap Press of Harvard University Press, S. 2

¹⁰Vgl. Brandom, Robert B. (1994): Making It Explicit. Reasoning, Representing, and Discursive Commitment. Cambridge: Harvard University Press, S. 183, 188, 496–497

Bestimmungen konkreter objektiver Inhalte immer auch Artikulation der eigenen Persönlichkeit. Unser Beispiel mit Anna und ihren Mitschüler/innen, die über den Begriff der Liebe mitdiskutierten, bringen dies besonders klar zum Ausdruck.

Nun ist die Kategorie der Persönlichkeit aber ziemlich schwammig und abstrakt. Hingegen lässt sich der Begriff des Selbst viel klarer und konkreter anhand einschlägiger wissenschaftlicher Ansätze als Kern des menschlichen Individuums fassen. Unter anderem deshalb spreche ich in diesem Buch nicht etwa von einer begrifflichen „Persönlichkeits-Artikulation", sondern von begrifflicher Selbst-Artikulation als der Prozess, in dem sich Bildung ereignet. Bevor wir uns diesem Prozess im Einzelnen widmen, müssten wir uns aber ein klares und differenziertes Bild vom menschlichen Selbst in seinen Funktionen, seiner Struktur und seinen Komponenten verschaffen.

Das Selbst als das Besondere des Individuums

Das Selbst ist eine zentrale Kategorie verschiedener Disziplinen wie etwa der Philosophie, Soziologie oder Sozialpsychologie. Allerdings erfährt diese Kategorie in kaum einem anderen wissenschaftlichen Feld eine ähnlich detaillierte und differenzierte Darlegung wie in dem der psychoanalytischen Selbstpsychologie, deren Begründer der österreichisch-amerikanischer Psychoanalytiker Heinz Kohut (1913–1981) war. Dies ist nicht zufällig angesichts der Tatsache, dass Kohut und seine Nachfolger/innen sämtliche psychische Störungen auf eine Fragmentierung oder Schwächung des Selbst zurückführen, dessen Natur sie dementsprechend sehr detaillierten und vielfältigen Analysen unterzogen.

Nach Kohut ist das Selbst das lebendige und unabhängige Zentrum der Antriebe und der Brennpunkt der Erfahrungen und Erlebnisse des Individuums. Mit dieser Eigenschaft ermöglicht das Selbst dem Individuum, seinen Körper und seinen Geist als eine Einheit im Raum und ein Kontinuum in der Zeit zu erleben.[11] Das Selbst entsteht dadurch, dass sich das Individuum auf sich selbst bezieht als eine Einheit, in der alle seine vielfältigen Erfahrungen, Erlebnisse, Wünsche und Ziele auf einer je individuellen, unverwechselbaren Art und Weise vereinigt sind. Es sei an dieser Stelle vorausgreifend angemerkt, dass diese für das Selbst konstitutive, identitätsstiftende Selbstbeziehung des Individuums durch den empathischen Umgang der Bezugspersonen mit ihm ermöglicht wird.

Die Einheit des Selbst besteht nach Kohut aus zwei zentralen Dimensionen bzw. zwei Polen, die in einer lebendigen Spannung zueinanderstehen. Es handelt sich

---

[11] Vgl. Kohut, Heinz (1979): Die Heilung des Selbst. Frankfurt a. M.: Suhrkamp, S. 91, 155

hierbei einerseits um den Pol der Ambitionen des Einzelnen und andererseits um den Pol seiner Ideale. Unter „Ambitionen" sind hier die Bestrebungen des Individuums zu verstehen, sich als ein besonderer, ja großartiger Mensch in den Augen der Anderen zu spiegeln. Diese Bestrebungen sind Ausdruck eines gewissen „gesunden Narzissmus", der sich bereits in der frühesten Kindheit in dem Wunsch äußert, von den Eltern bewundert zu werden. Es liegt auf der Hand, dass wenn die letzteren verständnisvoll und empathisch auf diesen Wunsch reagieren, er sich zu einer Antriebskraft für die Entwicklung von Eigenschaften und Fähigkeiten des Individuums steigern wird, die seine Wertschätzung durch die Mitmenschen sichern werden.

Wenn allerdings das psychische Leben des Individuums *nur* aus narzisstischen Ambitionen bestehen würde, würde sich kein unabhängiges Selbst entwickeln können, da das Individuum in diesem Fall total abhängig von der Anerkennung der Anderen wäre. Dies wird im günstigen Fall durch den zweiten Selbst-Pol der Ideale des Individuums verhindert, welcher, wenn er im Laufe des Aufwachsens zu Wertsetzungen artikuliert wird, eine gewisse Unabhängigkeit des Individuums ermöglicht. Ideale bzw. Werte sind nach außen gerichtet und verhindern somit eine egozentrische Fixierung des Individuums auf sich selbst, auf seine narzisstischen Wünsche nach Spiegelung und Bestätigung. Zwar entstehen auch die Ideale im Rahmen der Interaktionen des Kindes mit seinen Bezugspersonen, konkreter: durch die Idealisierung der Eltern. Allerdings erlebt das Kind im günstigen Fall eine „optimale Frustration", durch die es die Ideale von der Eltern-Imago abkoppelt und umwandelnd verinnerlicht. So z. B. mag ein Kind die Eltern zunächst als Personen idealisieren, die fair handeln, um dann zu realisieren, dass dies nicht immer der Fall ist. Dadurch wird „Fairness" zu einem inneren Ideal umgewandelt, das von der Person der Eltern abgekoppelt wird und unabhängig von diesen existiert. Wenn sich dieses Ideal zu einem bewussten Wert des Individuums entwickelt und festsetzt, wird es als eine zentrale Orientierung in seinem Leben dienen, die ihm eine gewisse Souveränität in seinem Handeln ermöglichen wird, welche das Individuum resistent gegenüber Anpassungszwängen an die anderen macht.[12]

Aus dieser Rekonstruktion der Kategorie des Selbst ergeben sich zwei wichtige Konsequenzen für das Konzept der begrifflichen Selbst-Artikulation als Bildung, welche ich im vorherigen Abschnitt angedeutet habe und in dem Rest dieses Kapitels entfalten werde: Erstens umfasst diese Selbst-Artikulation die begriffliche

---

[12] Diese Interpretation des Begriffs des Selbst nach Kohut stützt sich auf die folgenden Schriften von ihm: Kohut, Heinz (1971): The Analysis of the Self. A Systematic Approach to the Psychoanalytic Treatment of Narcissistic Personality Disorders. New York: International Universities Press, S. 37–56; Kohut, Heinz (1977): The Restoration of the Self. New York: International Universities Press, S. 171–191; Kohut, Heinz (1979), Die Heilung des Selbst. Frankfurt a. M.: Suhrkamp. S. 150f., Kohut (1996): The Chicago Institute Lectures (edited by Marian Tolpin and Paul Tolpin): Hillsdale: The Analytic Press S. 307–318

Transformation von zwei verschiedenen Komponenten, nämlich einerseits die Wünsche und die Bedürfnisse nach Selbstbehauptung des Einzelnen, und andererseits seine Ideale. Zweitens ist diese Selbst-Artikulation in der Dialektik der Interaktionen des Individuums mit seinen Mitmenschen eingebettet. Diese Dialektik besteht darin, dass sich die Autonomie des Individuums auf der Grundlage einer ursprünglichen Identifizierung mit seinen Bezugspersonen und sein Anerkannt-Sein durch diese entwickelt, und sich dabei zugleich in der Emanzipierung des Individuums von ihnen äußert.

Nun sollen wir uns näher anschauen, wie sich dieser Prozess der begrifflichen Artikulation der beiden Dimensionen des Selbst vollzieht und wie er mit einer Bildung zur Objektivität zusammenfällt, bevor wir uns seiner Einbettung in intersubjektiven Beziehungen widmen.

Begriffliche Selbst-Artikulation als Bildung

Die beiden Pole des Selbst lassen sich grob als „ichbezogen" und „weltbezogen" bezeichnen. Der Kern des ichbezogenen Pols besteht in dem Wunsch des Individuums, als etwas Besonderes, als eine unverwechselbare und bewundernswerte Person von den Anderen anerkannt zu werden. Die Besonderheiten der Person machen wiederum ihre spezifischen Bedürfnisse und Fähigkeiten aus. Dazu gehören sicherlich auch die spezifischen Ideale und Werte des Individuums; allerdings sind Ideale und Werte nicht ichbezogen und sie dienen nicht der Selbstbehauptung des Einzelnen in den Augen der Anderen: Verfolgung von Idealen und Bindungen an Werte veranlassen das Individuum eher, sein Ich in den Hintergrund zu stellen, es sogar zu vergessen oder ein Stück weit zu opfern.

Die begriffliche Artikulation von *Bedürfnissen* bedeutet, sie für die Anderen und für sich selbst verständlich und nachvollzierbar, sie eben *begreiflich* zu machen, sowie sie rational zu rechtfertigen, d. h. ihre Legitimität aus der Perspektive der Allgemeinheit zu begründen. Damit verbunden, wenn auch nicht identisch, ist die Realisierung der Befriedigung der Bedürfnisse. Bereits Hegel sprach von einem gesellschaftlichen System der Bedürfnisse, bei dem die Bedürfnisse der Einzelindividuen nur im Rahmen einer institutionalisierten Kooperation zwischen ihnen befriedigt werden können.[13] Demnach muss das Individuum seine Bedürfnisse in diese Kooperation hineinbringen, damit sie von anderen etwa durch ihre gesellschaftlich organisierte und geteilte Arbeit befriedigt werden können – und das Individuum muss wiederum die Bedürfnisse der Anderen verstehen können, damit es seine Arbeits- und Kommunikationsbeiträge darauf ausrichtet. So z. B. bin

---

[13] Vgl. Hegel, Georg W. F. (1821/1986): a. a. O., S. 346–360

ich als Wissenschaftler im Bereich der Bildungsphilosophie oft gezwungen, mein Bedürfnis genau in diesem Bereich zu lehren und zu forschen (und nicht etwa im dem der statistischen Bildungsforschung), gegenüber etwa universitären oder ministerialen Verwaltungen in einer allgemeinverständlichen Form zu artikulieren, sowie die Legitimität dieses Bedürfnisses zu begründen. Ich muss dies tun, weil diese Verwaltungen Lehre und Forschung organisieren, und daher obliegt es ihnen, solche institutionelle Strukturen zu schaffen, welche die Befriedigung meines Bedürfnisses ermöglichen. Wenn ich wiederum Bildungsphilosophie lehre, dann muss ich bestimmte Bedürfnisse der Studierenden stillen, wie z. B. das Bedürfnis danach, über Gerechtigkeitsfragen im Bildungswesen nachzudenken, bzw. ihre Intuitionen über Gerechtigkeit zu explizieren. Damit ich dies leisten kann, muss ich diese Bedürfnisse und Intuitionen zuvor begriffen haben (was mir nicht selten einiges an Zeit und Bemühungen kostet).

Der Wunsch nach Selbstbehauptung des Individuums als eine besondere, anerkennungswerte Person ist die zentrale Triebkraft für die Entwicklung seiner *Fähigkeiten*. Auch diese sollen, ähnlich wie die Bedürfnisse, zunächst als Fähigkeiten artikuliert, für die anderen sichtbar und nachvollzierbar gemacht werden, bevor sie verwirklicht werden können. Hierzu ein Negativ-Bespiel: Sämtliche Kinder aus Einwandererfamilien wachsen zwei- oder sogar mehrsprachig auf und wechseln spontan und spielerisch zwischen Deutsch und ihren Herkunftssprachen. Eine weitere Sprache neben Deutsch im Alltag zu benutzen, wird jedoch hierzulande, wie wir im letzten Kapitel gesehen haben, nicht als eine wertvolle Kompetenz, sondern vielmehr als Bildungshindernis angesehen. Daher kann sich der spontane Wechsel bzw. das Übersetzen zwischen verschiedenen Sprachen, Sprachspielen und dazu gehörigen kulturellen Kontexten, zumindest im Rahmen institutioneller (Schul-)Bildung nicht als eine Fähigkeit artikulieren. Dieser Wechsel und dieses Übersetzten werden schlichtweg nicht als bildungsrelevante Kompetenzen begriffen. Erst wenn sich dies ändert, können Schulstrukturen und Unterrichtsmodelle und -praktiken so umgestaltet werden, dass sie sich für Mehrsprachigkeit öffnen und so die Verwirklichung der fraglichen Fähigkeit ermöglichen. Dies würde eine Erfahrung der Anerkennung der betroffenen Kinder und Jugendlichen in ihrer wertvollen Besonderheit generieren, und dadurch ihre allgemeine Bildungsmotivation stärken. Mit anderen Worten soll strukturell ein Raum für die begriffliche Artikulation von Mehrsprachigkeit im schulischen Kontext geschaffen werden, damit sich diese als Fähigkeit in den allgemeinen Bildungsprozess des Einzelnen verwirklicht und dadurch diesen Prozess vorantreibt.

Nun wenden wir uns der begrifflichen Artikulation des zweiten Pols des Selbst, d. h. der *Ideale* zu. Allgemein gesprochen vollzieht sich der Prozess dieser Artikulation in drei Schritten. Zunächst erscheinen Ideale als situationsbezogene Fantasiegebilde, gewissermaßen als „Tagträume", die in einer ausschließlich narrativen Form ausgedrückt werden. Dann werden sie zu propositional artikulierten Ansichten über das gute Leben transformiert, also zu Behauptungen wie „Gutes Leben ist…". Der dritte und letzte Schritt ist die Weiterentwicklung dieser Ansichten zu Werten, an welche sich das Individuum dauerhaft gebunden fühlt – nicht zuletzt, weil es von deren objektiver Gültigkeit überzeugt ist. Dies impliziert, dass es bereit ist, diese objektive Gültigkeit argumentativ zu verteidigen.

In Bezug auf das oben erläuterte Beispiel mit Annas Bestimmung von Liebe als Hauptmerkmal des wirklichen menschlichen Lebens und daher als höchsten intrinsischen Wert, konkretisiert sich dieser dreistufige Prozess wie folgt: Bevor Anna zu dieser Bestimmung gekommen ist, träumte sie von konkreten Situationen von dem Beisammen-Sein mit einer geliebten Person, in denen sie sich glücklich und ihr Leben als erfüllt und vollwertig fühlte. Diese Situationen könnten sehr unterschiedlich sein: je nach den üblichen Vorlieben von Anna könnten sie etwa von einem gemeinsamen Ausflug in den Bergen oder einer Bootsfahrt im Meer bis hin zur gemeinsamen Arbeit an einem Schulprojekt reichen. Da die Träume von solchen Situationen eines erfüllenden Lebens in Liebe eng mit den strikt individuellen Tätigkeitspräferenzen der Einzelnen sind, sind sie nicht verallgemeinerbar. In der zweiten Artikulationsphase druckt Anna ihr Ideal vom guten Leben als Leben in Liebe nun propositional in der Formel „x ist p" aus, hier: „Ein gutes Leben ist ein Leben in Liebe". Diese Aussage ist nun allgemein formuliert, d. h. abgekoppelt von den Bildern von konkreten Situationen, in denen Anna ein Leben in Liebe imaginiert. Wenn die Ansicht, welche diese Aussage ausdrückt, sich in einem weiteren Schritt zu einer festen Überzeugung, zu einem *commitment* im oben skizzierten Sinn Brandoms entwickelt, dann wird „Leben in Liebe" zu einem *Wert*, den die Person, die ihn setzt, als unabhängig in seiner Gültigkeit von ihren subjektiven Meinungen und Präferenzen, als etwas objektiv Gutes postuliert und sich für es einsetzt.[14] Dieser Einsatz besteht zuallererst in der Bemühung, die objektive Gültig-

---

[14] Diese objektive, überindividuelle Dimension der Werte macht Hans Joas in seiner prominenten Theorie der Werte stark. Er beschreibt ihre Entstehung im Individuum als ein Akt der „Selbsttranszendenz" von ihm. Das Subjekt würde sich nicht nach einer bewussten Wahlentscheidung bestimmte Werte geben, sondern es werde von ihnen „ergriffen". Das Ergriffen-Sein von einem Wert bedeute, in seinem Namen etwas von der eigenen Subjektivität zu opfern – z. B. bestimmte Wünsche oder Interessen (vgl. Joas, Hans (2006): Wie entstehen Werte? Wertebildung und Wertevermittlung in pluralistischen Gesellschaften. *Vortrag gehalten am 15. September 2006 auf der Tagung „Gute Werte, schlechte Werte – Gesellschaftliche Ethik und die Rolle der Medien" der FSF (Freiwillige Selbstkontrolle Fernsehen)*, S. 2–5. Online unter https://fsf.de/data/hefte/pdf/Veranstaltungen/tv_impuls/2006_Ethik/Vortrag_Joas_authorisiert_061017.pdf (Letzter Zugriff 23.04.2021))

keit dieses Wertes zu begründen. Dies bedeutet in erster Linie, diesen Wert gegenüber Positionen argumentativ zu verteidigen, die die Objektivität dieses Wertes verneinen, oder mit diesem Wert unvereinbar sind. In unserem Beispiel vollzieht Anna diesen Schritt, wenn sie gegen die Position des Gesprächsleiters zu argumentieren anfängt, dass Liebe lediglich ein Mittel zur Reproduktion der menschlichen Gattung sei. Damit führt sie einen Akt der „bestimmten Negation" durch, die – wie wir es im vorletzten Abschnitt gesehen haben – ein zentrales Merkmal der begrifflichen Artikulation ist. Überhaupt ist diese von der Praxis der Argumentation kaum zu trennen: einen Inhalt, auch einen Wert begrifflich zu artikulieren, bedeutet eben sich auf ein Spiel des Gründe-Gebens und Nach-Gründen-Verlangens in Bezug auf diesen Inhalt oder Wert einzulassen. Dieses Spiel verlangt im Übrigen, genau wie die begriffliche Artikulation, dass die Bestimmung eines Inhaltes oder die Setzung eines Wertes als vermittelt durch die Prämissen und die Konsequenzen dieser Bestimmung oder Setzung, als abgeleitet von diesen konkreten Prämissen und als diese konkreten Konsequenzen implizierend dargelegt wird.

Bereits diese knappe Darstellung der begrifflichen Artikulation von Werten macht es deutlich, dass sie keine reine Explikation von etwas bereits Bestehendem ist. Vielmehr ist die begriffliche Artikulation eine Transformation, die etwas Neues kreiert. Strenggenommen existieren Werte gar nicht, bevor sie begrifflich artikuliert werden: Ideale bzw. subjektive Ansichten über Gutes werden dann als Werte gesetzt, wenn sie mit einem Anspruch auf objektive Gültigkeit versehen werden, den es argumentativ einzulösen gilt.

Die Transformation, die hier stattfindet, ist insofern ein Bildungsprozess per se, weil mit den Werten eine neue Dimension des Selbst entsteht, bzw. sein Pol der Ideale sich zu einer neuen Qualität entwickelt. Zugleich ist dies eine Entwicklung, die auf Objektivität hin ausgerichtet ist. Hier findet letztlich genau der Parallelvorgang von Selbst-Entwicklung und Welt-Erschließung statt, der bereits im ersten Kapitel als Hauptmerkmal von Bildung nach Humboldt dargestellt wurde. Dabei ist der enge Zusammenhang zwischen der Artikulation von Wertsetzungen mit Anspruch auf objektive Gültigkeit und Weltbezug in dem dialogischen Charakter dieser Artikulation bzw. in ihrer diskursiven Einbettung begründet. Einen Wert begrifflich zu artikulieren, bzw. ihn zu begründen setzt voraus, sich in die Weltansichten der Anderen hineinzuversetzen, die Art und Weise nachzuvollziehen, wie sie ihre jeweiligen Umwelten wahrnehmen und interpretieren und welche Worte sie dabei mit welchen Bedeutungen benutzen. Nur so kann ich eine gemeinsame Sprache mit den Anderen entwickeln, in der ich ihnen meinen Wert *mit-teilen*, ihnen meine Argumente für diesen Wert verständlich machen kann, und dabei aber auch selbst ihre möglichen Gegenargumente bzw. differierende Wertsetzungen verstehe.

Die bisherigen Ausführungen in diesem Abschnitt sollten hinreichend klargemacht haben, dass die begriffliche Selbst-Artikulation, also die Artikulation sowohl von Bedürfnissen und Fähigkeiten als auch von Werten mit der Entwicklung eines Sinnes für Objektivität im Individuum einhergeht. Die Kultivierung dieses Sinnes geschieht am ehesten durch die Befassung mit wissenschaftlichen Inhalten, die zwar seit eh und jeh im Mittelpunkt schulischen Unterrichts stehen, deren lebensweltliche Bedeutung und persönlicher Sinn jedoch dort in der Regel kaum, oder nur punktuell den Schülerinnen und Schülern vermittelt werden. Sich mit bestimmten Sachverhalten wissenschaftlich zu beschäftigen, bedeutet, sie systematisch in Begrifflichkeiten zu erfassen. Diese werden nach expliziten und allgemein anerkannten Regeln bestimmt und in einem logischen Zusammenhang zueinander gestellt, bei dem sie wechselseitig die Rollen der Prämissen und Konsequenzen übernehmen, und sich gegenseitig durch ihre Distinktionen kontrastiv bestimmen. Damit stellt die Befassung mit wissenschaftlichen Inhalten gewissermaßen das „Rüstzeug" für die begriffliche Selbst-Artikulation im oben dargelegten Sinne bereit. Demnach erscheint die Handhabe dieser Befassung als Grundlage von Bildung – eine Handhabe, die sich an Schulen überwiegend in der Form der Einführung in unterschiedliche wissenschaftliche Disziplinen wie Mathematik, Geschichte, Physik, Sozialkunde etc. realisiert – grundsätzlich als richtig.

Allerdings kann die Beschäftigung mit wissenschaftlichen Inhalten nur dann zur Bildung qua begrifflicher Selbst-Artikulation führen, wenn sich die lernenden Individuen mit ihren Bedürfnissen, Selbstbehauptungswünschen und Idealen bzw. Werten in ebendiesen Inhalten widerspiegeln, wenn sie die letzteren in einen Zusammenhang mit ihrem jeweiligen Selbst setzten. Nur dann können die Lernenden diese Inhalte auch wirklich *verstehen*. Denn etwas zu verstehen bedeutet, es mit persönlichem Sinn zu versehen, es auf die eigenen Intuitionen und Erfahrungen und vor allem auf die eigenen Vorstellungen vom guten Leben, d. h. auf die eigenen Ideale und Werte anzuwenden und dabei diese für sich selbst und für die Anderen zu klären. Bei diesem doppelseitigen Prozess des Erwerbs wissenschaftlichen Wissens und der begrifflichen Selbst-Artikulation, spielt die Artikulation von Idealen und Werten deshalb die zentrale Rolle, weil in ihr die Bedürfnisse und die Fähigkeitspotenziale des Individuums mitartikuliert werden: Bedürfnisse und Fähigkeiten werden nur selten direkt von ihrem Subjekt thematisiert, vielmehr verkörpern sie sich in seinen Idealen und Werten. Normalerweise visieren wir einen Idealzustand des guten Lebens an, in dem wir unsere Bedürfnisse befriedigen und unsere Fähigkeiten verwirklichen können.

Nun kann die These, dass die Befassung mit wissenschaftlichen Inhalten dann (und nur dann) bildungsfördernd ist, wenn sie zugleich die Wertevorstellungen der Schüler/innen aufgreift, leicht in dem Sinne missverstanden werden, dass Unterrichtsfächer wie etwa Mathematik und Naturwissenschaften eigentlich kaum bildungsrelevant sein können, da sie sich nicht direkt mit ethischen Themen und Fragestellungen befassen. Allerdings wäre dies schon deshalb ein Missverständnis, weil die begriffliche Artikulation von Werten ein Verständnis für objektive Gültigkeit von Aussagen und ihre regelgeleitete Begründung voraussetzt, das am ehesten durch naturwissenschaftlichen Unterricht kultiviert wird. Des Weiteren erfordert diese Artikulation die analytische und widerspruchsfreie Darlegung der Prämissen und der Konsequenzen der Werte; d. h. sie erfordert logisches Denken, das in seiner reinsten Form in der Mathematik zum Vorschein kommt. Indes muss auch naturwissenschaftlicher und mathematischer Unterricht Idealvorstellungen der Schülerinnen und Schüler aufgreifen, wenn er bildungsfördernd sein sollte: etwa Vorstellungen über Symmetrie und Gleichgewicht, über Unendlichkeit im Sinne von Grenzenlosigkeit, über Naturschutz, über Freiheit im Kontext von Naturgesetzen, über Naturschönheit, über die natürliche Gleichheit der Menschen, und viele andere naturbezogene, auch „kosmologische" Vorstellungen, die zugleich einen Wertcharakter haben.

Mit anderen Worten müssten Mathe-, Physik-, und Biologie-Lehrer/innen genauso wie Ethik-, Geschichte-, oder Sozialkunde-Lehrer/innen zwischen subjektiven Wertevorstellungen und wissenschaftlichen Inhalten vermitteln, wenn sie mit ihrem Unterricht wirklich Bildung initiieren und unterstützen sollen. Wie ist es jedoch mit ästhetisch-gestalterischen Unterrichtsfächern wie Musik, Kunst oder Werkeln bestellt, in denen es nicht bzw. nicht primär um wissenschaftliche Inhalte geht? Welche Rolle können diese Fächer im Bildungsprozess spielen, wenn er *im Kern* als begriffliche Selbst-Artikulation verstanden wird?

Nun sind expressiv-ästhetische Ausdrucksmöglichkeiten bestens dazu geeignet, begriffliche Selbst-Artikulation zu unterstützen, ja sie mitzuinitiieren. Beim Musizieren oder beim Malen drückt das Individuum seine Gefühle und Eindrücke, sowie generell seine Art, die Welt und sich selbst zu sehen und zu erleben aus. Erst nachdem die Wahrnehmungen des Individuums von sich selbst sowie seine Idealvorstellungen von der Welt in der emotionalen Untermauerung dieser Wahrnehmungen und Vorstellungen zu einem bildlichen und narrativen Ausdruck gebracht werden, können sie in einem nächsten Schritt begrifflich artikuliert werden. Hinzu kommt, dass Begriffe immer auch eine konkrete Dimension haben, die darin besteht, dass ihre abstrakten Bestimmungen mit konkreten Bildern und Geschichten assoziiert werden. Wenn ich z. B. Gleichstellung als mein Wert begrifflich bestimme, dann habe ich normalerweise konkrete Bilder und Situationen von Diskriminierung vor Augen, so wie sie etwa in dem bekannten, mit mehreren „Oskar"-Preisen gekrönten Kinofilm „Green Book" dargestellt werden. Die Szenen, bei denen einem schwarzen virtuosen Musiker Zugang zu „weißen" Hotels,

Restaurants, oder sogar Toiletten nach seinen klassischen Konzerten vor weißem Publikum in den Südstaaten der 1960er-Jahren untersagt bleibt, erfüllen mich mit negativen Gefühlen wie Zorn und Scham und bringt mich dazu zu *begreifen*, was Gleichstellung durch das Erfahren seines Gegenteils ist, und warum sie einen so hohen Wert darstellt.

Die Befassung mit Kunst, Literatur und praktischem Gestalten kann eine weitere bildungsstiftende Funktion erfüllen, die über die Unterstützung begrifflicher Selbst-Artikulation hinausgeht, obwohl sie mit dieser eng verbunden ist. Ich meine hier die Objektivierung des Selbst in anschaulichen Gegenständen und praktischen Werken, die sich durch differenzierte und differenzierende Tätigkeiten auszeichnen, welche als ein praktisches Analogon zu der begrifflichen Erfassung von Sachverhalten im Bewusstsein des Einzelnen zu verstehen sind, und ähnlich wie diese zu der Weiterentwicklung der Bedürfnisse, der Idealvorstellungen und der Fähigkeiten des Individuums führen. Diese praktische Dimension des Bildungsprozesses gilt es nun näher zu erläutern.

Bildung als gegenständliche Selbst-Verwirklichung

Hegel führte eine Unterscheidung zwischen theoretischer und praktischer Bildung ein und widmete der letzteren eine bedeutende Anzahl von Überlegungen und Reflexionen.[15] Dies ist für einen Philosophen des früheren 19. Jahrhunderts, der als führender Vertreter des Idealismus gilt, auf den ersten Blick überraschend. Hatte Hegel Bildung – wie wir dies oben gesehen haben – nicht primär als eine begriffliche Transformation von Selbst und Welt erfasst? Und ist begriffliche Erfassung nicht eine Frage von theoretischem – beobachtendem und systematisierendem – Denken und Abwiegen von Argumenten und Gegen-Argumenten, welches eine distanzierende und reflektierende Einstellung zum eigenen Handeln voraussetzt?

Der Clou von Hegels Erzählung über Bildung ist jedoch gerade, dass in ihr begriffliches Erfassen und begriffliche Artikulation eben *nicht* als etwas verstanden werden, das sich im isolierten Bewusstsein eines Individuums abspielt, das die Welt und sich selbst distanziert beobachtet. Vielmehr verkörpern bestimmte Formen praktischen Handelns an sich eine zumindest begriffsanaloge Artikulation von Selbst und Welt, welche die Selbst-Objektivierung des Individuums in und durch sein praktisches Handeln flankiert.

---

[15] Vgl. Hegel, Georg W.F. (1821/1986): a. a. O., S. 352f.; Hegel, Georg W. F. (1822/2005):, S. 187–190

Um solchen bildungsstiftenden Formen von praktischem Handeln und Arbeiten auf die Spur kommen zu können, sollen wir wieder einmal Hegels Prinzip der „bestimmten Negation" befolgen, und uns zunächst Arten praktischer Tätigkeit anschauen, die dem Begrifflichen strukturell fremd sind und daher keine Bildung verkörpern oder ermöglichen.

Für Hegel, der sich in diesem Punkt auf Adam Smith beruft, ist es vor allem die „ganz abstrakte, einfache" Fabrikarbeit, die das Gegenteil von praktischer Bildung sei.[16] Dies ist so, weil diese Art von Tätigkeit eintönig sei; sie bestehe aus einigen wenigen einfachen, sich immer wiederholenden Handlungen, die nur einen kleinen Teil der Produktion eines Gegenstands ausmachen. Dadurch könne sich der Arbeiter in dieser Tätigkeit nicht vergegenständlichen, nicht in einem Objekt mit seinen Fähigkeiten, Bedürfnissen und Idealvorstellungen wiedererkennen, sich in diesem Objekt nicht verwirklichen. Eine „Hereinlegung in das Begreifliche" finde bei dieser Art von Tätigkeit nicht statt.[17] Dies führe zu einer allgemeinen geistigen Abstumpfung bei all denjenigen, deren Leben durch einen Mangel an vielfältigen und differenzierten, sich in konkreten Gegenständen verkörpernden Tätigkeiten geprägt ist. Davon seien nicht nur unqualifizierte Fabrikarbeiter betroffen, sondern auch und gerade der so genannte „reiche Pöbel", der sich aus dem System der gesellschaftlich nützlichen, produktiven Arbeit herausnimmt.[18] Dadurch kann sich der „reiche Pöbel" einem monotonen und formlosen Nichtstun abgeben.

Das Gegenteil dazu ist nach Hegel die Arbeit des Handwerkers, die vielseitig sein muss und konkrete Produktobjekte hervorbringt.[19] Seine Tätigkeit lässt sich am ehesten mit dem bezeichnen, was Hegel an einer anderen Stelle „Formierung" nennt. Sie vereinigt die Momente des Subjektiven und des Objektiven, und zwar so, dass einerseits das Objekt in seinen spezifischen Qualitäten verinnerlicht wird und diese Qualitäten modifiziert und herausgestellt werden, und andererseits das Subjekt seinen Bedürfnissen und Zielvorstellungen eine objektive und dauerhafte Realität in den geformten Gegenstand gibt.[20]

Ich möchte als Beispiel hierfür eine praktische (wenn auch nur im übertragenen Sinne handwerkliche) hochkomplexe Tätigkeit aufführen, mit der ich mich relativ gut auskenne, nämlich diejenige des Bergsteigens – auch wenn sich Hegel selbst trotz einer mehrtägigen Wanderung in jungen Jahren durch die Berner Alpen nicht

---

[16] Vgl. Hegel, Georg W. F. (1822/2005): a. a. O., S. 188f.
[17] Ebenda, S. 189
[18] Ebenda, S. 222
[19] Ebenda, S. 189
[20] Vgl. Hegel, Georg W.F. (1821/1986): a. a. O.; S. 121f.

Bildung als gegenständliche Selbst-Verwirklichung 115

recht dafür begeistern konnte.[21] Für die passionierte Bergsteigerin ist jeder Berg ein „Objekt", das sie in seinen spezifischen Qualitäten verinnerlicht. Dabei stellen sich diese objektiven Qualitäten erst durch die Tätigkeit der Bergbesteigung heraus, und zwar auf eine Art und Weise, die der Praxis der inferentialen Artikulation von Begriffen ähnlich ist, welche oben im zweiten Abschnitt dieses Kapitels dargelegt wurde. Wie dort ausgeführt, bedeutet die Artikulation eines Begriffs, seine Merkmale in ihrer Differenz zu anderen Merkmalen zu bestimmen („bestimmte Negation"), sowie ihn in dem Zusammenhäng mit seinen Prämissen und ihren Konsequenzen zu sehen. Wenn ich z. B. einen weißen Gipfel unter der Prämisse besteige, dass er vergletschert, und *nicht* bloß schneebedeckt ist (bestimmende Negation), dann muss ich von gefährlichen Spalten bei seiner Besteigung ausgehen (Prämisse), die eben typisch für Gletscher sind. Die Konsequenzen daraus sind, dass ich den Gipfel ausgestattet mit Eispickel und Steigeisen und nur angeseilt mit anderen Bergsteiger/innen besteigen sollte, welche ebenso wie ich wissen sollten, was bei einem Spaltensturz von jemandem aus der Seilschaft zu tun ist. Erst wenn ich den Gipfel so behandele, dann wird er für mich zu einem Objekt mit einer bestimmten Form, bzw. dann erfahre ich ihn als ein solches Objekt. Denn die Bestimmung „vergletscherter Berg" bleibt an sich viel zu abstrakt, bevor ich realisiere, was dies konkret für meine Tätigkeit an diesem Berg bedeutet. Durch diese Tätigkeit erfahre ich wiederum die Eigenschaften dieses konkreten Berggipfels, wie z. B. den Steilheitsgrad und die Mächtigkeit seines Gletschers, die Sichtbarkeit und die Größe seiner Spalten, eventuelle Seracs, den Charakter seiner Schnee- oder Eisdecke und nicht zuletzt seine diversen Ansichten aus unterschiedlichen Perspektiven. Dadurch erhält der Gipfel für mich eine unverwechselbare Form.

Im praktischen Begreifen des Gipfels, das sich in seiner erfolgreichen Besteigung realisiert, und das ich in entsprechenden Fotos und Berichten dauerhaft objektiviere, materialisiere ich zentrale Bedürfnisse und Ideale von mir. Dabei geht es sicherlich zum einen um das Bedürfnis nach einer narzistischen Selbstbehauptung vor sich selbst und vor Anderen. Zum anderen handelt es sich hierbei um die Vorstellung eines guten menschlichen Lebens, das in der Ausführung von komplexen und vielfältigen Tätigkeiten besteht, welche den Erfahrungshorizont des Individuums erweitern, es mit Befriedigung erfüllen und zur Entwicklung seiner Fähigkeitspotenziale führen. Im internationalen bildungsphilosophischen Diskurs wird diese Idealvorstellung oft gegenwärtig als *human flourishing* be-

---

[21] Vgl. Böhmer, Otto A. (2016): Der Geist im Hochgebirge, in *Frankfurter Rundschau vom 29.08.2016*. Online unter https://www.fr.de/kultur/literatur/geist-hochgebirge-11687638.html (Letzter Zugriff am 13.06.2021)

zeichnet.[22] Auch das Freiheitsideal, sich über die Routinen und Abhängigkeiten des gesellschaftlichen Alltags im wortwörtlichen Sinne zu erheben, vergegenständigt sich in den Besteigungen von hohen Berggipfeln.

Zusammenfassend lässt sich festhalten, dass sowohl theoretische als auch praktische Bildung durch das Begreifen von ideellen und materiellen Gegenständen in ihren inferentialen Strukturen zustande kommt. Im Zuge dieses Begreifens artikulieren bzw. verwirklichen sich zugleich die Komponenten des Selbst der oder des Sich-Bildenden, d. h. seine oder ihre Bedürfnisse und Ideale. Muss sich freilich die Schlüssigkeit dieses Begreifens in der theoretischen Bildung durch systematische Argumentation, letztlich durch den Diskurs mit alternativen Positionen und Gegen-Argumenten beweisen, bewährt es sich in der praktischen Bildung unmittelbar durch den Erfolg der Tätigkeit, in der sie stattfindet – etwa wie in unserem Beispiel in der erfolgreichen Gipfelbesteigung. In beiden Fällen handelt es sich jedoch nicht um ein rein zweidimensionales Verhältnis zwischen einem Subjekt und einem Objekt. Vielmehr ist dieses Verhältnis in soziale intersubjektive Anerkennungsbeziehungen eingebettet, die die dritte und gewissermaßen die treibende Dimension von Bildungsprozessen insgesamt darstellen. Es gilt nun, diese Dimension zu beleuchten.

Intersubjektive und soziale Quellen von Selbst-Artikulation und Selbst-Objektivierung

Wie wir im bisherigen Verlauf dieses Kapitels gesehen haben, ist begriffliche Selbst-Artikulation an die Teilnahme des Individuums an argumentativen Diskursen gekoppelt, während die begriffsanaloge praktische Selbst-Objektivierung durch Formung von Gegenständen im Rahmen von sozialen Kooperationen stattfindet. Mit anderen Worten sind sowohl Selbst-Artikulation als auch Selbst-Objektivierung in intersubjektive Beziehungen eingebettet. In diesen strebt das Individuum nach Anerkennung für sein Selbst, die – wie wir es im Abschn. „Das Selbst als das Besondere des Individuums" gesehen haben – eben zentral für die Konstitution und die Entwicklung des Selbst ist. Dabei geht es um Anerkennung in einem zweifachen Sinne, nämlich um das *Erkennen* der Bedürfnisse, der Wünsche und der Ideale des Individuums, und um das aufwertend-bestätigende *Anerkennen* seiner Interessen und seiner Fähigkeiten. Die Bedürfnisse und die Ideale des Individuums müssen zum einen von seinen Mitmenschen erkannt werden, damit diese

---

[22]Vgl. etwa Brighouse, Harry (2006): On Education. London and New York: Routledge S. 4; S. 15f.

Bedürfnisse und Ideale zum Gegenstand von Diskursen gemacht werden können, in denen sie sich begrifflich artikulieren, und damit sie in soziale Kooperationen einbezogen werden können. Zum anderen braucht das Individuum das Anerkennen seiner Interessen und seiner Fähigkeitspotenziale, damit es ein stabiles Selbstwertgefühl entwickeln kann, das man für die Verwirklichung dieser Komponenten des Selbst unbedingt braucht: Diese Verwirklichung erfordert nämlich eine mühsame Überwindung von Widerständen der Objekte, an denen sie sich vollzieht, und die ihre jeweilige Eigenlogik besitzen. Dies gilt im Übrigen nicht nur für materielle Gegenstände, sondern auch für Begriffe, die sich das Individuum aneignen muss, um seine Interessen und Fähigkeiten rational ausdrücken und kommunizieren zu können.

Kurzum, die Bildungsprozesse des Individuums setzen seine Teilnahme an intersubjektiven Anerkennungsbeziehungen voraus, und sie realisieren sich innerhalb dieser Beziehungen. Nun stellt sich die Frage, welche konkrete Formen diese Anerkennungsbeziehungen aufweisen, und wie sie im Einzelnen Bildungsprozesse ermöglichen.

Diese Frage steht im Mittelpunkt des Werkes von Axel Honneth, der den gegenwärtigen anerkennungstheoretischen Ansatz entscheidend während der letzten zwei Dekaden geprägt hat. Honneths Antwort auf diese Frage lässt sich wie folgt zusammenfassen: Soziale Verhältnisse sind dann bildungsstiftend, wenn sie den Normen entsprechen, die in den Anerkennungsformen der Empathie, des moralischen Respekts und der sozialen Wertschätzung enthalten sind.

Empathie, die insbesondere für die ersten Stadien der Subjektivitätsentwicklung im Kindesalter von immenser Bedeutung ist, bezeichnet eine Praxis des Sich-Hineinversetzens in die Wahrnehmungs- und Gefühlswelt des Anderen und des Nachvollziehens seiner Bedürfnisse und Wünsche. Die Spiegelung dieser Bedürfnisse und Wünsche durch die Bezugspersonen ist die Voraussetzung dafür, dass das (werdende) Individuum überhaupt einen Zugang zu diesen Bedürfnissen und Wünschen als Grundzüge seiner Persönlichkeit findet – und dieser Zugang ist logischerweise die basale Voraussetzung für ihre Artikulation und Verwirklichung.

Hingegen bezieht sich die Anerkennungsform des *Respekts* nicht auf besondere, personalisierende Eigenschaften des Einzelnen, sondern auf seinen universellen Status, allen anderen Menschen formell gleichgestellt zu sein, und über die gleichen Grundrechte zu verfügen. Die übergreifende Norm des Respekts besteht darin, jeden Menschen als ausgestattet mit Würde, d. h. mit der Fähigkeit zur Selbstbeziehung und zum autonomen Handeln zu betrachten und zu behandeln, wobei man von seinen spezifischen Persönlichkeitszügen abstrahiert. Nur unter dieser Voraussetzung kann der Einzelne auch die Motivation und die kognitive Kompetenz entwickeln, den Standpunkt der Allgemeinheit einzunehmen, was ihm ermöglicht, sich an argumentativen Diskursen zu beteiligen. Diese Beteiligung ist wiederum die Voraussetzung für Bildung qua begrifflicher Selbst-Artikulation.

Schließlich stellt die *soziale Wertschätzung* eine Art Synthese dar zwischen dem Partikularismus der Anerkennungsform der Empathie und dem Universalismus der Anerkennungsform des Respekts. Die Norm der Wertschätzung besagt nämlich, dass spezifische Persönlichkeitsmerkmale in der Form von Fähigkeiten, Kenntnissen oder moralischen Ansichten des Einzelnen anerkannt werden sollen: allerdings nur solche, die von einer gesamtgesellschaftlichen Bedeutung sind bzw. sein können. Nur unter der Voraussetzung dieser Anerkennung kann der Einzelne seine Fähigkeiten, Kenntnisse und Moralvorstellungen aktiv in der Form von Beiträgen für die Gesellschaft verwirklichen.[23]

Demnach wird ein heranwachsender Mensch, der keine Empathie von seinen Bezugspersonen erfährt, es schwierig haben, einen Zugang zu seinen Bedürfnissen und Wünschen zu finden und sie zu kommunizieren. Er wird kaum das Selbstvertrauen entwickeln können, das ihm erlauben würde, eigene Ideale auszubilden. Ein Mensch wiederum, der zwar Empathie, aber keinen kognitiven Respekt erfährt, würde zwar seine Bedürfnisse bestimmen und Ideale ausbilden, aber diese Bedürfnisse und Ideale nicht begrifflich-diskursiv zu eigenen Interessen und Wertevorstellungen artikulieren können, für die er sich öffentlich einsetzt. Dabei verkörpert sich in diesem Einsatz die Selbstachtung des Individuums. Und wenn den Wertevorstellungen der Person sowie ihren Fähigkeiten dauerhaft mit Ignoranz oder Geringschätzung durch die Mitmenschen begegnet wird, dann wird sie ihre Wertevorstellungen und ihre Fähigkeiten nicht selbst ausreichend schätzen können, um sie in Beiträgen für das moralische Wissen der Gesellschaft sowie für die gesellschaftliche Güterproduktion verwirklichen zu können.

Diese Kurzbeschreibung der Formen der Empathie, der Respekts und der sozialen Wertschätzung in ihrer Bedeutung für die Persönlichkeitsentwicklung implizieren, dass sie gleichermaßen die beiden Referenzpunkte des Bildungsprozesses betreffen, nämlich das eigene Selbst sowie die objektive Welt. Wie wir im bisherigen Verlauf dieses Kapitels gesehen haben, generieren die beiden Dimensionen der Selbst- und der Welt-Beziehungen in ihrem Zusammenspiel die begriffliche Selbst-Artikulation und die praktische Selbst-Objektivierung des Individuums. Auf der Seite der Selbstbeziehungen des Individuums schlägt sich die Dynamik der Anerkennungsformen der Empathie, des Respekts und der sozialen Wertschätzung in die Entstehung von Selbstvertrauen und seine Weiterentwicklung zur Selbst-

---

[23] Vgl. Honneth, Axel (1992): Kampf um Anerkennung. Zur moralischen Grammatik sozialer Konflikte, Frankfurt a. M., S. 148–211, sowie Stojanov, Krassimir (2006): Bildung und Anerkennung, Wiesbaden, S. 123–140.

achtung und Selbstschätzung nieder. Im Zuge dieser Entwicklung artikuliert das Individuum seine Bedürfnisse, Interessen und Fähigkeiten und realisiert sie in der Gesellschaft. Auf der Seite der Welt-Referenzen ermöglichen wiederum die fraglichen Anerkennungsformen in ihrer Dynamik die begriffliche Artikulation der Ideale des Individuums, die zu ihrer Transformation zunächst zu bewussten Wertsetzungen und dann zu Beiträgen des moralischen Wissenshorizonts der Gesellschaft führt.

Die so skizzierten bildungsstiftenden Zusammenhänge zwischen Anerkennungsformen, Selbstbeziehungsmodi und Weltreferenzen lassen sich wie folgt tabellarisch darstellen:[24]

Anerkennungsformen	Selbstbeziehungsmodi	Weltreferenzen
Empathie	Selbstvertrauen	Ideale
	(eigene Bedürfnisse und Wünsche ausdrücken)	
Respekt	Selbstachtung	Wertsetzungen
	(sich als rational-autonomes Wesen begreifen)	
Wertschätzung	Selbstschätzung	Wissens- und Gegenstandsproduktion
	(eigene Fähigkeiten und Kompetenzen entwickeln und realisieren)	

Umgekehrt entzieht ein Mangel an Empathie, Respekt und sozialer Wertschätzung die soziale Grundlage der Bildungsprozesse. Zudem führt er zu einer bildungsbezogenen Sozialpathologie, die sich mit der britischen politischen Philosophin Miranda Fricker als „epistemische Ungerechtigkeit" („epistemic injustice") bezeichnen lässt.[25] Fricker arbeitet zwei zentrale Formen epistemischer Ungerechtigkeit heraus, d. h. Ungerechtigkeit des Zugangs zu Produktion und Erwerb von Wissen und dadurch zur Bildung – „testemonial injustice" und „hermeneutical injustice". Bei den beiden Formen handelt es sich um Missachtungspraktiken, die diesen Zugang von bestimmten Gruppen von Individuen behindern, und die – anerkennungstheoretisch gesehen – als eine Mischung von fehlender Empathie, Diskriminierung und sozialer Geringschätzung erscheinen.

---

[24] Vgl. auch Honneth, Axel (1992): Kampf um Anerkennung. Zur moralischen Grammatik sozialer Konflikte, a. a. O., S. 211

[25] Die folgenden Ausführungen zum Frickers Konzept von „epistemic injustice" beziehen sich auf Fricker, Miranda (2007): Epistemic Injustice. Power and the Ethics of Knowing. Oxford: Oxford University Press, insb. S. 1–7; S. 145

„Testemonial injustce" findet dann statt, wenn „Zeugnisse", d. h. Kenntnisse und Erfahrungen von Personen aufgrund ihres niedrigen soziokulturellen Status ignoriert werden und diese Personen nicht als gleichwertige Teilnehmende in Diskursen anerkannt werden, in denen begrifflich strukturiertes Wissen generiert wird. Diese Form von Ungerechtigkeit wird an Schulen etwa dadurch hervorgebracht, dass Meinungen, Vorstellungen und Vorkenntnisse von Schülerinnen und Schülern, die aus soziokulturell unterprivilegierten Gruppen stammen, nur wenig Gehör finden und nicht mit Empathie begegnet wird – oder aber wenn etwa diese Schüler/innen in der Weise diskriminiert werden, dass sie nach der Grundschule, bei gleichen Kenntnissen und Kompetenzen, schlechtere Übergangsempfehlungen bekommen, als Kinder aus privilegierten Familien. Dies ist ein Phänomen, das bereits im letzten Kapitel besprochen wurde.

„Hermeneutical injustice" geschieht nach Fricker in Fällen, in denen gesamtgesellschaftlich anerkannte Begrifflichkeiten nicht entwickelt wurden, welche Mitgliedern von soziokulturell unterprivilegierten Gruppen erlauben würden, ihre Befindlichkeiten, aber auch ihre spezifischen Fähigkeiten und Kompetenzen öffentlich zu artikulieren und zu validieren. Wie im letzten Kapitel ausgeführt, beinhaltet die Sprache, in der die Schulrealität in Deutschland konstruiert, interpretiert und analysiert wird, ausschließlich defizitäre Konnotationen der Schülerinnen und Schülern mit sogenanntem „Migrationshintergrund". Diese Sprache stellt ihnen kaum begriffliche Ressourcen dafür, die Fähigkeit, über die sie in der Regel verfügen, spontan zwischen unterschiedlichen Sprachen und Sprachspielen hin und her zu übersetzen, als eine gesamtgesellschaftlich wichtige Kompetenz zu artikulieren und sich generell ihrer kulturell-defizitären Etikettierung zu entziehen. Dies betrifft insbesondere Kinder und Jugendliche, die Herkunftssprachen wie Türkisch oder Arabisch haben, die, im Unterschied etwa zu Englisch oder Französisch, über ein niedriges soziales Ansehen verfügen, obwohl diese Sprachen eine zunehmend wichtige Rolle im öffentlichen Leben hierzulande spielen.

Deutet man „Hermeneutik" wiederum traditionell als „Kunst des Verstehens", dann besteht generell die hermeneutische Ungerechtigkeit gegenüber Kindern und Jugendlichen aus Einwandererfamilien in dem strukturellen Nicht-Verstehen bzw. Nicht- (An-)Erkennen ihrer Individualität durch ihre kollektivierende Subsumierung unter der nivellierenden und defizitären Kategorie des „Migrationshintergrunds", so wie diese Subsumierung im letzten Kapitel dargelegt wurde. Diese Nicht-Anerkennung ist im höchsten Maße bildungsbehindernd, da sie fehlende Empathie, Mangel an Respekt sowie soziale Geringschätzung gleichermaßen beinhaltet: Fehlende Empathie, weil das tiefste Bedürfnis jedes (heranwachsenden) Menschen, als ein einzigartiges und wertvolles Individuum wahrgenommen zu werden nicht nachgefühlt wird; Mangel an Respekt, weil kollektive kulturelle *Verhaltensursachen* an der Stelle von individuellen *Handlungsgründen* postuliert werden; und Geringschätzung, weil gesellschaftlich wertvolle Leistungen und Fähigkeiten strukturell ignoriert werden.

Konsequenzen für pädagogisches Handeln[26]

Wird Bildung als begriffliche Selbst-Artikulation und Selbst-Objektivierung des Individuums verstanden, welche durch seine Anerkennung in den Formen von Empathie, Respekt und soziale Wertschätzung ermöglicht wird, dann ist die entscheidende pädagogische Frage, wie diese Anerkennungsformen im Klassenzimmer und bei der dort stattfindenden Vermittlung von Wissen umgesetzt werden können.

Hierzu sollen wir wieder einmal zunächst negative Formen von pädagogischem Handeln aufspüren, die diese Umsetzung *nicht* leisten. Diesbezüglich hat der Hannoversche Erziehungswissenschaftler und Sozialisationsforscher Albert Ilien aufgrund seiner langjährigen Erfahrungen mit Beratung und Supervision von Schulkollegien zwei defizitäre Typen von Unterrichtshandeln konzeptualisiert, die er in die Lehrerfiguren des „Inhaltevertreters" und des „Schülerfreundes" verkörpert sieht.[27]

Die „Inhaltevertreterin" betrachtet den „Stoff" ihres jeweiligen Faches als einen Bestandteil des schulisch anzueignenden kulturellen Kanons. Sie zollt kognitiven Respekt ihrer Schüler/innen in dem Sinne, dass sie ihnen tendenziell das Potenzial unterstellt, sich diesen Kanon anzueignen. Dabei abstrahiert sie von ihren spezifischen Biografien, Bedürfnissen und Wünschen. Der Grad der Aneignung dieses Kanons durch die verschiedenen Schüler/innen begründet nach der Vorstellung der „Inhaltevertreterin" „faire" Selektionsentscheidungen, die „nichts persönliches" enthalten. Hingegen ist die Einbeziehung der lebensweltlichen Erfahrungen der Schüler/innen, die Berücksichtigung ihrer Sozialisationsgeschichten, Lebenssituationen und Sichtweisen für den „Inhaltevertreter" zumindest überflüssig, und als Merkmal einer leistungsfeindlichen „Kuschelpädagogik" zu werten.

Man möge sich hierzu die Figur eines Ethiklehrers vorstellen, der bei der Behandlung des Themas „Gerechtigkeit" ausschließlich Gerechtigkeitstheorien

---

[26] Einige Überlegungen in diesem Abschnitt habe ich zuerst in dem folgenden Aufsatz von mir formuliert: Stojanov, Krassimir (2018): Bildungsfördernder Unterricht als praktizierende Anerkennung, in *schulheft 170/2018*, S. 46–56

[27] Vgl. im Folgenden: Ilien, Albert (2005): Lehrerprofession. Grundprobleme pädagogischen Handelns, Wiesbaden: Springer VS, S. 97–99

wiedergibt und diese von seinen Schülerinnen und Schülern reproduzieren lässt, ohne sich für ihre Gerechtigkeitsvorstellungen und -intuitionen sowie für ihre Ungerechtigkeitserfahrungen und -gefühle zu interessieren, und ohne zu versuchen, diese Vorstellungen, Intuitionen, Erfahrungen, Gefühle in seinem Unterricht zur Sprache zu bringen.

Der dazu entgegengesetzte Lehrertypus ist nach Ilien derjenige des „Schülerfreunds". Der „Schülerfreund" ist in seinem pädagogischen Handeln stets darauf bedacht, seine Schüler/innen zu verstehen, sich in ihre Lagen hineinzuversetzen, kurzum empathisch zu sein. Er schätzt die Spontaneität und Offenheit von Kindern und Jugendlichen sehr und ist der Meinung, dass sie durch das abstrakte erwachsene Denken verloren geht, welches die Befassung mit wissenschaftlichen Inhalten erforderlich macht. Daher schreibt er dieser Befassung höchstens eine instrumentelle Bedeutung für die Vorbereitung der Schüler/innen für das Leben in der Gesellschaft zu – und keinen intrinsischen Bildungswert.

Bezogen auf das Beispiel mit dem Unterrichtsthema „Gerechtigkeit" würde sich der „Schülerfreund" mit den Ungerechtigkeitserfahrungen und -empfindungen der Schülerinnen und Schüler ausgiebig und mitfühlend befassen, aber er würde sie mit Gerechtigkeitstheorien möglichst nicht „belästigen". Er würde seine Schülerinnen und Schüler kaum dazu befähigen (wollen), ihre Gerechtigkeitsintuitionen begrifflich-transformierend anhand von Gerechtigkeitstheorien zu artikulieren. Dadurch wird er ihr Potenzial missachten, den eigenen Vorstellungen, Bedürfnissen und Idealen eine rationale und allgemeine Form zu geben und diese Vorstellungen, Bedürfnisse, und Ideale argumentativ darzulegen.

Im Unterschied zu diesen zwei Typen vereinigt eine bildungsfördernde Lehrerin in ihrem Unterricht die sehr unterschiedlichen, gewissermaßen sogar entgegengesetzten Anerkennungsformen der Empathie und des Respekts. Sie erreicht dies, indem sie einerseits die lebensweltlich verankerten und erfahrungsnahen Ideale und Wertevorstellungen ihrer Schülerinnen und Schüler zum Ausgangspunkt ihres Unterrichts macht, und andererseits diese Ideale und Vorstellungen mit wissenschaftlichen Inhalten in Verbindung setzt, welche begrifflich-argumentativ strukturiert sind.

Wie bereits oben, im Abschn. „Begriffliche Selbst-Artikulation als Bildung", ausgeführt, ist dieser zwischen dem Subjektiven und dem Objektiven vermittelnde Unterricht keineswegs auf Fächer eingeschränkt, die sich direkt mit ethischen Themen befassen, wie etwa Philosophie, Ethik, Religion, Politik oder Geschichte. Die begriffliche Erfassung von Idealen und Werten fußt in der Regel auf einer vorausgegangenen narrativen und bildlichen Artikulation von ihnen, die sich am ehesten durch Literatur und Kunst fördern lässt. Diese Erfassung setzt wiederum ein Verständnis für objektive Wahrheit und ihre Erfüllungsbedingungen voraus, welches am besten durch naturwissenschaftlichen Unterricht kultiviert wird, sowie logisches Denken, das in seiner reinsten Form in der Mathematik zum Vorschein kommt. Wie im zitierten Abschnitt bereits erwähnt, muss auf der anderen Seite auch naturwissenschaftlicher und mathematischer Unterricht die Ideal- und Wertevorstellungen der Schülerinnen und Schüler aufgreifen, wenn er bildungsfördernd sein sollte.

Mit anderen Worten müssen alle Lehrerinnen und Lehrer, unabhängig von ihren Fachrichtungen, zwischen subjektiven Idealen und Wertevorstellungen einerseits, und wissenschaftlichen Inhalten andererseits vermitteln, wenn sie mit ihrem Unterricht wirklich Bildung initiieren und unterstützen sollen. Es gibt sicherlich keine Rezepte für diese Vermittlung, genauso wie es keine Rezepte für Empathie, Respekt und Wertschätzung im Unterricht geben kann. Dies schon deshalb nicht, weil jede Schülerin und jeder Schüler ihre und seine individuellen Ideale hat, die auf ihrer oder seiner unverwechselbaren Biografie beruhen. Anerkennung im Unterricht kommt nicht dadurch zustande, dass die Lehrerin eine Liste von standardisierenden Handlungen oder Ritualen im Klassenzimmer ausführt, sondern durch eine anerkennende Haltung zu den Schülerinnen und Schülern, die sich in die Vermittlung der entsprechenden Unterrichtsinhalte selbst verkörpert. Die Kultivierung dieser Haltung verlangt in erster Linie eine selbst-reflexive biografische Arbeit des Lehrers oder der Lehrerin: Sich empathisch in die Sichtweisen und die emotionalen Lagen von Schulkindern als Erwachsener hineinversetzen zu können, setzt die Wiedererinnerung an das Schulkind voraus, das man selbst einmal mit all seinen Wünschen und Idealen, aber auch mit all seinen Ängsten und Missachtungserfahrungen war. Das Potenzial der Schülerinnen und der Schüler als Lehrer anerkennen zu können, die Inhalte seines Unterrichts zu begreifen, erfordert in der Praxis, dass der Lehrer permanent darüber reflektiert, welchen persönlichen Sinn diese Inhalte für ihn in seiner Kindheit hatten und nun in seiner Gegenwart haben, um durch diese Selbstreflexion zu antizipieren, welchen persönlichen Sinn seine Schülerinnen und Schüler diesen Inhalten verleihen, bzw. wie diese Inhalte als Vehikel ihrer begrifflichen Selbst-Artikulation und Selbst-Objektivierung fungieren können.

Daraus folgt, dass dieses biografisch-selbstreflexive Lernen im Zentrum der Lehrerausbildung stehen soll. Allerdings ist Lehrerbildung heute weit davon entfernt: insbesondere ihre pädagogischen Anteile beinhalten ganz überwiegend abstrakte, oft sinnentleerte Definitionen, Statistiken und vor allem unifizierte Rezepte für ein angeblich „richtiges" Unterrichten. Damit ist freilich die heutige Lehrerausbildung ironischerweise gut an das gegenwärtige Schulsystem angepasst, das Individualität in ihrer Besonderheit insofern missachtet, als es Kinder und Jugendlichen homogenen Gruppen unterordnet, die bewusst oder unbewusst anhand von kollektiven überindividuellen und in diesem Sinne abstrakten Merkmalen konstruiert werden, wie Herkunft oder angeblichen Begabungsniveaus. Dadurch reproduziert das Schulsystem strukturell Halbbildung, welche die Vermittlung zwischen dem Allgemeinen und dem Besonderen nicht leistet, sondern das Letztere weitgehend ignoriert und dadurch als Nährboden für antidemokratischen Populismus fungiert.

Auf der anderen Seite ist Demokratiebildung ein erklärtes und zentrales Ziel des Schulwesens. Gibt es innerhalb dieser vielleicht doch potenziell erfolgreichen Ansätze zur Befähigung der Einzelnen zur aktiven demokratischen Partizipation und zur demokratischen Selbst-Verwirklichung, die sich institutionalisierter Halbbildung entziehen, bzw. sich dieser entgegensetzen? Solchen denkbaren und auch tatsächlich existierenden Ansätzen widmet sich das nächste Kapitel.

Demokratiebildung als Persönlichkeitsbildung 7

„Bildung" ist ein doppeldeutiger Begriff: Zum einen bezeichnet er den Prozess der Formung des Individuums, bei dem sich seine Bedürfnisse, Wünsche, Interessen, Fähigkeiten, Werte, Kenntnisse und Wissenshorizonte im Zuge seiner Befassung mit der Welt entwickeln und im Gesamtzusammenhang seines Selbst Gestalt annehmen. Im vorigen Kapitel wurde vor allem diese Bedeutung des Bildungsbegriffs rekonstruiert. Zum anderen umfasst dieser aber auch die Praktiken der Initiierung, Unterstützung und Anleitung dieses Prozesses, so wie diese Praktiken an Institutionen stattfinden, die nicht von ungefähr *Bildungseinrichtungen* heißen: Schulen, Hochschulen, Kindergärten, Einrichtungen der Erwachsenenbildung etc.

Dieses Kapitel greift die letztere Bedeutung von Bildung auf, und fokussiert sich dabei auf die Frage, wie solche Praktiken an Bildungseinrichtungen, vor allem an Schulen, aussehen bzw. aussehen könnten, die den im letzten Kapitel umrissenen Bildungsprozess der demokratischen Selbst-Verwirklichung anleiten und fördern, und zur aktiven demokratischen Partizipation befähigen. Die Frage lässt sich negativ so umformulieren: Wie, in welchen Formen, kann schulischer Unterricht und Schulkultur einen Gegenpol zum antidemokratischen Populismus und zur Halbbildung als seiner geistigen Basis ausbilden?

Es scheint naheliegend anzunehmen, dass dies primär eine Aufgabe von Politischer Bildung als Unterrichtsfach ist. Wie ich im ersten Abschnitt dieses Kapitels erläutern werde, ist in der Tat die Bedeutung dieses Faches für die Vermittlung von Kenntnissen darüber kaum zu unterschätzen, wie das liberal-demokratische politische System funktioniert, welche Akteure und Doktrinen dabei eine zentrale Rolle spielen, und welche Konflikt- und Kampffelder zwischen ihnen das System prägen. Allerdings ist Demokratie nicht nur eine Regierungs- sondern auch eine Lebensform, zu der Politik-Unterricht schon aufgrund seines bescheidenen Umfangs nur sehr eingeschränkt durchdringen kann. Hierzu scheint der Ansatz der gelebten Demokratie-Erfahrung der sogenannten „Demokratiepädagogik", der sich auf die Kultivierung von demokratischen Haltungen und Einstellungen durch die Teilhabe der Kinder und Jugendlichen an kooperativen schulischen Entscheidungs- und Gestaltungsprozessen, oder an Konfliktlösungspraktiken fokussiert, weitreichender und vielversprechender. Allerdings bezieht die Demokratiepädagogik ihre Vision einer erfahrungsbezogenen Demokratiebildung nur partiell und oberflächig auf das eigentliche Unterrichtsgeschehen als Kerndimension von schulischen bzw. von bildungsstiftenden Interaktionen. Damit verbunden ist ein weitreichendes Ausblenden der demokratietheoretisch hochvirulenten Problematik schulischer Selektion und Exklusion, die durch Unterricht in seinen aktuell dominanten Formen und vor allem durch gängige Praktiken der Leistungsdefinitionen und Leistungspotenzialzuschreibungen hervorgerufen werden, die diesen Formen inhärent sind.

Vor dem Hintergrund dieser Unzulänglichkeiten von Politischer Bildung und Demokratiepädagogik erscheint mir die Erarbeitung eines Konzeptes des demokratischen Unterrichtens *als Ganzes* vonnöten; ein Konzept, das das gesamte Lehr-Lern-Geschehen an Schule umfasst und nicht auf die Vermittlung von dezidiert politischen oder sozialen Inhalten oder Kompetenzen beschränkt ist. Anstatt zu versuchen, dieses Konzept bloß theoretisch und hypothetisch zu rekonstruieren, beschreibe ich im zweiten Teil dieses Kapitels exemplarisch einige bereits vorhandene Ansätze eines so verstandenen ganzheitlichen Demokratieunterrichts, so wie diese an einer inklusiven Privatschule praktiziert werden. Das pädagogische Konzept und die pädagogische Praxis des Derksen-Gymnasiums in München, das an dieser Stelle gemeint ist, zeichnet sich durch ein Verständnis und eine Handhabung von Politischer Bildung als Persönlichkeitsbildung in einem heterogen-pluralistischen und zugleich kooperativen Umfeld aus.

Das tiefgreifende Verstehen dieses beispielhaften pädagogischen Ansatzes zum Demokratielernen erfordert eine begriffliche Rekonstruktion der Kategorie der Persönlichkeitsbildung, die für diesen zentral ist. Ich unternehme diese Rekonstruktion im dritten Abschnitt des Kapitels und zeige dabei auf, dass „Persönlichkeitsbildung" als eine Konkretisierung des „allgemeinen" Bildungsbegriffs zu deuten ist, so wie er im vorigen Kapitel dargelegt wurde. Diese Konkretisierung lässt sich – so die These – am besten auf der Folie des Begriffs des *human flourshing* erarbeiten, der in den letzten Jahren eine Schlüsselposition in der internationalen bildungsphilosophischen Diskussion eingenommen hat.

Human flourishing, verstanden als eine permanente Anreicherung der Individualität und der Subjektivität des Einzelnen durch die Ausführung von sich immer weiter ausdifferenzierenden Tätigkeiten und Interaktionen, setzt heterogene

Handlungs- und Kommunikationskontexte voraus. Pädagogisch und bildungspolitisch werden sie vor allem durch eine breit verstandene und konsequent durchgeführte schulische Inklusion gewährt – eine These, die ich im nächsten, vierten Abschnitt des Kapitels darlege. Inklusion ist klar von Integration abzugrenzen, die herkömmlich als eine Art Vereinheitlichung verstanden wird. Die Gestalt, die Inklusion nach dieser Abgrenzung einnimmt, weist sie als eine Grundbedingung von Demokratiebildung *und* Persönlichkeitsbildung aus.

„Politische Bildung" und „Demokratiepädagogik" als notwendige, aber nicht ausreichende Ansätze zur Demokratiebildung

„Politische Bildung" wird hier im Einklang mit der überwiegenden Meinung der einschlägigen Expertinnen und Experten als eine einheitliche Bezeichnung für ein Unterrichtsfach verwendet, das in den unterschiedlichen Bundesländern und unterschiedlichen Schultypen unterschiedlich benannt wird, wie etwa Politik, Politik und Wirtschaft, Sozialkunde, Gemeinschaftskunde, Gesellschaftslehre, etc.[1] Nach der Darstellung der Fachgesellschaft der Wissenschaftler/innen, die für Politische Bildung zuständig sind, bezweckt dieses Fach die Kultivierung von „Demokratiefähigkeit" vor allem durch die Vermittlung eines Verständnisses der Funktionsbedingungen und Funktionslogik demokratischer politischer Systeme. Darüber hinaus soll sich Politische Bildung als Unterrichtsfach mit wirtschaftlichen und rechtlichen Fragen sowie mit Fragen des gesellschaftlichen Zusammenlebens insgesamt befassen, wie etwa Pluralismus, „interkulturelle Differenz", oder Grenzen der Toleranz. Generell bezwecke die Politische Bildung die Entwicklung von politischer Urteilsfähigkeit und politischer Handlungsfähigkeit bei den Schülerinnen und Schülern. Die erstere beinhalte die Analyse und die Beurteilung von politischen Ereignissen, Problemen und Kontroversen, während die letztere darin bestehe, eigene Meinungen, Überzeugungen und Interessen zu vertreten und dabei Aushandlungen zu führen und Kompromisse zu schließen. Politische Urteilsfähigkeit und politische Handlungsfähigkeit soll man im Unterricht durch die Behandlung von aktuellen politischen Ereignissen, Problemen und Konflikten unter der Berücksichtigung von langfristigen und globalen Problemlagen und Zusammenhängen, sowie von grundlegenden Vorstellungen über das (politische) Zusammenleben der Menschen wie etwa Menschenbildern, sozialwissenschaft-

---

[1] Vgl. Sander, Wolfgang (2013): Politik in der Schule. Kleine Geschichte der politischen Bildung in Deutschland (3., aktualisierte Auflage). Marburg: Schüren.

lichen Theorien und alternativen politischen und sozialen Ordnungsmodellen entwickeln.[2]

So zusammengefasst hat Politische Bildung als Unterrichtsfach an Schulen zweifellos eine kaum zu unterschätzende Bedeutung für den Erwerb von Kenntnissen und Fähigkeiten, die für das Verstehen der Grundlagen und der Funktionsweisen demokratischer Politik und für die Teilhabe an ihr notwendig sind. Im Besonderen hat dieses Unterrichtsfach eine wichtige Rolle bei der Bekämpfung von antidemokratischen Ideologien und Einstellungen wie denjenigen des Rechtsextremismus oder des Rassismus zu spielen. Nicht von ungefähr werden die Rufe nach mehr und besserer Politische Bildung und nach mehr Investitionen in jene, nach jedem rechtsextremistisch motivierten Terroranschlag und jedem Wahlerfolg von rechtsradikalen Parteien wie der AfD und der NPD stets lauter (auch wenn diese Rufe ziemlich schnell abklingen, bis sich der nächste Anlass für Empörung über Rechtsradikalismus und Rechtsextremismus ereignet).

Allerdings bleiben die Wirkungsmöglichkeiten der Politischen Bildung an Schulen schon deshalb beschränkt, weil dieses Unterrichtsfach in allen Bundesländern nur sehr wenige Wochenstunden umfasst und – anders als etwa Mathe, Deutsch, oder Englisch – nur von geringer Relevanz für die Schulzeugnisse ist.[3] Politische Bildung als Fach macht also einen sehr kleinen Anteil des Unterrichtsgeschehens und insgesamt der Aktivitäten und der Interaktionen der Schülerinnen und Schüler mit ihren Lehrer/innen und mit Gleichartigen aus. Wenn wir jedoch davon ausgehen, dass demokratische Bildung nicht nur den Erwerb von politischen Kenntnissen und Kompetenzen, sondern darüber hinaus die Formung von demokratischen Haltungen und Einstellungen umfasst, dann muss sie alle bildungsbezogenen Aktivitäten und Interkationen des Individuums mit einbeziehen.

In diesem Zusammenhang ist an John Deweys Darlegung des inhärenten und tiefgreifenden Zusammenhangs zwischen Demokratie und Bildung zu erinnern, die bereits in der Einleitung bzw. im ersten Kapitel angesprochen wurde. Diese

---

[2] Vgl. Gesellschaft für Politikdidaktik und politische Jugend- und Erwachsenenbildung (GPJE) (2004): Anforderungen an Nationale Bildungsstandards für den Fachunterricht in der Politischen Bildung an Schulen. Ein Entwurf (2. Auflage). Schwalbach/Ts.: Wochenschau Verlag.

[3] Für einen guten Überblick und eine überzeugende Einschätzung der marginalen Stellung Politischer Bildung an deutschen Schulen siehe Detjen, Joachim (2015): Bildungsaufgabe und Schulfach, in *BPP: Bundeszentrale für politische Bildung vom 19.03.2015*. Online unter: https://www.bpb.de/gesellschaft/bildung/politische-bildung/193595/bildungsaufgabe-und-schulfach (Letzter Zugriff am 24.06.2021).

Darlegung stützt sich ganz wesentlich auf die Auffassung, dass Demokratie nicht nur ein Regierungssystem, sondern auch – und vor allem – eine Lebensform ist, die sich durch Offenheit und Pluralität auszeichnet, und deswegen vielfältige und komplexe soziale Erfahrungen der an ihr Beteiligten generiert, die ihr geistiges Wachstum ermöglichen und anstoßen. Dabei ist für Dewey geistiger Wachstum synonym für Bildung als solche.[4] An dieser Auffassung knüpft die sogenannte „Demokratiepädagogik" an, die insofern als ein alternativer Ansatz zur politischen Bildung zu verstehen ist, als sie sich nicht auf ein bestimmtes Fach fokussiert, sondern Erziehung und Bildung zur Demokratie in diversen Interaktionsformen schulischen Lebens insgesamt bzw. in einer bestimmten Schulkultur verortet, die es entsprechend zu gestalten gilt.

Allerdings unterscheidet sich der Ansatz der „Demokratiepädagogik" in einem wichtigen Punkt von Deweys Demokratieverständnis: Dieser Ansatz differenziert nach Wolfgang Edelstein, der als die zentrale Figur der „Demokratiepädagogik" gelten darf, nämlich nicht nur zwischen Demokratie als Regierungssystem und als Lebensform, sondern zwischen drei Formen der Demokratie. Diese sind, erstens, Demokratie als Regierungsform, die politische Institutionen und Rechtsnormen umfasst, welche einen Staat als demokratisch ausweisen; zweitens, Demokratie als Gesellschaftsform, die aus den politischen Gruppierungen, Verbänden und Organisationen in ihren Interaktionen zueinander besteht; und, drittens, Demokratie als Lebensform, die sich auf die Lebenspraxis der Menschen in ihrem *Nahbereich* bezieht. Die letzere Form habe deshalb eine besondere Bedeutung für Schule, da sie nach Edelstein ebenfalls im „Nahraum" zwischenmenschlicher Beziehungen zu verorten sei.[5] Dieser Raum hätte dann einen demokratischen Charakter, wenn er durch eine aktive und kooperative Partizipation aller an ihm beteiligten Individuen gestaltet würde, wodurch sie einen demokratischen Habitus erwerben würden, welcher sich durch die Dispositionen der Anerkennung, der Überzeugung der eigenen Wirksamkeit und der Verantwortungsbereitschaft auszeichne. Die Entwicklung dieses Habitus durch die Einführung der Heranwachsenden in eine demokratiepädagogisch strukturierte Erfahrungswelt gemeinschaftlicher Kooperation würde

---

[4] Vgl. Dewey, John (1916): Democracy and Education, a. a. O., S. 49-53; S. 86–88. Vgl. auch Brumlik, Micha (2018): Demokratie und Bildung. Berlin: Neofelis Verlag, S. 46 f., S. 152–164.
[5] Vgl. Edelstein, Wolfgang (2009): Demokratie als Praxis und Demokratie als Wert, in *Edelstein, Wolfgang/Frank, Susanne/Sliwka, Anne (Hrsg.): Praxisbuch Demokratiepädagogik. Sechs Bausteine für Unterrichtsgestaltung und Schulalltag.* Weinheim und Basel: Beltz, S. 7–19, insb., S. 7 f.

es ermöglichen, sie zu Demokrat/innen zu erziehen. Dies sei wiederum eine Grundvoraussetzung dafür, dass sie Demokratie auch als Gesellschaft- und Regierungsform mittragen und weiterentwickeln – dass sie sich etwa in politischen Parteien und Verbänden engagieren, und sich an die Bestimmung und Beurteilung von staatlichen institutionellen Regelungen des demokratischen Zusammenlebens beteiligen, bzw. sich als Co-Autoren dieser Regelungen verstehen zu können. Es handelt sich hierbei um Regelungen, die unter anderem Menschen- und Bürgerrechte, Gewaltenteilung, oder die Bindung politischer Herrschaft an frei gewählten und auf die Grundlage des Mehrheitsprinzips handelnden Gremien garantieren, die unterschiedliche, oft widersprüchliche Interessen und Werte der verschiedenen Bevölkerungsgruppen repräsentieren.[6]

Zunächst einmal ist an dem Ansatz der Demokratiepädagogik hochzuschätzen, dass er die Schicht der erfahrungsbezogenen politischen Einstellungen und Haltungen adressiert, die für demokratisches Denken und Handeln unentbehrlich sind. Kann man dann eigentlich nicht davon ausgehen, dass eine Anreicherung der Demokratiepädagogik durch das Unterrichtsfach Politische Bildung, das eher auf die Vermittlung von Kenntnissen über das demokratische politische System ausgerichtet ist, eine umfassende Demokratiebildung an Schulen gewährleisten kann? Mit anderen Worten: Würde die Kultivierung von demokratischen Haltungen und Einstellungen durch Demokratiepädagogik gemeinsam mit der Vermittlung von Wissen über Demokratie, für die Politische Bildung als Unterrichtsfach zuständig ist, nicht das gesamte Feld der Bildung und Erziehung zur Demokratie an Schulen in seinen inhaltlichen und motivationalen Dimensionen abdecken?

Nun, so einfach ist es nicht. Schon die erklärten Tätigkeitsfelder bzw. Bausteine der Demokratiepädagogik zeigen, dass sie – ähnlich wie Politische Bildung – nur einen relativ kleinen Teil des schulischen Lebens und insbesondere des Unterrichtsgeschehens an Schulen einbezieht. Dazu gehören Klassenrat bzw. basisdemokratische Gemeinschaftsversammlungen der Schule, Dilemma-Diskussionen über Regelungen und Konflikte dort, Konfliktmediation, Partizipation im schulischen und außerschulischen Umfeld durch anwendungsorientierte Projekte, die von Schüler/innen selbst mitinitiiert werden (z. B. Projekte zum Energiesparen, zu Produktion und Vermarktung eigener Produkte, zum Bau eines Insektenhotels in

---

[6]Vgl. Ebenda, S. 7–10.

der umliegende Gemeinde), sowie Einüben in Techniken argumentativer Konsens- und Kompromissfindung wie Debattieren und Deliberation.[7]

Diese Aktivitätsbereiche der Demokratiepädagogik, so lobenswert und nützlich für Demokratiebildung sie sind, spielen sich weitgehend jenseits des Kernunterrichts der Schule ab, der in der systematischen Befassung mit akademischen Inhalten besteht. Vielmehr fokussiert sich Demokratiepädagogik auf Themen des Zusammenlebens in der Schulgemeinschaft und ihrer unmittelbaren Umgebung. In diesem Zusammenhang scheint der Einwand mancher Vertreter/innen der Didaktik politischer Bildung nicht ganz unberechtigt, die Demokratiepädagogik würde Grundvorstellungen der so genannten „Partnerschaftspädagogik" aus den 1950er-Jahren reaktivieren.[8] Ähnlich wie die letztere scheint die Demokratiepädagogik die demokratische Lebensform, auf deren Durchsetzung sie hinwirken will, als sich in dem „Nahraum" unmittelbarer sozialer Interaktionen abspielend zu verstehen.

Wissenschaftliche, literarische oder künstlerische Inhalte, die im Fachunterricht vermittelt werden, überschreiten aber die Grenzen des gemeinschaftlichen Nahbereichs. Sie beanspruchen eine universelle, kontexttranszendierende Gültigkeit, und sie bringen einen Moment der Fremdheit in die Lebenswelt der Schülerinnen und Schüler hinein. Insofern die Interaktion zwischen Lehrpersonen und Schüler/innen, aber auch zwischen den Schüler/innen selbst auf diese Inhalte ausgerichtet ist, bzw. insofern sie diese Interaktion vermitteln, verliert sie ihren unmittelbarnahräumlichen Charakter – dies schon deshalb, weil Schüler/innen und Lehrer/innen bei ihrer Beschäftigung mit wissenschaftlichen, literarischen oder künstlerischen Inhalten auch mit den Autor/innen kommunizieren, die diesen Inhalte formuliert und bereitgestellt haben, und die räumlich und meistens auch zeitlich weit entfernt von der unmittelbaren Schulgemeinschaft sind. Dabei ist die Befassung mit wissenschaftlichen, literarischen und künstlerischen Inhalten eigentlich die Kerndimension der schulischen Lebensform. Wann und unter welchen Bedingungen ist diese Dimension, ist die Praxis des Erwerbs von mathematischen, natur- und geisteswissenschaftlichen, oder sprachlichen Kenntnissen als demokratisch bzw. als demokratische Bildung fördernd zu bezeichnen?

---

[7] Vgl. Edelstein, Wolfgang (2009): a. a. O, S. 14–19; Althof, Wolfgang/Stadelmann, Toni (2009): Demokratische Schulgemeinschaft, in *Edelstein, Wolfgang/Frank, Susanne/Sliwka, Anne (Hrsg.): a. a. O*, S. 20–53, insb. S. 31; Schirp, Heinz (2009): Partizipation im schulischen Umfeld, in *Edelstein, Wolfgang/Frank, Susanne/Sliwka, Anne (Hrsg.): a. a. O*, S. 114–150, insb., S. 115; Frank, Susanne/Seifert, Anne/Sliwka, Anne/Zentner, Sandra (2009): Service Learning – lernen durch Engagement, in *Edelstein, Wolfgang/Frank, Susanne/Sliwka, Anne (Hrsg.): a. a. O*, S. 151–192, insb. S. 152; Sliwka, Anne/Frank, Susanne/Grieshaber, Christian (2009): Demokratisches Sprechen, in *Edelstein, Wolfgang/Frank, Susanne/Sliwka, Anne (Hrsg.): a. a. O*, S. 193–233, insb. S. 200–212.

[8] Vgl. Sander, Wolfgang (2013): a. a. O.; S. 159.

Wir finden kaum Anhaltspunkte für die Beantwortung dieser Frage in der Demokratiepädagogik – dafür aber umso mehr in dem Konzept von Bildung als begriffliche Selbst-Artikulation und praktische Selbst-Objektivierung, welches ich im vorigen Kapitel vorgestellt habe. Wie dort ausgeführt, impliziert die in diesem Konzept anvisierte Vermittlung zwischen individuell-persönlichen Interessen, Bestrebungen, Idealen und Werten einerseits, und objektiven weltlichen Inhalten andererseits genau die Verhältnisse der wechselseitigen Anerkennung, welche die Demokratiepädagogik als zentral für Demokratie als Lebensform postuliert. Anerkennungsverhältnisse ermöglichen wiederum die wichtigsten Merkmale des demokratischen Habitus nach der Demokratiepädagogik, nämlich die Überzeugung von der eigenen Wirksamkeit und der Bereitschaft zur Verantwortungsübernahme.

Die angesprochene Vermittlung zwischen unverwechselbarer Subjektivität und begrifflicher Objektivität stellt zugleich die Heterogenität der Schülerinnen und Schüler heraus, die Vielfalt ihrer Interessen und Ideale, die Unterschiedlichkeit ihrer Perspektiven zu den behandelten akademischen Inhalten sowie der Weisen, auf die sie diese Inhalte mit ihren eigenen Erfahrungen und Bestrebungen in Verbindung setzen. Im Zuge dieser Vermittlung fungieren sie nicht als Angehörige einer quasi-natürlichen Gemeinschaft, sondern als Individuen, die sich durch ihre gegenseitige Andersheit auszeichnen und in dieser Andersheit eine offene Gemeinschaft bilden. Sie konstituiert sich anhand eines gemeinsamen Gegenstandsbereich von objektiven wissenschaftlichen, literarischen und künstlerischen Inhalten, welche die je individuellen, aber miteinander interagierenden Bildungsprozesse der Selbst-Artikulation und Selbst-Objektivierung mit persönlichem Sinn versehen.

Wie oben ausgeführt, machen nach Dewey solche offenen Gemeinschaften das Wesen der Demokratie als Lebensform aus, *und* sie stellen zugleich den Nährboden für die Bildung des Einzelnen als solche bereit. In diesem Sinne ist Teilnahmeermöglichung an offenen und heterogenen (Lern-)Gemeinschaften Grundlage sowohl für die Ausbildung vom demokratischen Habitus als auch für allgemeine Persönlichkeitsbildung. Diese Gemeinschaften sind nicht – wie dies in der „Demokratiepädagogik" postuliert wird, für die Dewey ansonsten ein zentraler Bezugsautor ist – auf dem „Nahraum" beschränkt, sondern überschreiten seine Grenzen ständig.

Nun gibt es zweifellos an vielen Schulen in Deutschland mehr oder weniger explizite Versuche, solche offene und heterogene demokratie- und bildungsstiftende Schulgemeinschaften aufzubauen und zu etablieren. Im nächsten Abschnitt möchte ich exemplarisch die diesbezügliche Praxis einer Einzelschule umreißen, die aus meiner Sicht besonders eindrucksvoll zeigt, dass Demokratiebildung letztlich als Persönlichkeitsbildung in einem heterogenen und inklusiven Kontext zu verstehen und zu vollziehen ist.

Demokratiebildung als Persönlichkeitsbildung im inklusiven Kontext: Das Beispiel „Derksen-Gymnasium"

Das „kleine private Lehrinstitut Derksen" ist ein inklusives Gymnasium in München.[9] Es ist wiederholt als eine der besten Schulen Deutschlands und als beste Schule in München ausgezeichnet worden und genießt ein beträchtliches mediales Interesse. Kaum ein anderes Gymnasium in Deutschland betreibt seit so langer Zeit eine so umfassende Inklusion von Kindern und Jugendlichen mit diversen körperlichen und seelischen Beeinträchtigungen in eine betont multinational zusammengesetzte Schülerschaft. Zugleich legt die Schule seit ihrer Gründung einen großen Wert sowohl auf politische Bildung wie auch auf die kreative Selbstentfaltung der Schülerinnen und Schüler in ihrer Individualität.

Bevor ich nun die Frage aufgreife, wie politische Bildung, individuelle Selbstentfaltung, und Inklusion konzeptuell und operationell am Derksen-Gymnasium miteinander verzahnt sind, möchte ich kurz auf einen möglichen grundsätzlichen Einwand gegen die Herausstellung ausgerechnet einer Privatschule als Beispiel für Demokratiebildung eingehen: Es wird oft aus verschiedenen Stellen behauptet, dass Privatschulen grundsätzlich einen segregierenden Charakter hätten, da nur wohlhabende Familien ihren Kindern den Besuch dieser Schulen ermöglichen könnten. Dies würde die Grenzen zwischen den unterschiedlichen sozialen Gruppen und Schichten noch weiter zementieren – eine Entwicklung, die dem Geist demokratischer Bildung vollkommen widersprechen würde, da sie etwa nach Dewey genau diese Grenzen aufbrechen soll. Schließlich rekrutieren sich die Eliten vieler Länder ausschließlich aus exklusiven Privatschulen, zu denen in der Regel nur Kinder aus der Oberschicht Zutritt haben. Die Angehörigen dieser Eliten zeichnen sich demnach allesamt durch eine privilegierte Herkunft aus, und sie hatten und haben kaum Berührungen mit den Lebenserfahrungen von Menschen aus unterprivilegierten Schichten.[10]

---

[9] Die folgenden Ausführungen zum Derksen-Gymnasium stützen sich sowohl auf Schriftstücke der Schule, als auch auf Hospitationen und mehrere Gespräche mit der Schulleitung, die ich in den letzten Jahren durchgeführt habe.

[10] John White diskutiert ausführlich diesen antidemokratischen Effekt von exklusiven Privatschulen in Bezug auf die Situation in Großbritannien – ohne dabei allerdings das Existenzrecht von Privatschulen generell in Frage zu stellen. Vielmehr setzt er sich für die Neutralisierung (etwa durch Quotenregelungen) dieses Effekts der Vererbung des Zugangs zur Elite ein, sowie dafür, die herkömmliche binäre Entgegensetzung zwischen privaten und staatlichen Schulen hinter sich zu lassen. Vgl. White, John (2016): Justifying Private Schools, in *Journal of Philosophy of Education, Vol. 50, No. 4/2016*, S. 496–510.

Dazu ist an erster Stelle grundsätzlich anzumerken, dass der Begriff „Privatschule" an sich viel zu allgemein und zu undifferenziert ist. Es gibt ja ganz unterschiedliche Arten von Privatschulen. Neben den exklusiven und elitären Privatschulen und solchen, die etwa kirchlich oder religiös fundiert oder ausgerichtet sind, existieren weltweit nicht wenige Privatschulen, die dezidiert inklusiv sind – also Schulen, die die höchstmögliche Entwicklung von jedem einzelnen Kind anstreben; diese Aufgabe auch wesentlich besser als staatliche Schulen lösen; und dadurch eine fortschrittliche und innovative Wirkung auf das gesamte Schulbildungssystem ausüben.

Genau diese Art von Privatschule ist das Derksen-Gymnasium. Es wurde 1959 von dem Künstlerpaar Barberina und Dieter Derksen gegründet, die kein Lehramt, sondern vor allem Kunstgeschichte, Literatur und Theaterwissenschaft studierten. Dies war für sie aber kein Nachteil, sondern eher umgekehrt ein Vorteil, weil sich die Derksens von vornherein in ihrer pädagogischen Tätigkeit scharf von der damaligen herkömmlichen Schule abgrenzten, die sie als bevormundend und freiheitsfeindlich empfanden. Im Gegensatz dazu setzten sie auf die Entfaltung der Kreativität und Individualität von heranwachsenden Menschen. Dass Barberina und Dieter Derksen diese Entfaltung freisetzen und dadurch Lernblockaden auflösen und große Lernfortschritten bei Schülerinnen und Schüler anstoßen konnten, haben sie eher beiläufig durch den Privatunterricht erfahren, den sie zuerst an Kinder und Jugendlichen aus befreundeten Familien erteilten. Anschließend wurden die Derksens von Eltern dieser Kinder ermutigt, eine Schule zu gründen, die ihren Unterrichtsstil verkörpert. Sie haben sich dann entschlossen, dies auch zu tun, allerdings sollte ihre neue Schule nicht „Schule" heißen, ja nicht einmal nach Schule „riechen". Denn Barberina und Dieter Derksen sahen diesen Begriff durch die damalige herkömmliche Schule kompromittiert, die die Kreativität der Kinder verschüttete und sie zum „unhinterfragtem Gehorsam" erzog.[11]

In der Bundesrepublik der Nachkriegsjahre hatte diese Feststellung sowie das gesamte Gründungsprojekt eine unmittelbare und zentrale politische Bedeutung. Denn dieses Projekt wendete sich explizit gegen das, was Barberina und Dieter Derksen als „deutschen Untertanengeist" bezeichneten, der nach ihrer Überzeugung die Nazi-Herrschaft ermöglichte.[12] Diesem Geist sollte man zum einen mit einem Schwerpunkt in Politischer Bildung als Unterrichtsfach entgegenwirken, der einen viel breiteren Raum für Auseinandersetzungen mit aktueller Politik und Zeitgeschichte gewährt, als dies an herkömmlichen Schulen in Bayern üblich und

---

[11] Kleines privates Lehrinstitut Derksen (2020): 60 Jahre unbequemer- fröhlicher Ort. München: Kleines privates Lehrinstitut Derksen, S. 14 f.
[12] Ebenda, S. 18.

möglich ist. Zum anderen betrachtete man aber auch Kunst (auch in der Form von Literatur und Theater) von Anfang an als einen zentralen Bestandteil der Erziehung zur Demokratie, weil man davon ausging (und immer noch davon ausgeht), dass die Begegnung mit Kunst nicht nur das Selbstvertrauen und die Gestaltungsmöglichkeiten der Kinder erhöht, sondern dass Kunst darüber hinaus eine subversive Kraft besitzt, die zur Kultivierung der Widerspruchsfähigkeit der Schülerinnen und Schüler beiträgt. Diese Kultivierung stellt bis heute ein wichtiges pädagogisches Ziel der Schule dar, die sie als eine notwendige Dimension der Erziehung zur Demokratie versteht.[13]

Ein sehr bezeichnendes Spezifikum der Politischen Bildung als Fachbereich mit zentraler Bedeutung am Derksen-Gymnasium ist der sogenannte „Lektüren-Unterricht" als Kernelement dieses Fachbereichs. Es geht dabei nicht vorwiegend um Lektüren von explizit politischen Schriften, obwohl unter anderem Kinderrechte ein permanentes und gewichtiges Thema des Lektüren-Unterrichts sind. Sie werden aber nicht abstrakt behandelt, sondern etwa die UN-Kinderrechtskonvention oder die Schriften von Janusz Korczak werden so in diesem Unterricht gelesen und rezipiert, dass sie zur Selbstreflexion der Schüler/innen in Bezug auf ihre eigenen Erfahrungen und ihren gesellschaftlichen Status als Kinder anregen. Dasselbe gilt für die Lektüren von Klassikern der Kinder- und Jugendliteratur wie z. B. „Der kleine Prinz". Anhand dieses und ähnlicher literarischer Texte werden ethische Begrifflichkeiten wie etwa „Verantwortung" erörtert und dabei die eigenen Erfahrungen und Perspektiven der Kinder mit und auf solche Begrifflichkeiten zur Diskussion gebracht.[14] Es findet also hier tendenziell genau der Prozess der begrifflichen Selbst-Artikulation statt, den im vorigen Kapitel als Kern von Bildung dargelegt wurde. Dabei vollzieht sich dieser Prozess durch die Übernahme von fremden Perspektiven, die es den Kindern ermöglichten, nicht nur die thematisierten Begrifflichkeiten aus anderen Blickwinkeln zu sehen und dadurch neue Aspekte von ihnen zu entdecken. Darüber hinaus können sie ihre eigenen Erfahrungen und Intuitionen in Bezug auf diese Begrifflichkeiten gewissermaßen von außen betrachten, sie objektivieren – was wiederum eine Voraussetzung für ihre begriffliche Artikulation ist.

Dabei ist die Vielfalt der Perspektiven auf die gemeinsam interpretierten und reflektierten Texte bereits durch den inklusiven Charakter des Derksen-Gymnasiums gegeben, der in die Heterogenität der Schülerschaft resultiert: Ein autistischer

---
[13] Ebenda, S. 30. Vgl. auch: Selg, Manfred (2021): Ausgangspunkt [Konzeptpapier der pädagogischen Leitung des kleinen privaten Lehrinstituts Derksen]. Unveröffentlichtes Manuskript, S. 1.
[14] Vgl. Kleines privates Lehrinstitut Derksen (2020): a. a. O., S. 128 f.

Schüler etwa nimmt diese Texte anders wahr als eine „normale" Schülerin. Zudem hat das Thema „Kinderrechte" sicherlich eine besondere Bedeutung für den autistischen Schüler. Man kann sich leicht vorstellen, wie wichtig es für ihn ist, dass er wegen seiner Besonderheiten nicht diskriminiert wird, und dass er bei allen Angelegenheiten die ihn betreffen mitbestimmen darf – wichtig vor allem vor dem Hintergrund der spezifischen Missachtungs- und Exklusionserfahrungen, die er mit großer Wahrscheinlichkeit machen musste, oder die er für seine Zukunft befürchtet.

Die Empathiefähigkeit, die in diesem Prozess der Perspektivenübernahme kultiviert wird, sowie das Selbstvertrauen und die Selbstachtung, die sich im Zuge der begrifflichen Selbst-Artikulation entwickeln, welche ebenfalls auf wechselseitige Perspektivenübernahme angewiesen ist, verfestigen sich dann in den anderen Teilbereichen der Politischen Bildung bzw. der Erziehung zur Demokratie an der Schule. Dazu gehören etwa die Auseinandersetzung mit den Diktaturen des 20. Jahrhunderts vorwiegend durch Zeugnisberichte von Betroffenen, die erfahrungsbezogenen Beschäftigungen mit aktuellen politischen Themen wie der Fridays-for-Future-Initiative oder der Flüchtlingspolitik, Simulationsspiele internationaler Organisationen und internationaler Konflikte, interkulturelle Projekte etc.[15]

Allerdings beschränkt sich die Erziehung zur Demokratie nicht auf einzelne Unterrichtsbereiche des Derksen-Gymnasiums, sondern sie prägt das gesamte schulische Leben und das gesamte Unterrichtsgeschehen, das Demokratie als Lebensform weitestgehend verkörpert. Das letztere äußert sich vor allem in den Normen des unterrichtsbezogenen Umgangs miteinander, die sich die Schule explizit gibt und umsetzt. Hervorzuheben diesbezüglich sind die Erwartung und Ermutigung zum Widerspruch seitens der Schüler/innen, Dialogizität und Offenheit gegenüber sich unterscheidenden Ansichten, aktive Gestaltung des Unterrichts durch alle Beteiligten und gegenseitige Verantwortung für ihn, sowie die Wertschätzung von Vielfalt und Heterogenität als eine Ressource für kooperative und kreative Lehr-Lern-Prozesse. Besonders erwähnenswert ist auch das pädagogische Prinzip der Schule, dass Begabung bei allen Schülerinnen und Schüler vorliege, und dass sie bis zum 18. Lebensjahr veränderbar sei.[16] Dieses Prinzip impliziert den Verzicht der Zuordnung der Schüler/innen zu angeblich begabungshomogegen Gruppen, die im Schulbildungswesen nach wie vor breit praktiziert wird. Damit setzt sich das Derksen-Gymnasium dem weit verbreiteten Bildungspopulismus entgegen, dessen Kernelement – wie wir dies im Kap. 4 gesehen haben – die Kollektivierung von Kindern und Jugendlichen anhand von naturalistischen Zuschreibungen ist.

---

[15] Vgl. Ebenda, S. 122–125.
[16] Vgl. Selg, Manfred (2021): a. a. O., S1; S. 3–5.

Demgegenüber bezweckt das Derksen-Gymnasium die Selbstentfaltung der Schüler/innen *als Individuen*, die durch ihre Inklusion in eine demokratische Lebensform ermöglicht wird, welche sich im Unterricht und im schulischen Leben insgesamt verkörpert, und welche sich durch Vielfalt und Heterogenität auszeichnet.[17] Zugleich ist die Selbstentfaltung jedes Einzelnen ihrerseits eine Voraussetzung für den Fortbestand dieser Lebensform, da sie offen und dynamisch ist, und diese Offenheit und Dynamik ist auf die Entwicklung von immer neuen Fähigkeiten und Dispositionen der daran Beteiligten angewiesen, einschließlich der Fähigkeit und der Disposition zum begründeten Widerspruch, sowie zur Perspektivenübernahme. Die zahlreichen Berichte von aktuellen und ehemaligen Schüler/innen und Eltern sowie die bereits erwähnten Auszeichnungen auf nationaler und lokaler Ebene bezeugen, dass das Derksen-Gymnasium diesen inhärenten Zusammenhang zwischen Demokratiebildung, Inklusion und Selbstentfaltung erfolgreich in ihrem schulischen Leben (inklusive Unterricht) verwirklicht.

Allerdings scheint der Begriff „Selbstentfaltung" an dieser Stelle nicht ganz glücklich gewählt bzw. etwas irreführend zu sein. Denn dieser Begriff impliziert das Ent-Falten von etwas, was bereits da ist, aber bisher im Verborgenen lag. In diesem Sinne bedeutet „Selbstentfaltung", dass das Individuum seine im Kern vorhandenen Gaben und Fähigkeiten gewissermaßen aus dem Keller seines Selbst holt, um sie zu benutzen. Was aber das Derksen-Gymnasium eigentlich bezweckt, ist die *Entstehung* von neuen Talenten und Fähigkeiten des einzelnen Schülers und der einzelnen Schülerin – dies impliziert bereits die oben erwähnte grundlegende Annahme der Schule, dass Begabungen der Kinder und der Jugendlichen veränderbar sind. Dieser kreative Moment der Entstehung wird m. E. besser vom Begriff der Persönlichkeitsentwicklung bzw. der Persönlichkeitsbildung erfasst, der gelegentlich auch von den Akteur/innen des Derksen-Gymnasiums als eine pädagogische Zielkategorie verwendet wird.[18] Diese Kategorie bleibt jedoch nicht nur in den Papieren des Derksen-Gymnasiums, sondern insgesamt in den gegenwärtigen pädagogischen, philosophischen und sozialwissenschaftlichen Diskursen ziemlich diffus und mehrdeutig. Deshalb scheint es mir sinnvoll, den Bedeutungsgehalt dieser Kategorie eher indirekt zu klären, nämlich durch die Zuwendung an einen Begriff, der zwar offensichtlich verwandt mit „Persönlichkeitsbildung" ist, sich aber seit einigen Jahren im Zentrum einer internationalen, analytisch ausgerichteten bildungsphilosophischen Diskussion befindet, welche seine Bedeutungskomponenten relativ klar und eindeutig rekonstruiert. Der Begriff des *human flourishing*, den ich an dieser Stelle meine, wird im nächsten Anschnitt dargelegt. Dabei

---

[17] Vgl. Ebenda, S. 1, Vgl. auch Kleines privates Lehrinstitut Derksen (2020): a. a. O., S. 62 f.
[18] Vgl. etwa Kleines privates Lehrinstitut Derksen (2020): a. a. O., S. 22.

wird sich zeigen, dass dieser Begriff sich im Wesentlichen als eine Konkretisierung und pädagogische Anreicherung des Konzepts von Bildung als demokratische Selbst-Verwirklichung interpretieren lässt, welches ich im vorherigen Kapitel entwickelt habe.

Persönlichkeitsbildung, human flourishing und demokratische Selbst-Verwirklichung

„Persönlichkeitsbildung" wird mit sehr unterschiedlichen Bedeutungen assoziiert. In berufs- und wirtschaftsbezogenen Kontexten wird darunter oft die Herausbildung einer starken Persönlichkeit verstanden, die über Führungsqualitäten wie Durchsetzungs- und Überzeugungsfähigkeiten oder Charisma verfügt, sowie zu „Personal Branding" (also sich selbst zur Marke machen) fähig ist. Eine Vielzahl von Coaching-Angeboten versprechen das Antrainieren dieser Qualitäten.[19]

In den pädagogischen Kontexten hingegen wird „Persönlichkeitsbildung" vor allem mit sozialem Lernen sowie Werte- und Charaktererziehung, aber auch mit „Methodenkompetenz", „personaler Kompetenz", „Gesundheitsbildung", etc., in Verbindung gebracht. Insgesamt lässt sich hier „Persönlichkeitsbildung" als ein „Containerbegriff" bezeichnen, der diverse pädagogische Zielvorstellungen und Aktivitäten mitumfasst, die vorwiegend jenseits des Fachunterrichts stattfinden.[20]

Vielleicht lässt sich diese Unschärfe und Eklektizität des Begriffs dann minimieren, wenn wir „Persönlichkeitsbildung" im Sinne von „Bildung der Person" verstehen und verwenden. Zwar ist auch der Begriff der Person alles Anderes als klar und eindeutig, aber immerhin ist dieser Begriff Gegenstand von zahlreichen erstzunehmenden Rekonstruktionsversuchen sowohl in der Geschichte der Philosophie seit ihren Anfängen wie auch in der gegenwärtigen Praktischen Philosophie.

---

[19] Vgl. exemplarisch Prof. Armbrüster Leadership Services (2021): Persönlichkeitsentwicklung & Personal Branding. Online unter: https://armbruester-leadership.com/persoenlichkeitsentwicklung/?gclid=Cj0KCQjw24qHBhCnARIsAPbdtlIYCNa7hOhM04zytBmmKwKzlL7ex-MI4fB0Mkrh_luwouDpZLzgJ-awaAos0EALw_wcB (Letzter Zugriff am 05.07.2021). Mattscheck, Markus (2021): Personal Branding: Grundlagen, Ziele, Strategie, Beispiele & Tipps. Online unter: https://www.onlinemarketing-praxis.de/online-pr/personal-branding-grundlagen-ziele-strategie-beispiele-tipps (Letzter Zugriff am 05.07.2021).

[20] Vgl. Budde, Jürgen/Weuster, Nora (2016): Persönlichkeitsbildung in der Schule. Potenzial oder Problemfall?, in Schulpädagogik heute, Heft 13 (20169. Online unter: https://www.uni-flensburg.de/fileadmin/content/zentren/zebuss/dokumente/projekte/persoenlichkeitbildung-in-der-schule-potenzial-oder-problemfall.pdf (Letzter Zugriff am 05.07.20121).

In Hinblick auf die sehr hilfreiche überblickartige Darstellung der zentralen philosophischen Interpretationslinien von „Person" von Frank Kannetzky und Henning Tegtmeyer lässt sich festhalten, dass dieser Begriff, erstens, die spezifischen Eigenschaften und Merkmale des Einzelnen bezeichnet, die seine – auch von außen wahrnehmbare – Individualität ausmachen. Zweitens meint „Person" eine je individuelle Einheit, eine sich biografisch entwickelte Gesamtgestalt dieser Eigenschaften und Merkmale, die das Individuum kraft seines Selbstbewusstseins, seiner Selbst-Identifikation mit diesen Eigenschaften und Merkmalen schafft. Drittens beinhaltet dieser Begriff die Willensfreiheit des Individuums und seine Verantwortung für seine Handlungen und Wahlentscheidungen, die aus dieser Willensfreiheit hervorgeht. Es handelt sich hierbei um die Freiheit, die eigenen besonderen Interessen, Lebensziele oder Wertevorstellungen zu realisieren.[21] Im Übrigen bilden sich im Bereich der Schule diese Interessen, Lebensziele und Wertevorstellungen sowie die Fähigkeiten, sie zu verwirklichen, vor allem im Unterricht. Daher ist es – ähnlich wie im Falle der Demokratiebildung – höchst problematisch, Persönlichkeitsbildung, wie üblich, überwiegend in extra-curricularen Aktivitäten und Projekten anzusiedeln.

Die so ohne Anspruch auf Vollständigkeit skizzierten Bedeutungskomponenten von „Person" rücken diesen Begriff in die Nähe zu demjenigen des Selbst, so wie er im letzten Kapitel dargelegt wurde. Ähnlich wie „Person" bezeichnet „Selbst" Merkmale des Individuums in ihrer Kohärenz, die sich über seine Vergangenheit, Gegenwart und Zukunft erstreckt, und ihm ermöglicht, besondere Lebensziele für sich eigenständig zu bestimmen und zu verfolgen. Allerdings ist der Begriff der Person breiter als derjenige des Selbst. Man kann sagen, dass das Selbst der Kern der Person ist, die in zweierlei Hinsicht über diesen Kern hinausgeht: Besteht das Selbst zum einen aus den Wünschen und Bemühungen des Individuums nach Selbstbehauptung und nach Spiegelung (Pol der Bestrebungen), und aus seinen Vorstellungen eines guten Lebens (Pol der Ideale), umfasst die Person hingegen das gesamte Spektrum der Merkmale des Einzelnen, darunter auch seine Bedürfnisse, seine Fähigkeiten, sein Wissen, seine Vorlieben. Zum anderen ist die Person in ihrer Genese und ihrer Existenz nicht wie das Selbst auf die intersubjektiven Beziehungen des Einzelnen mit seinen Bezugspersonen fokussiert. Vielmehr entfaltet sich die Person „als in der Welt seiend"[22] in ihren Interaktionen auch und gerade mit gesellschaftlichen Teilsystemen und Institutionen – und sie umfasst

---

[21] Vgl. Kannetzky, Frank /Tegtmeyer, Henning (2007): Begriff der Person und Theorie der Personalität, in *Kannetzky, Frank /Tegtmeyer, Henning (Hrsg.): Personalität – Studien zu einem Schlüsselbegriff der Philosophie. Leipzig: Leipziger Universitätsverlag, S. 5–15.*
[22] Ebenda, S. 6.

auch den gesellschaftlichen Status des Individuums. Es ist nicht nur so, dass „Person" historisch rechtliche Zurechnungsfähigkeit meinte (heute ist in diesem Zusammenhang von „juristischer Person" die Rede), sondern sie entwickelt und verwirklicht sich auch im wirtschaftlichen und politischen Handeln des Individuums, wie auch in seinem Hobbybereich, in seine Vereinsaktivitäten, etc.

Nun stellt sich aber die Frage, welche von den zahlreichen Persönlichkeitsmerkmalen und den Handlungs- und Interaktionsfeldern, in denen sie sich entwickeln und realisieren, von zentraler Bedeutung für die Person und ihrer Entwicklung sind und dementsprechend als Ziele und Orientierungen für institutionalisierte Persönlichkeitsbildung an Schulen und weiteren Bildungseinrichtungen herausgestellt werden sollen. Die Entwicklung von welchen Fähigkeiten impliziert Persönlichkeitsbildung als pädagogische Querschnittsaufgabe im Einzelnen, und welche Lernprozesse und Erfahrungen der Schülerinnen und Schüler setzt sie voraus?

Angesichts des bereits erwähnten Umstandes, dass der Begriff der Persönlichkeitsbildung in sehr unterschiedlichen Kontexten verwendet und mit sehr unterschiedlichen Bedeutungen assoziiert wird, die analytisch kaum herausgearbeitet werden, ist diese Frage wohl kaum schlüssig und mit einem Anspruch auf objektive Gültigkeit zu beantworten. Allerdings gibt es einen alternativen Begriff, der „Persönlichkeitsbildung" intuitiv ähnlich ist, aber im Unterschied zu „Persönlichkeitsbildung" in den letzten Jahren zum Gegenstand einer ziemlich präzisen systematischen und analytischen Begriffsarbeit im internationalen Diskurs der Bildungsphilosophie geworden ist. Ich meine an dieser Stell den Begriff des *human flourishing*.

„Menschliches Aufblühen," wie die gewöhnungsbedürftige deutsche Übersetzung dieses Begriffs heißen würde, scheint auf dem ersten Blick mit „Persönlichkeitsbildung" verwandt zu sein, und ähnlich wie diese den transformatorischen Moment von Bildung auszudrücken, den wir bei „Selbstentfaltung" vermisst haben. „Aufblühen" bedeutet ja, dass sich Knospen in Blüten verwandeln, die eine neue Form einnehmen und der Pflanze eine neue Qualität geben, die eine schönere und höhere Entwicklungsstufe von ihr darstellt. Insgesamt bekommen durch das Aufblühen die Pflanzen eine neue, reichhaltigere Gestalt und gewissermaßen einen neuen, höheren Status in der menschlichen Gesellschaft. Ähnlich beschreibt *human flourishing* die Entstehung von bestimmten „Blüten" des Menschen, die ihn als eine individuelle, bunte und zugleich formschöne Gestalt zum Ausdruck bringen. Nun stellt sich die Frage: Was sind die wichtigsten „Blüten", die diese Funktion erfüllen; d. h. was sind die wichtigsten Merkmale von *human flourishing*?

Entscheidende Beiträge zur Klärung dieser Frage hat der analytisch ausgerichtete britisch-amerikanische Bildungsphilosoph Harry Brighouse in den letzten Jahren geleistet. Zuletzt hat Brighouse zusammen mit den Wirtschaftswissenschaftlerinnen Hellen F. Ladd und Susanna Loeb sowie mit dem Sozilogen Adam Swift ein Buch über „Educational Goods" verfasst, das in den USA rasch prominent gewordenen ist, da dieses Buch den berechtigten Anspruch erhebt, als Modell für bildungspolitische Entscheidungsfindung zu fungieren. In diesem Buch wird *human flourishing* als *der* fundamentale Wert von institutionalisierter Bildung dargestellt, der als Grundlage und Maßstab für die Bestimmung und Verteilung von Bildungsgütern dienen soll.[23] Dabei stützen sich die Autor/innen bei ihrer Darlegung der Komponenten von *human flourishing* auf frühere Arbeiten von Brighouse, auf die ich mich in den folgenden Ausführungen ebenfalls beziehe.

Brighouse bringt *human flourishing* in enger Verbindung zu der Art von Bildung, die man in der angelsächsischen Welt für gewöhnlich als „liberal education" bezeichnet, welche sinngemäß die Allgemeinbildung der Person meint. Diese Bildung vollzieht sich in erster Linie nach Brighouse dadurch, dass das Individuum sich dauerhaft, sogar lebenslang an selbstbezweckten und komplexen Aktivitäten beteiligt, die den Erwerb von neuen Kenntnissen und Fähigkeiten hervorrufen, welche das Individuum als eine erfüllende Entwicklung von sich selbst, als eigenes „Aufblühen" erlebt. Diese Aktivitäten können je nach individuellen Interessen und Vorlieben sehr unterschiedlich sein: Als beliebige Beispiele hierfür benennt Brighouse Poesie, Geschichte und Algebra. Wichtig ist lediglich, dass diese Aktivitäten nicht als Mittel zu externen Zwecken wie etwa beruflicher Qualifizierung oder Erfüllung der Anforderungen von Schulen und Hochschulen ausgeführt werden, sondern um ihrer selbst willen. Es handelt sich hierbei um Tätigkeiten, in denen die Authentizität des Lebens des Einzelnen zum großen Teil entsteht.[24]

Und Authentizität ist ein Grundmerkmal des florierenden menschlichen Lebens; es ist „lived from the inside"[25] und wird nicht durch Anpassung an äußerliche Zwänge bestimmt. Ein Leben, dass sich ausschließlich, oder sogar vorwiegend an die Erfordernisse der Gesellschaft im Allgemeinen und der Wirtschaft und des Arbeitsmarktes im Besonderen ausrichtet, ist nicht authentisch, weil ein solches Leben nicht die eigenen Interessen, Vorlieben und Ideale der Person verwirklicht, sondern sich äußerlichen Imperativen unterwirft. Zwar gehört ökonomische Produktivität nach Brighouse genauso wie politische Partizipation zum *human flourishing* dazu. Allerdings bedeutet die Kultivierung der ökonomischen Produktivität des Einzelnen gerade *nicht* seine Anpassung an die momentanen Be-

---

[23] Brighouse, Harry/Ladd, Helen F./Loeb, Susanna/Swift, Adam (2018): Educational Goods. Values, Evidence, and Decision Making. Chicago: The University of Chicago Press, S. 21.
[24] Vgl. Brighouse, Harry (2006): On Education. London/New York: Routledge, S. 2–4.
[25] Ebenda, S. 16.

dürfnisse von Wirtschaft und Arbeitsmarkt im Sinne des modernen Begriffs der *employability*, sondern seine Befähigung, die eigenen Interessen und Zielsetzungen im Rahmen des Wirtschafssystems der Gesellschaft zu verwirklichen, und dort die Tätigkeiten auszuüben, mit denen er sich identifizieren kann.[26] Um diese Tätigkeiten herauszufinden braucht das heranwachsende Individuum eine schulische Bildung, in deren Rahmen es sich mit unterschiedlichen Erfahrungs- und Wissensbereichen aus Wissenschaft und Kunst befasst, und zwar um dieser Befassung willen. Nur so kann das Individuum zu der Art ökonomischer Produktivität erlangen, in der sich seine Authentizität und Autonomie realisiert.

Eine autonom-authentische Lebensführung ist zwar eine notwendige, aber keine hinreichende Bedingung von *human flourishing*. Darüber hinaus ist ein florierendes menschliches Leben auf objektiv Gutes ausgerichtet.[27] Ein Egozentriker, dem es nur um die Verwirklichung seiner subjektiven Interessen und Vorlieben geht, führt ein solches Leben nicht. Dies ist vor dem Hintergrund unserer Ausführungen im letzten Kapitel zur Bildung des Selbst leicht nachvollziehbar: Eine zentrale Dimension des Selbst sind seine Ideale und ihre Entwicklung zu Werten, zu deren Verwirklichung das Individuum bereit ist, seine unmittelbaren Wünsche und Interessen ein Stück weit zu opfern. Es handelt sich hierbei um Ideale und Werte, die ein gutes menschliches Leben und eine gute Gesellschaft im Allgemeinen anvisieren – und nicht nur individuelle Lebensprospekte des Einzelnen.

Die überindividuelle, die soziale Dimension von *human flourishing* äußert sich über seine Ausrichtung auf objektiv Gutes hinaus auch darin, dass *human flourishing* intakte soziale Beziehungen sowie ein gesellschaftliches Zusammenleben im Allgemeinen mitumfasst, welches durch wechselseitige Anerkennung der Interessen und Anliegen der Gesellschaftsmitglieder gekennzeichnet ist. Grundlage für die Teilnahme an diesem Zusammenleben ist nach Brighouse und seinen Co-Autor/innen „demokratische Kompetenz". Diese ist wiederum ganz offensichtlich eng mit einer weiteren von Brighouse und Co. herausgestellten Komponente von *human flourishing* verbunden, nämlich der Behandlung von Anderen als moralisch gleichen Personen.[28]

Dass demokratische Partizipation unmittelbar mit moralischem Respekt für die anderen Gesellschaftsmitglieder in ihrer Andersheit zusammenfällt, wird dann offensichtlich, wenn wir – wie Brighouse – davon ausgehen, dass diese Partizipation ganz wesentlich die Teilnahme des Individuums an dem ist, was er als „public

---

[26] Vgl. ebd., S. 2, S. 28.
[27] Vgl. Brighouse et al. (2018): a. a. O., S. 2; auch Brighouse (2006): a. a. O., S. 15 f.
[28] Brighouse et al. (2018): a. a. O, S. 24–26.

reasoning" bezeichnet.[29] „Public reasoning" lässt sich als Praxis der Deliberation, als öffentlicher Austausch und Abwiegen von Gründen für alternative gesellschaftliche Normen und Regeln bezeichnen, die unterschiedliche Interessengruppen vorschlagen bzw. durchsetzen wollen. Es gibt wohl kaum ein umfassenderes und in seiner Begründing tiefgreifenderes Konzept für diese Praxis als Jürgen Habermas' Diskursethik. Demnach sind moralische und auch rechtliche Normen dann legitim, wenn sie in Diskursen bestimmt und begründet werden, die auf der Grundlage von Prinzipen wie gleicher Zugang aller potenziell Betroffenen zum Diskurs, Gleichstellung aller Beteiligten, Reziprozität und die Anerkennung ausschließlich der Macht des besseren Arguments aufgebaut sind. Dass Normen nur im Diskurs begründet werden sollen – und nicht etwa durch ihre Ableitung aus Weltanschauungen, religiösen Überzeugungen, oder Sitten und Gebräuchen – bringt Habermas in den sogenannten Diskursgrundsatz „D" zum Ausdruck. Dieser Grundsatz besagt, „[d]aß nur diejenigen Normen Geltung beanspruchen dürfen, die die Zustimmung aller Betroffenen als Teilnehmer eines praktischen Diskurses finden könnten". Mit anderen Worten können Normen nur dann gelten, wenn sie universalisierbar sind, wobei das Kriterium für die Universalisierung in den so genannten Argumentationsgrundsatz „U" formuliert wird, der zugleich als Argumentationsregel für die fraglichen Diskurse fungiert, und der wie folgt lautet: „Bei gültigen Normen müssen Ergebnisse und Nebenfolgen, die die sich voraussichtlich aus einer allgemeinen Befolgung für die Befriedigung der Interessen eines jeden ergeben, von allen zwanglos akzeptiert werden."[30]

Die so beschriebenen Grundsätze demokratischer Deliberation können nur unter der Bedingung stattfinden, dass sich die Teilnehmenden in ihrer gegenseitigen Andersheit wechselseitig respektieren. Dabei ist unter „Respekt", wie bereits im letzten Kapitel ausgeführt, die Anerkennung des gleichen Rechts aller anderen, ihre eigene Werte und Lebensziele zu bestimmen und zu verfolgen: Eine Anerkennung, die die Unterstellung der grundsätzlichen Vernünftigkeit dieser Werte und Ziele sowie der Fähigkeit ihrer Subjekte mitbeinhaltet, sie schlüssig zu begründen – selbst wenn man selbst ihre Gründe nicht teilt.

Diskurse demokratischer Normbestimmung nach Habermas verlangen jedoch über den wechselseitigen Respekt hinaus auch die Anerkennungsform der Empathie. Denn um erkennen zu können, ob eine hypothetische Norm, für deren Implementierung ich mich einsetze, anderen in ihren Interessen und Werte möglicherweise einschränkt, und ob sie nicht legitime Gründe haben, diese Norm nicht zu

---

[29] Vgl. Brighouse (2006): a. a. O., S. 67 f.
[30] Habermas, Jürgen (1992): Erläuterungen zur Diskursethik (2. Auflage). Frankfurt a. M.: Suhrkamp, S. 12.

akzeptieren, muss ich mich in ihre Situation hineinversetzen und ihre Perspektive zur Welt und zu sich selbst einnehmen. Soziale Wertschätzung ist insofern ebenso eine konstitutive Bedingung für demokratische Deliberationen, als die relevanten Kenntnisse und Erfahrungen der Betroffenen in diese Deliberationen einbezogen werden sollen. Dies betrifft auch und gerade die Kenntnisse und die Erfahrungen von Menschen, die bislang aus den diskursiven Wissens- und Werteproduktion im Sinne des im letzten Kapitel besprochenen Phänomens der „epistemic injustice" ausgeschlossen werden, weil sie Minderheiten oder sozikulturell unterprivilegierten Schichten angehörig sind.

Es ist nicht nur so, dass Empathie, Respekt und soziale Wertschätzung *Voraussetzungen* für demokratische Deliberation, für *public reasoning* sind. Die drei Anerkennungsbeziehungen werden in diesen Deliberationen zugleich *praktiziert*, wodurch die Teilnehmenden nicht nur nachhaltige Anerkennungserfahrungen machen, sondern auch ihre Anerkennungsfähigkeiten entwickeln können. Beides ermöglicht *human flourishing* auch in den Bereichen, die über politische Partizipation und „demokratische Kompetenz" hinausgehen. Das Selbstvertrauen, die Selbstachtung und die Selbstschätzung, die die Individuen durch das Erleben der besagten Anerkennungsbeziehungen in demokratischen Diskursen entwickeln, ermöglichen ihnen ein authentisches Leben zu führen, d. h. die Tätigkeiten zu finden und auszuüben, in denen sie sich selbst verwirklichen und durch die sie zugleich ökonomisch produktiv sein können. Die Perspektivenübernahme, die in der Anerkennung von Anderen eingebaut ist, ist Voraussetzung für das Erkennen und die begriffliche Artikulation der eigenen Bedürfnisse und Interessen, ohne die Selbstverwirklichung nicht möglich ist. Nicht nur die Fähigkeit zur Empathie, sondern auch diejenige zum Respekt und zur Wertschätzung sind Grundlage für intakte interpersonale Beziehungen, die ebenfalls zum *human flourishing* dazu gehören.

Dabei finden sowohl die Perspektivenübernahmen der Empathie als auch die Anerkennung der moralischen Gleichheit aller Menschen in reiner Form in heterogenen sozialen Settings statt, in denen sich die Beteiligten durch ihre gegenseitige Andersheit auszeichnen, d. h. dadurch, dass sie keine identischen Weltansichten und Werte teilen und über unterschiedliche Bedürfnisse und Fähigkeiten verfügen. Diese heterogenen Settings werden am ehesten durch eine richtig verstandene Inklusion hergestellt. Daher ist es nur konsequent, dass in der pädagogischen Konzeption und Praxis des Derksen-Gymnasiums Inklusion, Demokratiebildung und Persönlichkeitsbildung bzw. *human flourishing* Hand-in-Hand gehen.

Was bedeutet es aber, Inklusion „richtig zu verstehen"? Um diese Frage beantworten zu können, müssen wir uns nun ihren Begriff näher und genauer anschauen – zumal auch er, ähnlich wie „Anerkennung", von inflationären, seine Besonderheit nivellierenden Verwendungsweisen nicht verschont geblieben ist.

Zum Begriff der Inklusion als Grundlage für Demokratiebildung und human flourishing

Der Begriff der Inklusion bekam eine große öffentliche Prominenz in Deutschland in Zusammenhang mit der UN-Behindertenrechtskonvention aus dem Jahre 2006, die von Deutschland 2009 unterzeichnet wurde. In dieser Konvention wird unter anderem das Recht der Kinder mit Behinderungen auf eine Beschulung an Regelschulen, also gemeinsam mit Kindern ohne Behinderung festgeschrieben.[31] Ursprünglich verstand man unter „Inklusion" ganz überwiegend ausschließlich diese Beschulung, die diametral der in Deutschland bis dahin üblichen (und heute immer noch existierenden) Praxis der Absonderung von Kindern in Förderschulen entgegengesetzt ist, auf die man eine der zahlreichen Behinderungsdiagnosen anwenden konnte („Lernbehinderung", „Sprachbehinderung", „Verhaltensstörung", „seelische Behinderung", „geistige Behinderung", „körperliche Behinderung", usw.).

Bereits nach diesem engen Verständnis von Inklusion stellt sie bis heute eine große Herausforderung für das deutsche Bildungssystem dar, die eine ziemlich radikale Umstellung von selbigem impliziert, welche bei den Akteur/innen im Bildungswesen bei weitem nicht nur auf Zustimmung und Unterstützung stößt. Dies gilt umso mehr für das erweiterte Inklusionsverständnis, das auch weitere Gruppen miteinbezieht, wie etwa „Kinder mit Migrationshintergrund" oder auch Kinder mit einer Hochbegabung. Dabei gehen einige Autor/innen noch einen Schritt über die gruppenbezogene Erweiterung des Inklusionsbegriffs hinaus, indem sie diesen Begriff mit einer grundsätzlicheren und allgemeineren Bedeutung ausstatten, wonach Inklusion nicht mehr auf einzelne Zielgruppen fixiert ist. So greifen Christian Hofmann und Asya Markova in einem programmatischen Aufsatz, der „Inklusion" in ihrer kategorialen Leitdifferenz zur „Integration" herausarbeitet, Überlegungen von Heiner Bielefeldt aus dem Jahre 2009 auf, wonach der Begriff der Inklusion nicht nur eine Abkehr von einer Behindertenpolitik bedeute, die auf Fürsorge und Ausgleich vermeintlicher Defizite ausgerichtet ist, sondern

---

[31] Vgl. Bundeszentrale für Politische Bildung (2015): Die UN-Behindertenrechtskonvention. Online unter: https://www.bpb.de/gesellschaft/bildung/zukunft-bildung/216492/un-behindertenrechtskonvention (Letzter Zugriff am 15.07.2021). In diesem Artikel wird der Volltext des Artikels 24 „Bildung" der Konvention in der englischen Originalfassung, in der amtlichen deutschen Fassung, sowie in einer sogenannten „Schattenübersetzung", in der den implikationsreichen Fehler bei der Übersetzung in der amtlichen Fassung des englischen Begriffs „inclusive" als „integrativ" korrigiert wird.

auch einen Impuls für die Humanisierung der Gesellschaft als Ganzes ausstrahle.[32] Hofmann und Markova konkretisieren diesen Impuls in ihrer These, dass Inklusion nicht auf Anpassung von bestimmten Gesellschaftsgruppen an die bestehenden Strukturen abziele, sondern auf eine solche Veränderung dieser Strukturen, die Ausgrenzung und Stigmatisierung der Gesellschaftsmitglieder überwindet, ohne sie primär als Angehörige einer ihnen übergeordneten Gruppe zu adressieren. Bezugsgrößen von Inklusion sind also keine als homogen angesehenen und konstruierten Gruppen (seien sie „Menschen mit Behinderung", „Menschen mit Migrationshintergrund" oder andere Minderheiten), sondern Individuen in der Vielfalt ihrer Persönlichkeiten, Lebensläufen und Lebensprojekten und in ihrer jeweiligen Einzigartigkeit. Inklusion zielt nicht auf ein nivellierendes Einschließen der Individuen in die bestehenden Gesellschaftsstrukturen ab, sondern auf die Öffnung dieser Strukturen zu Diversität und Heterogenität; welche Öffnung die Teilhabe und die Mitbestimmung von *allen* Menschen ermöglicht, die in ihrer Lebensführung von diesen Strukturen abhängig sind. Bezogen etwa auf das Schulbildungswesen bedeutet dies, dass Inklusion hier *nicht* bedeuteten kann, dass einfach eine bestimmte Anzahl von „Kindern mit Behinderungen", und/oder von „Kindern mit Migrationshintergrund" in die Regelschulen aufgenommen werden. Vielmehr bedeutet schulische Inklusion eine tiefgreifende Umstellung der Schule auf Heterogenität in ihrem Alltag und vor allem in ihrem Unterrichtsgeschehen.

Zwar wurden in den letzten Jahren, ja Jahrzehnten, recht ausgefeilte und praxiserprobte didaktische Ansätze zum produktiven Umgang mit heterogenen Schulklassen entwickelt, die vorwiegend auf die Vorstellung eines „indirekten Unterrichts" kreisen, der auf „kooperatives Lernen" setzt. Dieses spielt sich in Lerngruppen ab, die aus Schülerinnen und Schülern mit unterschiedlichen Lernstylen, Lernniveaus, Schwächen und Stärken zusammengesetzt werden.[33] In solchen Lerngruppen ergänzen sich die unterschiedlichen Fähigkeiten und Perspektiven der Beteiligten wechselseitig. Auch die „leistungsstärkeren" von ihnen können einen Unterrichtsgegenstand besser dadurch begreifen, dass sie ihn aus den unterschiedlichen Blickwinkeln der Teampartner/innen betrachten.

---

[32] Hoffman, Christian/Markova, Asya (2018): Paradigmen der Integration und der Inklusion, in *Spieker, Michael (Hrsg.): Migration und Integration. Materialien und Impulse zum 4. Tutzinger Diskurs.* Tutzing: Akademie für Politische Bildung S. 68–71, insb. S. 69 f.

[33] Vgl. Wocken, Hans (2012): Das Haus der inklusiven Schule: Baustellen – Baupläne – Bausteine (3. Auflage). Hamburg: Feldhaus Verlag, S. 140–198. Klippert, Heinz (2010): Heterogenität im Klassenzimmer. Wie Lehrkräfte effektiv und zeitsparend damit umgehen können. Weinheim und Basel: Beltz Verlag, S. 14–21; S. 160–164; S. 172–177.

Allerdings finden diese Ansätze immer noch nur vereinzelte und fragmentarische Anwendungen an Schulen, da die Widerstände gegen ihre Ausrichtung groß bleiben. So stellt einer der prominentesten Entwickler von Modellen zum produktiven Umgang mit Heterogenität im Klassenzimmer, Heinz Klippert, noch 2010 fest, dass für sämtliche Akteur/innen im Schulbildungswesen bedauerlicherweise homogene Schülergruppen das Ziel blieben, und dass dort immer wieder über „unzumutbare Heterogenität in den Klassenzimmern" geklagt werde.[34]

Aber vielleicht überwindet sich diese Fixierung auf Homogenität im Bildungswesen im Zuge der Inklusionsreformen der letzten Jahre allmählich? Wohl kaum, wenn man zur Kenntnis nimmt, dass in Bildungspolitik und pädagogischer Praxis Inklusion in Wirklichkeit oft irrtümlicherweise als Integration verstanden und betrieben wird. Integration aber, im heute dominanten Sinn dieses Begriffs, bezeichnet das Einschließen von bestimmten, bislang ausgeschlossenen Gruppen in die Mehrheitsgesellschaft – ohne dass sich die Strukturen dieser Gesellschaft selbst ändern.[35] Diese Gruppen werden wiederum als eine kollektive Identität besitzend konstruiert, die die Individualität ihrer Mitglieder in den Hintergrund treten lässt. Letztlich wird Integration als Anpassung von Menschen an den sozialen und kulturellen Mainstream verstanden, die als zugehörig zu defizitären oder abweichenden Gruppen kollektiviert werden. Und Integration, so aufgefasst, wird gerade in den letzten Jahren in sämtlichen rechtlichen und politischen Dokumenten und Positionspapieren als zentrale Aufgabe von Bildungsinstitutionen und vor allem von Schulen herausgestellt. Dies verstärkt noch die ohnehin verständliche Versuchung, die Herausforderung der Inklusion mit den Interpretations- und Handlungsmustern der Integration zu begegnen, die auf keine wesentlichen Strukturänderungen abzielen.

Dieser Begriffsverwechselung hat jedoch verheerende Auswirkungen für die Betroffenen: Wenn Inklusion *de facto* als Integration betrieben wird, dann äußert sich dies etwa darin, dass an einer angeblich „inklusiven Schule" zwar eine bestimmte Anzahl von Kindern mit Behinderungsdiagnosen aufgenommen werden, ansonsten sich aber kaum etwas an der Schule und an der Art und Weise ihres Unterrichts ändert. Dieses Phänomen konnte ich unter anderem im Rahmen meiner

---

[34] Klippert, Heinz (2010): a. a. O.; S. 18.

[35] Dieses heute dominante Verständnis von Integration wird von Franziska Felder in einer überzeugenden Zusammenfassung der gegenwärtigen Inklusions- und Integrationsdiskurse rekonstruiert. Vgl. Felder, Franziska (2015): Inklusive Bildung als Wert in der Gerechtigkeitsperspektive, in *Manitius, Veronika /Hermstein, Björn /Berkemeyer, Nils /Bos, Wilfried (Hrsg.): Zur Gerechtigkeit von Schule. Theorien, Konzepte, Analysen.* Münster: Waxmann, S. 256–269, insb. S. 256.

Teilnahme an einem Projekt zu „Inklusives Leben und Lernen an der Schule" zwischen 2015 und 2018 erfahren, im dessen Rahmen wir Einblicke in die „Inklusion" an bayerischen Schulen sammeln konnten, und mit einschlägigen Berichten von betroffenen Eltern und Inklusionsexpert/innen konfrontiert wurden.[36] Dabei stellte sich heraus, dass an manchen „inklusiven Schulen" bzw. Schulen mit „Inklusionsklassen" nicht einmal Barrierefreiheit gewährleistet wurde. Dann muss man sich nicht wundern, dass Kinder mit Behinderungen sich an solchen „Inklusionsschulen" vereinsamt und verlassen, und noch stärker als an Förderschulen von der Mehrheitsgesellschaft ausgeschlossen fühlen.

Zwar war der Begriff der Integration zum Beginn seiner öffentlichen Karriere in den 1970er- und 1980er-Jahren, ähnlich wie die Kategorie der Inklusion heute, vor allem gegen die Diskriminierung und die Marginalisierung von Minderheiten gerichtet. Wie Assya Markova jüngst gezeigt hat, ist „Integration" damals in Deutschland als Zielkategorie der Emanzipationsbewegung von Menschen mit Behinderung entstanden, die sich gegen ihre Segregation in Sonderstrukturen, gegen ihre Bevormundung durch Behörden und Wohlfahrtsverbände, sowie insgesamt gegen die vorherrschenden Vorstellungen von „Normalität" der Mehrheitsgesellschaft richtete, welche die Menschen mit Behinderung aus dieser Gesellschaft ausschlossen und sie zu Hilfe- und Fürsorgeobjekten reduzierten. Dabei ließen sich die Aktivist/innen der Integration der Menschen mit Behinderung von der Bürgerbewegung der Afro-Amerikaner/innen in den USA inspirieren, die für eine vollwertige gesellschaftliche Teilhabe kämpften, welche eine Unterordnung unter die Norm der „Weißheit" nicht erfordert, sondern ihnen erlaubt, ohne Scham als Schwarze nach dem Motto „black is beautiful" in der Gesellschaft zu leben und sie mitzugestalten. Ähnlich zielte die Bewegung der Menschen mit Behinderungen in Deutschland darauf ab, ihre Stigmatisierung als Menschen mit Persönlichkeitsdefiziten aufgrund von willkürlichen Normalitätsnormen zu überwinden; eine Stigmatisierung, die in ihre soziale und physische Segregation resultierte.[37]

Allerdings hat sich die so skizzierte ursprüngliche Bedeutung von „Integration" heute geradezu in ihren Gegensatz verwandelt. Heutzutage wird sie ganz überwiegend als Signatur für Maßnahmen des Beibringens einer deutschen „Leitkultur" an Migrant/innen und Geflüchteten gehandhabt, die als ein defizitäres, belehrungsbedürftiges Kollektiv konstruiert werden. Diese Verwendungs- und Wirkungsweise

---

[36] Wichtige Ergebnisse dieses Projekts werden im folgenden Band dargestellt: Bartosch, Ulrich/Schreiber, Waltraud/Thomas, Joachim (Hrsg.) (2018): Inklusives Leben und Lernen in der Schule. Bad Heilbrunn: Klinkhardt.

[37] Vgl. Markova, Assya (2020): Zuckerbrot und Peitsche. Integration zwischen Anpassung und Ausgrenzung. Frankfurt a. M.: Büchergilde Gutenberg, S. 136–141.

von „Integration" beschreibt Max Czollek in seinem Buch mit dem provokanten Titel „Desintegriert Euch!" auf eine sehr pointierte Art und Weise. Er behauptet nicht ohne Überzeugungskraft, dass „Integration" heute die Gesellschaft in zwei große und als homogen konstruierte Gruppen aufteilt, nämlich das deutsche Wir und das migrantische Ihr. Dabei soll die „Ihr-Gruppe" daraufhin gefordert und gefördert werden, sich an eine als einheitlich und singulär konstruierte „Leitkultur" der „Wir-Gruppe" anzupassen, um so an den bestehenden Strukturen der Mehrheitsgesellschaft teilzuhaben, die als ein Ort mit einem einzigen Zentrum imaginiert wird, welches sich eben in der homogenen „Leitkultur" verkörpert.[38]

Ist diese Diagnose vielleicht übertrieben? Wohl kaum, wenn man sich einschlägige politische und rechtliche Dokumente anschaut, wie etwa das Bayerische Integrationsgesetz. In ihm wird „Integration" im Wesentlichen als Anpassung von Migrant/innen an die deutsche und bayerische „Leitkultur" ausbuchstabiert, deren „unabdingbare Achtung" als „Integrationspflicht" im Gesetz festgeschrieben wird.[39] Die „Leitkultur" bestehe wiederum nicht nur aus universellen Verfassungsprinzipien und demokratischen Grundwerten wie etwa der Würde des Menschen, der Freiheit der Person, der Gleichberechtigung der Geschlechter, sondern auch aus bayerisch-partikulären „gewachsenem Brauchtum", „Sitten" und „Traditionen".[40] Dabei ist den Autor/innen dieses Gesetztes offenbar bewusst, dass die staatliche Einforderung einer „unabdingbaren" Achtung vor und eines Mittragens von spezifischen Gebräuchen, Sitten und Traditionen gegen individuelle Grundrechte verstößt. Daher legen sie explizit fest, dass auf Grund des Gesetzes diese Grundrechte – darunter das Recht auf Freiheit der Person – eingeschränkt werden können.[41] Dies gilt für alle Menschen, die das Gesetz zu Objekten von Integration macht. Und das sind nicht nur Neueingewanderte, sondern tendenziell alle Personen, die außerhalb der Grenzen der Bundesrepublik geboren und nach 1955 in ihr Gebiet zugewandert sind – oder aber zumindest ein zugewandertes Elternteil oder Großelternteil (!) haben, und zwar auch dann, wenn diese Personen deutsche Staatsangehörige sind.[42]

Der Umstand, dass das Bayerische Integrationsgesetz von vielen Seiten heftig kritisiert, und dass es vom Bayerischen Verfassungsgerichtshof in Teilen für ver-

---

[38] Czollek, Max (2018): Desintegriert euch! München: Hanser Verlag, S. 63–67.
[39] Bayerische Staatskanzlei (2016): Bayerisches Integrationsgesetz (BayIntG) vom 13. Dezember 2016, Art. 1. Online unter: https://www.gesetze-bayern.de/Content/Document/BayIntG/true (Letzter Zugriff am 19.07.2021).
[40] Ebenda, Präambel.
[41] Ebenda, Art. 18.
[42] Ebenda, Art. 2.

fassungswidrig erklärt wurde, soll nicht darüber hinwegtäuschen, dass seine Grundprämissen gerade in Bildungspolitik und Pädagogik breite Zustimmung und Anwendung finden. Wie im vierten Kapitel dieses Buches dargelegt, werden Schülerinnen und Schüler aus Einwandererfamilien systematisch zu Mitgliedern eines defizitären Kollektivs reduziert, das einzig und allein anhand des Merkmals „fremdkulturelle Herkunft" konstruiert wird. Nach dem aktuell vorherrschenden Integrationsparadigma begründet diese Herkunft an sich eine Distanz zum Kulturkanon der Mehrheitsgesellschaft, der wiederum als Grundlage und „Stoff" von Bildung konstruiert wird. Die Überwindung dieser Distanz erfordert demnach spezifische Förderungs- und Disziplinierungsmaßnahmen für dieses Kollektiv, wie etwa Wertevermittlungskurse sowie zusätzliche Anstrengungen, die seinen Mitgliedern abzuverlangen sind.

Diesem Verständnis von Integration ist eine konsequent durchdachte und durchgeführte Inklusion von *menschlichen Individuen* in der Einzigartigkeit ihrer Persönlichkeitsmerkmale und der jeweiligen Konstellationen ihrer Stärken, Schwächen, besonderen Bedürfnissen, sowie spezifischer Fähigkeiten und Fähigkeitspotenzialen, entgegenzusetzen. Bildungsbezogene Inklusion ist mit der Kollektivierung von Kindern und Jugendlichen nicht vereinbar; vielmehr besteht sie im Wesentlichen in der Schaffung von schulischen Strukturen und der Implementierung von Unterrichtsansätzen, die die Anerkennung der Kinder und Jugendlichen in die Vielfalt ihrer Individualitäten und in ihrer gegenseitigen Andersheit ermöglichen. Die Ausführungen in diesem Kapitel sollten hinreichend klargemacht haben, dass die strukturelle Implementierung von Anerkennungspraktiken der Empathie, des Respekts und der sozialen Wertschätzung, und die Einbeziehung der Schülerinnen und Schüler nicht nur als Empfänger, sondern auch als Subjekte von Anerkennung in diesen Praktiken, den wichtigsten Hebel sowohl für Demokratiebildung im Besonderen wie auch für Persönlichkeitsbildung als *human flourishing* im Allgemeinen ist. Insofern schulische Inklusion die erwähnten Anerkennungspraktiken nicht nur voraussetzt, sondern sie auch zur Entfaltung bringt, ist sie die zentrale Grundlage für Demokratiebildung und *human flourishing* von allen Schülerinnen und Schülern.

Unterwegs zur Demokratiebildung – einige Reformvorschläge

8

Das hiesige Bildungswesen fördert Demokratiebildung bislang nur punktuell und – von einigen Ausnahmeschulen abgesehen – oberflächig. Mehr noch, viele institutionalisierte Praktiken an Schulen sowie bildungspolitische Maßnahmen und Redeweisen fungieren oft als Brutstätten eines antidemokratischen (Bildungs-)Populismus. Dies ist die etwas zugespitzt formulierte Schlussfolgerung aus den bisherigen sieben Kapiteln dieses Buches.

Nun möchte ich im letzten Kapitel einige Überlegungen darüber aufstellen, wie dieser Missstand beseitigt werden kann. Die Reformvorschläge, die auf den nächsten Seiten folgen, erheben selbstverständlich keinen Anspruch auf Vollständigkeit, scheinen mir aber die logischsten Konsequenzen aus der dargelegten Auffassung von Bildung als demokratischer Selbst-Verwirklichung zu sein. Mir geht es in diesem Kapitel darum, diese Konsequenzen systematisch zum Ausdruck zu bringen und zu besprechen. Dabei muss ich weitgehend von der Frage absehen, inwieweit sie in der nahen Zukunft umsetzbar sind. Schließlich braucht man zuerst ausformulierte Zielvorstellungen und Visionen, um bestimmte Reformen anzustoßen und erst dann sollte man die Ressourcen berechnen, die für ihre Umsetzung notwendig sind, sowie Macht- und Interessenkonstellationen analysieren, die die Umsetzung der anvisierten Reformen fördern oder erschweren können.

Die Darlegung der Reformvorschläge folgt im Großen und Ganzen der Logik einer Bewegung vom Allgemeinen hin zum Besonderen und Einzelnen, d. h. von Reformforderungen bezüglich der Gesamtstruktur des Bildungssystems bis hin zu Umstellungsvorschlägen für schulischen (Fach-)Unterricht. Ich beginne mit einer Forderung nach der Entlastung des Schulbildungssystems von der Selektionsaufgabe, welche ihr der Staat, aber auch manche Bildungs- und Erziehungswissenschaftler/innen zuschreiben. Diese Forderung beinhaltet zwar die gemeinsame

© Der/die Autor(en), exklusiv lizenziert an Springer Fachmedien
Wiesbaden GmbH, ein Teil von Springer Nature 2022
K. Stojanov, *Bildung gegen Populismus?!*,
https://doi.org/10.1007/978-3-658-37639-0_8

Beschulung aller Kinder bzw. die Abschaffung des dreigegliederten Schulsystems, für die sich inzwischen viele aussprechen, geht aber darüber hinaus. Meine zugegebenermaßen weitreichende These hierzu ist, dass die Schule generell keine Allokation von Kindern und Jugendlichen auf unterschiedliche Berufs- und Weiterbildungsmaßnahmen vornehmen soll. Demnach soll der Zugang zu gesellschaftlichen Positionen und insbesondere zur Hochschule nicht über Schulnoten und verschiedene Arten von Schulzeugnissen geregelt werden. Das Hauptargument für diese These ist, dass schulische Selektion oder Allokation strukturell die Zuordnung von Schülerinnen und Schülern zu festen Gruppen voraussetzt, die auf der Grundlage von naturalistischen Zuschreibungen von Begabungen und – indirekt – von Herkunft konstruiert werden. Die Zuordnung von Individuen zu homogenen Kollektiven auf naturalistischer Basis ist aber genau das, was antidemokratischen Rechtspopulismus und Nativismus auszeichnet. Daher begünstigt das Aufwachsen mit schulischer Selektion die Anfälligkeit für antidemokratischen Populismus, da die Heranwachsenden zumindest ein strukturelles Grundmerkmal von ihm als einen wesentlichen Teil ihrer Lebenswelt erleben müssen.

Es gibt heute wohl kaum eine andere Kategorie, die die angesprochene kollektivierende (und defizitäre) Zuordnung auf der Grundlage biologischer Abstammung stärker vollzieht als die des Migrationshintergrunds. Daraus ergibt sich meine zweite Forderung nach der Abschaffung des Migrationshintergrunds als bildungspolitisches und pädagogisches Klassifikationsmerkmal sowie als statistischer Gegenstand. Diese Forderung wurde bereits im vierten Kapitel zwar zumindest angedeutet, hier lege ich sie aber systematischer und unter Einbeziehung von zusätzlichen Argumenten dar.

Die Weiterführung dieser Forderung bringt mich zu meiner dritten Reformempfehlung, nämlich die konsequente Durchsetzung von schulischer Inklusion, die nicht mehr auf spezifische Zielgruppen ausgerichtet ist, sondern Kinder und Jugendlichen in der Vielfalt ihrer Individualitäten adressiert. Vor dem Hintergrund dieses Verständnisses von Inklusion sind typische Formen einer kulturalistischen Integrationspädagogik, wie etwa Vermittlungsversuche eines fixen Wertekanons, zurückzuweisen.

Wirkliche Werte*bildung* findet durch die begriffliche Artikulation der Ideale des Individuums im Rahmen von demokratischen Deliberationen statt, in der universelle ethische Kategorien in Verbindung mit Alltagserfahrungen und -intuitionen der Teilnehmenden diskutiert werden. Die Vermittlung zwischen dem Individuellen und dem Besonderen einerseits, und dem Allgemeinen und dem Begrifflichen andererseits, welche hier angefragt ist, gedeiht wohl nirgendwo besser als im Bereich der Praktischen Philosophie – und insbesondere bei diesen Spielarten, die sich der Herangehensweise des so genannten *reflective equilibrium* bedienen.

Deshalb plädiere ich, viertens, für die durchgehende Einführung eines Unterrichtsbereichs „Praktische Philosophie" von den ersteren bis zu den letzteren Schuljahren und für den Ausbau und die Anwendung von *reflective equlibrium* als Unterrichtsmethode. Der aktuell existierende Religions- und Ethikunterricht soll als Teil des neuen Fachbereichs „Praktische Philosophie" umgestaltet werden, wobei Religion nicht mehr konfessionsgebunden unterrichtet werden soll. Die begriffliche Selbst-Artikulation, die dieser Fachbereich am ehesten kultivieren kann, setzt die Partizipation an demokratisch strukturierten Interaktionen voraus, und sie fördert zugleich diese Partizipation. Die begriffliche Selbst-Artikulation ist zugleich eine zentrale Dimension von *human flourishing*. Als solche impliziert sie ein kritisch-ambivalentes Verhältnis zu der Kompetenzorientierung vom Unterricht, die in den letzten Jahren flächendeckend eingeführt wird: Hält man an begrifflicher Selbst-Artikulation und generell an *human flourishing* fest, dann muss man einerseits insofern die Ent-Kanonisierung von Unterrichtsinhalten gutheißen, die in der Kompetenzorientierung angelegt ist, als man diese Inhalte als variabel bestimmen möchte, da sie anschlussfähig an die individuellen Erfahrungen und Ideale der Schülerinnen und Schüler sein sollen. Andererseits muss man die Instrumentalisierung der bildungsbezogenen Tätigkeiten des Individuums kritisch betrachten, welche ebenfalls in der Kompetenzorientierung strukturell enthalten ist. Schließlich ist die Ausführung dieser Tätigkeiten als Selbstzweck eine wichtige Voraussetzung für *human flourishing*, letztlich für demokratische Selbst-Verwirklichung.

Auf schulische Selektion verzichten

Sämtliche bildungspolitische Akteure in Deutschland, aber auch nicht wenige einflussreiche Bildungs- und Erziehungswissenschaftler/innen postulieren Selektion bzw. „Allokation" von Kindern und Jugendlichen auf unterschiedliche Berufslaufbahnen als eine zentrale Funktion des Schulbildungswesens, die bewusst und planvoll in Angriff zu nehmen sei. Diese Funktion sollte man nicht beliebig, sondern auf einer moralisch legitimen, d. h. gerechten Art und Weise ausführen, und dies wäre dann der Fall, wenn die Selektion leistungsbasiert geschehen würde. So behauptet der bereits erwähnte „Aktionsrat Bildung" der Vereinigung der Bayerischen Wirtschaft, dass die empirisch festgestellte hohe Selektivität des deutschen Bildungssystems nicht ungerecht gewesen wäre, wenn sie ausschließlich über Leitungsfähigkeit begründet wäre. Dies sei aber nicht der Fall, weil sie nicht nur anhand der „kognitiven Ausgangsvoraussetzungen" der Schüler/innen stattfinden würde.[1] Auch nach Helmut Fend, einem der bekanntesten Schultheoretiker im deutschsprachigen Raum, ist die Verteilung der Kinder und Jugendlichen auf unterschiedliche zukünftige Laufbahnen dann nicht nur moralisch legitim, sondern auch eine zentrale Funktion und eine wichtige gesellschaftliche Aufgabe der Schule, wenn diese selektive Verteilung ausschließlich nach Leistung bzw. nach Leistungsfähigkeit, und nicht etwa nach dem Status und dem sozialen Kapital der Eltern stattfindet.[2] Eine leistungsorientierte schulische Selektion wird nicht nur als Ausdruck von Bildungsgerechtigkeit dargestellt, sondern auch als Instrument der Zähmung des Verteilungskampfes um gesellschaftliche Güter: Dies deshalb, weil die Gesellschaftsmitglieder durch das Schulsystem planvoll (man kann auch sagen: nach planwirtschaftlichem Manier) je nach „Leistungsprofilen" in diesen Kampf vorpositioniert werden, bevor sie überhaupt in ihn eintreten.[3]

Man muss allerdings dazu bedenken, dass die staatlich organisierte „Allokation" von bestimmten Kindern und Jugendlichen auf niedrigere soziale Position aufgrund von schulisch zu diagnostizierender verminderter Leistungsfähigkeit viel demütigender für sie sein muss, als das Gelangen auf solche Positionen aufgrund von Zufall, wirtschaftlicher Konjunktur oder eigenverantwortlich getroffenen Wahlentscheidungen als Erwachsener. Darüber hinaus spricht eine Vielzahl von Gründen dafür, dass eine „gerechte" Selektion nach Leistung gar nicht möglich ist. Ich möchte hier nur einige von diesen Gründen aufzählen:

- Schülerinnen und Schüler sind in aller Regel noch unmündige Menschen, die als nicht (völlig) eigenverantwortlich für ihre bildungsbezogenen Handlungen und Leistungen angesehen werden können. Daher können die durch Schulbildung nach Leistung zugeteilten Berufs- und Aufstiegschancen nicht als „selbstverdient" bzw. „selbstverschuldet" betrachtet werden. Die Aufgabe der Schule ist ja gerade, Eigenverantwortlichkeit und Leistungsfähigkeit zu kultivieren; demnach kann die Schule sie nicht voraussetzen.
- Entwicklung von Leistungsfähigkeit und -bereitschaft im Sinne der schulisch gültigen Definitionen von Leistung hängen stark von Herkunft und familiärer Sozialisation der Kinder ab. Die oft in den einschlägigen Diskussionen auf-

---

[1] Vereinigung der Bayerischen Wirtschaft (Hrsg.): a. a.O. S. 12.
[2] Vgl. Fend, Helmut (2006): Neue Theorie der Schule. Einführung in das Verstehen von Bildungssystemen. Wiesbaden: VS Verlag, S. 44–46.
[3] Vgl. ebd., S. 39.

geführte Entgegensetzung zwischen einer leistungsorientierten und einer herkunftsabhängigen Verteilung von Bildungsgütern ist demnach so nicht haltbar.[4]
- Entwicklung von Leistungsfähigkeit und -bereitschaft des heranwachsenden Individuums hängt nicht zuletzt von der Art und Weise ab, wie die Schule es selbst behandelt – etwa davon, ob es sich in der Schule gut aufgehoben fühlt, oder ob es Objekt von Ausgrenzung, Diskriminierung oder Geringschätzung wird.
- Was als Leistung an der Schule gilt und was nicht, ist selbst durch ihre institutionelle Logik mitbedingt, die wiederum den soziokulturellen Mainstream abbildet und Kompetenzen und Vorwissen von unterprivilegierten Schichten tendenziell geringschätzt bzw. exkludiert.
- Es gibt vielfach dokumentierte Herkunftsbenachteiligungen vieler Schüler/innen nicht nur bei den Definitionen und der Förderung von Leistungen, sondern selbst bei der Bewertung dieser Leistungen. Man denke etwa an die Berichte der Betroffenen auf der Plattform „MeTwo", die im Kap. 4 zitiert wurden.
- Auch Lehrerinnen und Lehrer sind nur Menschen, die persönliche Sympathien, Antipathien, sowie Vorurteile haben, die ihre Leistungsbewertungen beeinflussen. Dies belegen unter anderem mehrere aktuelle empirische Studien, die ebenfalls im Kap. 4 erwähnt wurden.
- Viele, gerade wichtige Bildungsdimensionen wie etwa Selbst-Reflexion sind nicht ohne weiteres in einem quantifizierbaren Vergleich bewertbar.[5]

Für die Argumentationslinie dieses Buches ist allerdings der wichtigste Einwand gegen „leistungsgerechte" schulische Selektion, dass sie zwangsläufig die Zuordnung von Kindern und Jugendlichen zu fixen und in sich homogenen Begabungsgruppen voraussetzt und dabei die Veränderbarkeit von Begabungen im Rahmen der je individuellen Entwicklungswege der Heranwachsenden strukturell missachtet. In diesem Zusammenhang ist es besonders instruktiv, dass Autoren, die sich für die „leistungsgerechte" Selektion einsetzen, nicht primär von erbrachten Leistungen, sondern von „Leistungsfähigkeit", „kognitive Lernvoraussetzungen", oder „kognitive Ausgangsvoraussetzungen" sprechen und diese Begrifflichkeiten als

---

[4] Vgl. dazu Giesinger, Johannes (2020): Against selection: Educational justice and the ascription of talent, in *Educational Philosophy and Theory, 2020*, S. 5–7.
[5] Ich habe diese und einige weitere Argumente für die Unmöglichkeit einer „leistungsgerechten" schulischen Selektion in Stojanov, Krassimir (2021): Bildungsgerechtigkeit als gesellschaftskritische Kategorie, in *Zeitschrift für Pädagogik, 67. Jahrgang 2021, Heft 5*, S. 784–802, insb. S. 790 f., erörtert.

Synonyme für „Begabung" verwenden.⁶ Die „Leistungsgerechtigkeit" wird somit bezüglich schulischer Bildung auf „Begabungsgerechtigkeit" zurückgeführt, wobei Begabungen als diagnostizierbare Konstanten des Individuums verstanden werden, die es als Merkmale bereits seit seiner Geburt oder zumindest seit seiner frühesten Kindheit besitzt. Wie aber in diesem Buch an verschiedenen Stellen bereits direkt oder indirekt ausgeführt, hängt die Entwicklung von „Begabungen" bzw. von Fähigkeiten von den sozialen Beziehungen des Individuums, bzw. von seinen Anerkennungs- und Missachtungserfahrungen ab. Die Zuordnung von Kindern zu der Gruppe derjenigen, die lediglich über geringe „kognitive Ausgangsvoraussetzungen" verfügen, ist eine einschneidende Missachtungserfahrung, die fast zwangsläufig zu Abstumpfung von „Begabungen" und vor allem von kognitiven Fähigkeiten führen muss.

Die Ignoranz gegenüber den sozialen Quellen und die Individualität der Entwicklungsdynamiken von Fähigkeiten führt zu der Gruppierung der Schülerinnen und Schüler in homogene und hierarchisch zueinanderstehende Kollektive, anhand von naturalistischen Merkmalen. Zu den letzteren gehören nicht nur „Begabungen", sondern auch Herkunft: Wie im Kap. 4 ausgeführt, korreliert die Zuschreibung von Begabungen strak mit der Herkunft der Schüler/innen, sodass die Gruppe derjenigen von ihnen mit Übertrittempfehlungen für Hautschule oder gar für die Förderschule von Kindern „mit Migrationshintergrund" und/oder Kindern aus sozial unterprivilegierten Familien dominiert wird.

Nun ist die Konstruktion von Gesellschaft aufgeteilt in homogene Gruppen aufgrund von naturalistischen Kriterien ein Hauptmerkmal von Rechtspopulismus und Nativismus. „Begabungsgerechte" schulische Selektion greift dieses Strukturmerkmal vor, und beschert Kindern und Jugendlichen eine schulische Sozialisation, die kongruent mit populistisch-nativistischen Gesellschaftsvorstellungen ist. So internalisiert man bereits seit der frühen Kindheit eine Vorstellung von Normalität, wonach Menschen aufgrund von Herkunft und angeblich genetisch bedingter Intelligenz in unterschiedliche, voneinander getrennte und in einem hierarchischen Verhältnis zueinanderstehenden Gruppen aufgeteilt werden, für die unterschiedliche institutionelle Arrangements geschaffen werden sollen.

---

⁶Vgl. Fend, Helmut (2006): a. a. O., S. 39–41; Vereinigung der Bayerischen Wirtschaft (2007): a. a. O., S. 12; Geyer, Christian und Stern, Elsbeth (2010): Jeder kann das große Los ziehen. Die Intelligenzforscherin Elsbeth Stern im Interview, in *FAZ vom 02.09.2010*. Online unter https://www.faz.net/aktuell/feuilleton/sarrazin/die-debatte/die-intelligenzforscherin-elsbeth-stern-im-interview-jeder-kann-das-grosse-los-ziehen-11026638.html?printPagedArticle=true#pageIndex_2 (Letzter Zugriff am 23.07.2021).

Diese hierarchische und naturalistisch begründete, schulisch institutionalisierte Gruppensegregation unterfüttert ein weiteres Hauptmerkmal vom Populismus, nämlich die Entgegensetzung zwischen „Volk" und „Elite". Es liegt auf der Hand, dass viele Hautschüler/innen Ressentiments gegenüber Gymnasiast/innen entwickeln müssen, wenn sie sich aus ihrer Gruppe zu Unrecht wegen ihrer Herkunft, oder wegen ihnen unterstellten Begabungen ausgeschlossen fühlen. Diese Ressentiments werden sich dann mit großer Wahrscheinlichkeit auch gegen die gesellschaftliche Elite insgesamt richten, die fast ausschließlich aus ehemaligen Abiturienten/innen besteht. Die Mitglieder der Elite wiederum haben sich bereits nach der Grundschule fast ausschließlich in einem separaten Milieu bewegt, das von herkunftsprivilegierten Familien geprägt ist. Bereits seit ihrer Kindheit verkehrten die Elitenmitglieder kaum mit unterprivilegierten Schichten bzw. mit Menschen, die Gegenstand von Exklusion oder Marginalisierung geworden sind.

In diesem Zusammenhang besonders aufschlussreich sind die Ausführungen der bekannten US-amerikanischen Politischen Philosophin Elizabeth Anderson über die Bedeutung einer inklusiven Elite für die demokratische Gesellschaft, sowie über die Konsequenzen dieser Bedeutung für die Bildungspolitik. Anderson stellt die Forderung auf, dass das Schulsystem alle Kinder und Jugendliche ab der Grundschule auf die Aufnahme eines Hochschulstudiums vorbereiten soll.[7] Dies bedeutet natürlich nicht, dass alle Heranwachsenden nach ihrer Schulzeit studieren sollen, wohl aber, dass alle Schüler/innen in der Sekundärstufe im Genuss eines Schulcurriculums kommen, das auf Hochschulstudium ausgerichtet ist.[8] Mit anderen Worten ist schulische Bildung dann ausreichend oder adäquat, wenn sie alle Schüler/innen als potenzielle zukünftige Studierende behandelt, und sie mit den entsprechenden Ressourcen ausstattet, ohne dass man ihnen dabei einen Studienplatz garantiert.

Anderson leitet diese Forderung von ihrem Konzept demokratischer Gleichheit ab, auf die Schulbildung zugleich vorbereiten, und sie vorgreifen soll. „Demokratische Gleichheit" bedeutet hier, dass jedem Gesellschaftsmitglied in der Relation zu allen anderen mit gleicher Achtung begegnet wird; dass er oder sie gleich zählt.[9] Demokratische Gleichheit, so verstanden, hat zwei zentrale bildungsbezogene Voraussetzungen: Erstens, dass jeder und jede mit dem kulturellen Kapital ausgestattet ist, das ihn oder sie dazu befähigt, sich gegen Exklusion, Marginalisierung und

---

[7] Vgl. Anderson, Elizabeth (2007): Fair Opportunity in Education: A Democratic Equality Perspective, in *Ethics, Vol. 117, No 4*, S. 595–622, insb. S. 596; 606 f.
[8] Ebenda., S. 615.
[9] Ebenda., S. 615.

Unterdrückung zu wehren.[10] Zweitens, dass eine inklusive demokratische Elite ausgebildet wird, die sich aus allen gesellschaftlichen Schichten rekrutiert. Dadurch könnte diese Elite für Segregations- und Exklusionstendenzen in der Gesellschaft empfindsam sein und diesen Tendenzen entgegenwirken.[11]

Insofern Hochschulbildung in den modernen Gesellschaften zentrale Voraussetzung für den Eintritt in die Elite ist, soll sie gleichermaßen für jedes Individuum offen sein, unabhängig von seiner oder ihrer Schichtzugehörigkeit oder Herkunft – und unabhängig von biografischen Krisen in der Kindheit und im Jugendalter, die möglicherweise zu zeitweiligen Notenverschlechterungen bei Schulprüfungen geführt haben könnten. Zudem ist die Befassung mit akademischen Inhalten, die auf Studiumsvorbereitung ausgerichtet sind, als Bedingung für den Erwerb des kulturellen Kapitals anzusehen, was dem Einzelnen ermöglicht, sich gegen die eigene Unterdrückung oder Exklusion zu wehren.

Nicht nur aus Andersons Konzeption von demokratischer Gleichheit, sondern auch aus meinen darüberhinausgehenden Argumenten gegen die Aufteilung von Kindern und Jugendlichen in schulisch separierte Gruppen anhand der Zuschreibung von fixen Begabungen; Argumente, die in diesem Abschnitt wie auch an anderen Stellen in diesem Buch vorgetragen wurden; ergeben sich im Wesentlichen zwei Forderungen für eine schulstrukturelle Reform:

Erstens, eine gemeinsame Beschulung aller Kinder bis zum Ende der Sekundärstufe 1 (d. h. in der Regel bis zur 10. Klasse) soll an der Stelle der bisherigen Gliederung dieser Stufe in Gymnasien, Real- und Hautschulen eingeführt werden. Die Eine Schule für Alle soll mit einem einheitlichen akademischen Rahmencurriculum ausgestattet werden, das jedoch einen strikt individualisierten Unterricht in heterogenen Schulklassen nicht nur erlaubt, sondern auch erfordert. (Mehr dazu im übernächsten Abschnitt.)

Zweitens, die Sekundärstufe 2 (in der Regel die Klassen 11. bis 13.) sollte zwar in Schulen mit unterschiedlichen Profilen gegliedert werden, allerdings sollen die Abschlusszeugnisse dieser verschiedenen Schulen als grundsätzlich gleichwertig bezüglich des Zugangs zu Hochschulen betrachtet werden. Genauer: Der Zugang zur Hochschule soll nicht über Schulzeugnisse und Schulnoten geregelt werden, sondern über Aufnahmeverfahren, die von den Hochschulen selbst zu konzipieren und durchzuführen sind. Dies wird in vielen Ländern der Welt so auch praktiziert, und dort wird eine Vielzahl von solchen Verfahren erprobt, die von Aufnahmeprüfungen und Prüfungsgesprächen über Assessment Centers bis hin zum Probestudium reichen können.

---

[10] Ebenda, S. 618–620.
[11] Ebenda, S. S, 596; S. 606 f.

Nun kann man gegen diesen Reformvorschlag einwenden, dass er die Selektion lediglich von der Schule auf weiterbildende Einrichtungen, auf Hochschulen verschiebt, wo sie womöglich in einer noch dramatischeren Form stattfindet. Darauf ist zu erwidern, dass die Zugangsauslese für das Hochschulstudium in der Regel in einem Alter stattfindet, bei dem die Bewerber/innen bereits als mündig und daher als eigenverantwortlich für ihre erbrachten Leistungen zu betrachten sind. Sie bewerben sich für die Aufnahme in eine Institution, die, anders als Schule, nicht die Aufgabe hat, ihre Leistungsfähigkeit und -bereitschaft erst einmal zu entwickeln. Ebenfalls anders als bei den Schulen ist der Zutritt zu einem Hochschulstudium freiwillig und die Bewerbung auf ein bestimmtes Studienfach ist Ergebnis einer Wahlentscheidung, für welche die Bewerberin oder der Bewerber als eigenverantwortlich zu halten ist. Vor allem aber soll die Auslese für das gewünschte Studienfach aufgrund der Einschätzung von *spezifischen* individuellen Fähigkeiten und Interessen geschehen, wobei diese Einschätzung nicht die Zuschreibung von allgemeinen kognitiven „Begabungen" an die Bewerber/innen und ihre Kollektivierung anhand dieser Zuschreibungen beinhaltet – eine Zuschreibung und Kollektivierung, die die schulische Selektion voraussetzt, und die sowohl bildungs- als auch demokratietheoretisch höchstproblematisch ist.

Der „Migrationshintergrund" als statistische Kategorie abschaffen

Im Kap. 4 dieses Buches habe ich mich relativ ausführlich und kritisch mit der Kategorie des Migrationshintergrunds auseinandergesetzt. Dort habe ich mein Hauptargument gegen diese Kategorie und insbesondere gegen ihre Verwendung in Bildungspolitik und Pädagogik dargelegt, dass sie an sich sehr unterschiedlichen menschlichen Individuen eine defizitäre kollektive Identität anhand einzig und allein ihrer Abstammung verpasst. Durch diese Unterordnung des Besonderen unter einem abstrakten und zugleich naturalistisch konstruiertem Allgemeinen, die für Halbbildung typisch ist, trägt die Kategorie des Migrationshintergrunds unter anderem wesentlich für die Ethnisierung der Gesellschaft sowie für die Selbstethnisierung vieler Betroffenen bei.

Nun hat die Fachkommission Integrationsfähigkeit der Bundesregierung im Januar 2021 einen Bericht vorgelegt, in dem ebenfalls empfohlen wird, den Begriff des Migrationshintergrunds nicht mehr zu verwenden. Ähnlich wie ich in diesem Buch, argumentiert die Mehrheit der Mitglieder der Fachkommission, welche ausgewiesene Migrationsforscher/innen oder Migrationspolitiker/innen sind, dass „Migrationshintergrund" ein Etikett darstelle, mit dem eine große Gruppe von

Menschen markiert wird, die an sich extrem heterogen ist. Dabei würde dieses Etikett der Selbstwahrnehmung und -beschreibung vielen Betroffenen, insbesondere aus den jüngeren Generationen, nicht entsprechen, ohne dass sie die Möglichkeit haben, ihm zu entkommen: Die Zuordnung zu dieser Gruppe geschieht mit anderen Worten nicht aufgrund von gewählten Identifikationen, sondern aufgrund von Abstammung, die als determinierend für das Individuum angenommen wird – und vor allem als Ursache für Probleme und Defizite. Dies würde zu einer Vermischung von Staatsangehörigkeit bzw. staatsbürgerlichem Status und Ethnizität führen.[12]

Allerdings stößt der Vorschlag der Fachkommission keineswegs nur auf Zustimmung. Wie ich selbst durch meine Teilnahme an einigen Fachgesprächen zu diesem Thema erfahren konnte, sind es oft ausgerechnet engagierte Integrationshelfer/innen, die skeptisch gegenüber der Abschaffung des „Migrationshintergrunds" als institutionelle Klassifizierungskategorie sind. Offenbar befürchten sie, dass dies zur Kürzung oder zum Wegfall von vielen Förderungsprogrammen im Integrationsbereich führen würde, da sich dadurch der Kreis der potenziellen Adressaten von Integrationsförderung strak verringern würde.

Die von der Fachkommission vorgeschlagene neue statistische Klassifizierungskategorie „Eingewanderte und ihre (direkten) Nachkommen", die „Menschen mit Migrationshintergrund" ersetzen soll, hält allerdings insofern an dem bisherigen Integrationsparadigma fest, als auch diese Kategorie Abstammung als Kriterium für spezifische Förderungs- und Forderungsmaßnahmen beibehält. Daher haben Integrationsfunktionär/innen wenig zu befürchten – höchstens, dass ihnen die Enkel und die Urenkel von Eingewanderten abhandenkommen; dafür behalten sie aber ihre Kinder als Integrationsobjekte.

Es ist selbstverständlich begrüßenswert und für die Betroffenen sehr hilfreich, wenn neu eingewanderte Menschen Orientierungshilfen für das Leben im neuen, bisher unbekannten Land erhalten. Auch gegen Sprachförderungsprogramme für diejenigen, die der deutschen Sprache noch nicht mächtig sind, ist nichts einzuwenden. Aber ein in Deutschland geborenes Kind nur wegen seiner Abstammung als integrationsbedürftig zu klassifizieren, ist eine Missachtung seiner Fähigkeit zur Bildung, d. h. zur Entwicklung von freier Subjektivität, die nicht von quasinatürlichen oder auch von sozialen Faktoren determiniert ist. Schon deshalb ist jede Form von abstammungsbasierter Klassifizierung im Bildungswesen strikt und konsequent abzulehnen.

---

[12] Fachkommission der Bundesregierung zu den Rahmenbedingungen der Integrationsfähigkeit (2020): Gemeinsam die Einwanderungsgesellschaft gestalten. Berlin: Bundeskanzleramt, S. 220–223.

Das erweiterte Inklusionsverständnis konsequent umsetzen

Wie im letzten Kapitel ausgeführt, ist Inklusion, im erweiterten Sinne dieses Begriffs, eine notwendige Bedingung für Demokratiebildung sowie für *human florishing* aller Schülerinnen und Schüler. „Inklusion im erweiterten Sinne" zu verstehen bedeutet, sie nicht auf Menschen mit Behinderungen einzuschränken – ohne dabei zu vergessen, dass die wichtigsten Anstoße und Impulse für Inklusion genau aus den Kämpfen der Menschen mit Behinderungen für Gleichberechtigung und Teilhabe kamen.

Die Erweiterung des Inklusionsbegriffs sollte man allerdings nicht in dem Sinne verstehen, dass er nun auf weitere gesellschaftliche Gruppen wie etwa „Eingewanderten und ihre Nachkommen" angewandt werden soll. Konsequent gedacht bedeutet dieser Begriff vielmehr, dass er von spezifischen Zielgruppen welcher Art auch immer abgelöst wird, und dass man „Inklusion" stattdessen als Signatur für strukturelle Veränderungen versteht, die das Einschließen von allen Schülerinnen und Schülern in ihren jeweiligen Individualitäten und Besonderheiten in gemeinsame und kooperative Lern- und Bildungsprozesse ermöglichen. Adressaten von Inklusion sind mit anderen Worten keine Gruppen, die in die Mehrheitsgesellschaft integriert werden sollen, sondern Individuen, die diese Gesellschaft und ihre Institutionen, einschließlich Schulen, mitgestalten sollen. Dies ist der grundlegende Unterschied zwischen Inklusion und Integration.

Vielleicht kommt dieser Unterschied nirgendwo so klar zum Ausdruck, wie bei den unterschiedlichen Ansätzen zur Wertebildung, die in den letzten Jahren verstärkt von der Politik als eine zentrale Aufgabe von Schulen und weiteren Bildungseinrichtungen herausgestellt wird. Besteht der integrative Ansatz darin, dass der angebliche Wertekanon der Aufnahmegesellschaft, zu dem neben Verfassungsprinzipien auch partikulare Sitten und Gebräuche gehören, an die Neuankömmlinge vermittelt und von diesen verinnerlicht wird, ist die Wertebildung aus inklusionstheoretischer Perspektive auf ethische Diskurse ausgerichtet, bei denen *alle* Teilnehmende ihre Werte dialogisch weiterentwickeln, präzisieren bzw. begrifflich transformieren.

Sämtliche staatliche bildungspolitische Dokumente, Initiativen und Maßnahmen zur „Wertevermittlung" in Deutschland und Österreich der letzten Jahre tragen ganz klar die Handschrift des Integrationsansatzes. Besonders aussagekräftig diesbezüglich ist der Vorstoß des bayerischen Ministerpräsidenten Markus Söder, dass Grundschüler/innen aus Einwandererfamilien in *separaten* Klassen verbindlichen Wertekunde-Unterricht bekommen, in dem deutsche Werte vermittelt werden.

Die betroffenen Schüler/innen sollen erst dann in den Regelunterricht aufgenommen werden können, wenn sie die Wertekurse in diesen „Deutschklassen" erfolgreich absolviert haben. Dabei spricht Söder ganz im Einklang mit dem oben zitierten Bayerischen Integrationsgesetz im gleichen Atemzug von „Werten, Sitten und Gebräuchen", an welche sich die Eingewanderten anzupassen hätten.[13] Auch im „50 Punkte-Plan zur Integration von Asylberechtigten und subsidiär Schutzberechtigten in Österreich" des damaligen österreichischen Bundesministers für Europa, Integration und Äußeres Sebastian Kurz aus dem Jahre 2015 ist von einem „fest etablierten", „nicht verhandelbaren" „Wertekanon" Österreichs die Rede, der nicht nur aus „Grundwerten des Zusammenlebens" bestehen soll, sondern auch aus „Umgangsformen und Verhaltenskodizes" sowie „erwarteten Verhaltensmustern". Diesen Wertekanon müsse man in Wertekurse, aber auch im Rahmen von Sprachkursen vermitteln.[14] Nicht weit davon entfernt ist das Konzept der Orientierungskurse des deutschen Bundesamtes für Migration und Flüchtlinge, insofern sie Werte, „die in Deutschland wichtig sind" festlegen. Dazu gehören „zum Beispiel" Religionsfreiheit, Toleranz und Gleichberechtigung der Geschlechter, aber schon dieses „zum Beispiel" im Wortlaut des Kurskonzepts legt es nahe, dass der postulierte Wertekanon über verfassungsmäßige Grundwerte in Richtung „Sitten und Gebräuche" hinausgeht. Ein Mulitiple-Choice-Test „Leben in Deutschland" soll am Ende des Orientierungskurses abprüfen, inwiefern die Teilnehmenden – etwa Geflüchtete oder Asylberechtigte – diesen Wertekanon reproduzieren können, bzw. inwiefern sie ihn auswendig gelernt haben.[15]

An diesen Initiativen, Plänen, und Maßnahmen – und insbesondere an dem Vorstoß von Söder – kann man sehr gut ablesen, dass bezweckte Integration durch Wertevermittlung paradoxerweise zu Segregation von Menschengruppen führt, die als defizitär zu einem postulierten Mainstream angesehen werden. Dabei ist genau diese Segregation, die – wie wir im vorigen Kapitel gesehen haben – sowohl Demokratie- als auch Persönlichkeitsbildung bei allen Schülerinnen und Schülern sowie Teilnehmenden an institutionalisierter Erwachsenenbildung behindert.

---

[13] Zeit Online (2018): Markus Söder: Wertekunde für Zuwandererkinder in Bayern, in *Zeit Online vom 08.04.2018*. Online unter: https://www.zeit.de/politik/deutschland/2018-04/markus-soeder-wertekunde-grundschule-bayern (Letzter Zugriff am 29.07.2021).

[14] Bundesministerium der Republik Österreich für Europa, Integration und Äusseres (2015): 50 Punkte – Plan zur Integration von Asylberechtigten und subsidiär Schutzberechtigten in Österreich, S. 12. Online unter: https://www.bmeia.gv.at/fileadmin/user_upload/Zentrale/Integration/Publikationen/Integrationsplan_final.pdf (Letzter Zugriff am 29.07.2021).

[15] Bundesamt für Migration und Flüchtlinge (2021): Integrationskurse – Inhalt und Ablauf. Online unter https://www.bamf.de/DE/Themen/Integration/ZugewanderteTeilnehmende/Integrationskurse/InhaltAblauf/inhaltablauf-node.html (Letzter Zugriff am 29.07.2021).

Den Gegenpol dazu bilden Konzepte und Praktiken, die auf eine gemeinsame Wertebildung ausgerichtet sind, welche auf der gleichen Augenhöhe aller daran Beteiligten stattfindet. Ansätze dafür finden sich etwa in der Handreichung „Gelingende Wertebildung im Kontext von Migration" der Münchner Hochschule für Philosophie, in der unter anderem betont wird, dass gelingende Wertebildung die Anerkennung der mitgebrachten „Wertbiographie" aller Teilnehmenden an entsprechenden Seminarangeboten oder Unterrichtseinheiten voraussetzt.[16] Dabei ist diese „Wertbiographie" nicht nur als strikt individuell zu betrachten, sondern auch als Quelle für potenzielle Erweiterung des Wertehorizontes der Gesellschaft. Gerade viele Geflüchtete haben eine recht reichhaltige „Wertbiographie", die sich in ihren vielfach dramatischen Erfahrungen bei der Suche nach einem Entkommen aus Unterdrückung und Ausgrenzung herausgebildet hat. Die Opfer und die Entbehrungen, die sie dabei auf sich genommen haben, könnten die Mitglieder der Mehrheitsgesellschaft für den hohen Wert von individueller Freiheit, sowie für den Mut sensibilisieren, den ihre Verwirklichung oft voraussetzt. Dies ist aber nur unter der Bedingung möglich, dass Geflüchtete als gleichberichtigte Teilnehmer/innen an institutionalisierter Wertebildung fungieren – und nicht als Objekte von Wertevermittlung.

Wie im Kap. 6 ausgeführt, ist die Wertebildung die tragende Dimension der „allgemeinen" Bildung der Person. Sie besteht ganz wesentlich darin, dass die ursprünglichen Ideale des Individuums in bewussten Wertsetzungen begrifflich und transformierend artikuliert werden, die wiederum sein Erwerb von bestimmten wissenschaftlichen und kulturellen Wissensinhalten sowie die Entwicklung von bestimmten Fähigkeiten motivieren. Diese begriffliche Artikulation setzt, wie in den Kap. 6 und 7 dargelegt, die Anerkennungsformen der Empathie, des Respekts und der sozialen Wertschätzung voraus, welche in pluralistisch-heterogenen Diskursgemeinschaften gedeihen. Die Schaffung von solchen Gemeinschaften an Schulen ist nur unter der Bedingung von Inklusion im hier abgehandelten, erweiterten Sinne möglich.

Allerdings findet schulische Wertebildung im engeren Sinne hierzulande überwiegend im Rahmen des konfessionellen Religionsunterrichts und seiner Ersatzformen statt. Dies ist ein Unterrichtsbereich, der naturgemäß die Schüler/innen nach ihrer familiären Sozialisation und letztlich ihrer Herkunft segregiert. Schon deshalb ergibt sich die Forderung, diesen Unterrichtsbereich gründlich umzu-

---

[16] Zentrum für Globale Fragen an der Hochschule für Philosophie (2017): Gelingende Wertebildung im Kontext von Migration. Eine Handreichung für die Bildungspraxis. München: HfPh, S. 65.

strukturieren. Im nächsten Abschnitt lege ich einen entsprechenden Reformvorschlag vor.

Praktische Philosophie als zentrales Schulfach etablieren

Das in diesem Buch dargelegte Verständnis von Bildung als begriffliche Selbst-Artikulation und Selbst-Objektivierung kann und soll zwar in allen Unterrichtsfächern stattfinden. Allerdings hat ein Unterricht in Praktischer Philosophie eine herausragende Bedeutung für die so verstandene Bildung, und dies aus zwei Gründen: Erstens ist Philosophie, und insbesondere Praktische Philosophie, darauf ausgerichtet, die Bedeutungszuschreibungen der Begriffe, die unseres Alltagshandeln prägen und orientieren, an sich zu fassen und die Begründungen für diese Zuschreibungen zu reflektieren und zu evaluieren. In diesem Sinne ist die Befassung mit Praktischer Philosophie als vermutlich die beste, mit Sicherheit aber die direkteste Einführung in das Spiel des Gründe-Gebens und Nach-Gründen-Verlangens in Bezug auf die *commitments* anzusehen, die zentral für das Handeln und das Selbst des Einzelnen sind. Wie in Kap. 6 ausgeführt, ist die Teilnahme an diesem Spiel Voraussetzung für Bildung qua begrifflicher Selbstartikulation – und diese Teilnahme ist zugleich eine Kerndimension von Demokratiebildung. Zweitens ist ein Großteil der Begriffe, die unseres Alltagshandeln prägen und orientieren, wie etwa Gerechtigkeit, Selbstbestimmung, Toleranz, Respekt etc., ethischer bzw. moralischer Natur. Diese Begriffe, die eben der zentrale Reflexions- und Analysegegenstand der Praktischen Philosophie sind, stellen das Vokabular dar, in dem wir unsere Werte artikulieren. Sie sind das Vehikel für die begriffliche Transformation von Idealen zu bewussten und begründeten Werten; eine Transformation, die sich ebenfalls in Kap. 6 als das tragende Element von Bildung herausstellte.

Vor dem Hintergrund der so skizzierten Schlüsselbedeutung vom Philosophie-Unterricht für die Ermöglichung und Förderung von Bildung, ist es recht traurig, dass er eine derart marginale Stellung in Deutschland innehält. In sämtlichen Bundesländern findet Philosophie-Unterricht, wenn überhaupt, lediglich als Ersatzfach und vereinzelt als kleines Wahlpflichtfach statt.[17] Viele (vielleicht die Mehrheit) der

---

[17] Ein sehr informativer Überblick über die Situation des Unterrichtsbereichs Philosophie/Ethik in den Bundesländern findet sich in: Kulturministerkonferenz (2020): Zur Situation des Unterrichts in den Fächern Ethik, Philosophie, Lebensgestaltung-Ethik-Religionskunde (L E R), Werte und Normen in der Bundesrepublik Deutschland. Online unter: https://www.kmk.org/fileadmin/Dateien/veroeffentlichungen_beschluesse/2008/2008_02_22-Situation-Ethik-Unterricht.pdf (Letzter Zugriff am 01.08.2021).

deutschen Schülerinnen und Schülern kommen während ihrer gesamten Schulzeit nie in Berührung mit Philosophie als Unterrichtsfach.

Die Hauptursache für dieses Schattendasein des Philosophieunterrichts in Deutschland liegt auf der Hand: Anders als in vielen anderen Ländern der westlichen Welt ist Religion ein Pflichtfach an den deutschen Schulen, das in der Form vom konfessionell gebundenen Unterricht angeboten wird. Nur diejenigen Schülerinnen und Schüler, die nicht evangelisch oder katholisch sind, bzw. deren Eltern einen entsprechenden Antrag stellen, müssen ein Ersatzfach belegen, von dem man bei gutem Willen annehmen kann, dass er einen philosophischen Kern besitzt, obwohl er in der Mehrheit der Bundesländer nicht „Philosophie", sondern „Ethik", oder „Werte und Normen" heißt. (Im Sonderfall Brandenburgs handelt es sich hierbei um das nicht konfessionell gebundene Fach „Lebensgestaltung – Ethik – Religionskunde").

Glaubt man dem bereits zitierten repräsentativen Bericht der deutschen Kultusministerkonferenz über den „Ethikunterricht" (worunter auch „Philosophieunterricht" subsumiert wird), dann kommt auch eine inhaltliche Problematik dieses Unterrichtsbereichs zu seiner untergeordneten Stellung dazu; eine Problematik, die möglicherweise ebenfalls mit seiner Ersatzfunktion für Religion zusammenhängt: Nach diesem Bericht wird der Ethikunterricht eher als Wertevermittlung, denn als Wertebildung, als Aneignung von in der Gesellschaft objektiv gültigen Werten, denn als begriffliche Artikulation von eigenen Werten verstanden. Der Ethikunterricht orientiert sich nämlich an den Wertvorstellungen, die im Grundgesetz sowie in den Verfassungen der Bundesländer und ihren Schulgesetzten niedergelegt sind; er soll ein kritisches Verständnis für die in der Gesellschaft wirksamen Wertvorstellungen und Normen eröffnen, und zwar im Rahmen eines „Dialogs" und einer „Auseinandersetzung" mit „[d]en in unserer Gesellschaft wirksamen Überzeugungen und Traditionen".[18]

Die Befassung mit den Werten und Normen, die in der Gesellschaft „wirksam" und in Verfassungen, Gesetzten und Traditionen niedergelegt sind, ist zweifelsohne sehr wichtig für das Kennenlernen der sozialen Umwelt, in der die Schülerinnen und Schülern aufwachsen. Allerdings ist diese Befassung erst dann bildungsstiftend, wenn sie im Rahmen der begrifflichen Artikulation ihrer zunächst subjektiven Ideale und Wertintuitionen stattfindet. Diese subjektive Grundlage der Wertebildung scheint jedoch in den Grundsätzen des Ethikunterrichts nicht gebührend berücksichtigt zu sein. Zugleich ist sie zentral für praktisches Philosophieren – und insbesondere für die Herangehensweise des sogenannten *reflective equlibrium*, das die gegenwärtige Praktische Philosophie seit dem Erscheinen

---

[18] Kulturministerkonferenz (2020): a. a. O., S. 7.

vom John Rawls epochalen Werk „Eine Theorie der Gerechtigkeit" zentral prägt. Dabei sollte man das *reflective equlibrium* nicht nur als einen Forschungsansatz verstehen. Nach meiner Überzeugung eignet sich das *refelctive equilibrium* hervorragend dafür, es als eine Schlüsselmethode für bildungsstiftenden Unterricht anzuwenden.

Die gängige Übersetzung von *reflective equilibrium* ins Deutsche als „Überlegungsgleichgewicht" scheint insofern unpräzise, als sie das zentrale Bedeutungsmoment des ursprünglichen Terminus nach Rawls nicht klar zum Ausdruck bringt, nämlich das „Equilibrieren" zwischen ethischen Alltagsintuitionen einerseits, und theoretisch abgeleiteten moralischen Begriffen sowie Wert- und Normsetzungen andererseits, die in diesen Begriffen impliziert sind. Dies ist ein „Equilibrieren", das von der Reflexion über die intuitiven Wert- und Normvorstellungen motiviert und vorangetrieben wird, so wie sie sich in alltäglichen einzelfallbezogenen Einschätzungen und Entscheidungen der Akteure niederschlagen – daher die Bezeichnung „reflective equilibrium".[19] Dabei geht es darum, eine dynamische Kohärenz zwischen den beiden Seiten des Equilibriums zu erzielen, sodass einerseits theoretische wertbezogene Begriffe wie etwa Gerechtigkeit oder Freiheit nicht in einem luftleeren Raum hängen, sondern alltägliche Intuitionen zu diesen Begriffen miteinbeziehen (und sich dadurch transformieren), und andererseits die Alltagsintuitionen sich begrifflich-argumentativ artikulieren und dadurch Universalisierbarkeit anstreben. So rekonstruierte Rawls die universellen Grundsätze der Gerechtigkeit aus dem intuitiven Gerechtigkeitssinn, den nach ihm alle Menschen als Moralpersonen besitzen, und der sich in diesen Grundsätzen nicht nur theoretisch artikuliert, sondern sich weiter entwickelt und präzisiert.[20]

So beschrieben hat das *reflective equilibrium* das Potenzial, jene Vermittlung zwischen dem Besonderen der individuellen Wertevorstellungen und den dahintersteckenden Alltagserfahrungen, und der Universalität des Begrifflichen in seiner diskursiven Produktion herbeizuführen, die im Kap. 6 als der Schlüssel zur Hervorbringung von Bildung dargelegt wurde. Versucht man nun, diese Methode unterrichtstechnisch zu verorten, dann muss man bedenken, dass obwohl das *reflective equlibrium* seine Vorläufer in verschiedenen wissenschaftlichen Disziplinen hat, es

---

[19] Vgl. Rawls, John (1999): A Theory of Justice. Revised Edition. Cambridge, MA: The Belknap Press of Harvard University Press, S. 18; S. 40–46. Vgl. auch Margalit, Avishai (1998): The Decent Society. Cambridge/London: Harvard University Press, S. 285 f.: Brun, Georg (2020): Das Überlegungsgleichgewicht. Was genau ist das? In *präfaktisch* von 01. Sept. 2020. Online unter: https://www.praefaktisch.de/methoden-der-praktischen-philosophie/das-ueberlegungsgleichgewicht-was-genau-ist-das. (Letzter Zugriff am 05.08.2021).

[20] Vgl. Rawls, John (1999): a. a. O.; S. 11: S. 15–19; S. 41–46.

gegenwärtig zu einer Domäne des praktischen Philosophierens geworden ist.[21] „Praktische Philosophie" wäre jedoch schon deshalb weniger als ein Unterrichtsfach, sondern eher als ein Unterrichtsbereich zu verstehen, weil sie selbst zwei große Teildisziplinen mitumfasst, nämlich Ethik und Politische Philosophie. Daher würde dieser Unterrichtsbereich die Verbindung zwischen ethischen und politischen Inhalten und Fragestellungen bei der genannten bildungsstiftenden Vermittlung zwischen den Perspektiven des Individuell-Intuitiven und dem Begrifflich-Diskursiven anvisieren. Versucht man also im Rahmen dieses Unterrichtsbereichs die intuitiven Wertevorstellungen bzw. Ideale der Schüler/innen und Schüler zur begrifflichen Explikation zu bringen, so muss man auch die politischen Inferenzen dieser Wertevorstellungen zu Tage bringen und zum Gegenstand von Reflexion machen. So umfasst die begriffliche Artikulation des intuitiven Gerechtigkeitssinnes der Schülerinnen und Schüler nach Rawls, so wie sich dieser Sinn zunächst und unmittelbar in Einzelurteilen vor allem über ungerechte Alltagssituationen äußert, auch Reflexionen über die allgemeinen Normen des gerechten Zusammenlebens in der Gesellschaft sowie moralische Bewertungen über die Funktionsweisen sämtlicher gesellschaftlicher Institutionen und Subsysteme. In diesem Sinne wären die Grenzen zwischen Praktischer Philosophie und Politischer Bildung als Unterrichtsbereiche fließend.

Was die existierenden Fächer Ethik und Religion anbelangt, so sind sie nach dem Verständnis von Bildung, einschließlich von Demokratiebildung, das in diesem Buch dargelegt wird, aufzulösen. Ethische und auch religiöse Perspektiven und Inhalte sind im Rahmen des Unterrichts in Praktischer Philosophie zu behandeln. Selbstverständlich sind auch die religiösen Überzeugungen und Erfahrungen der Schülerinnen und Schüler gebührend im Unterricht zu berücksichtigen und zu Artikulation zu bringen. Aber religiöse Überzeugungen sind im Wesentlichen Ideale, bzw. Vorstellungen über ein gutes oder richtiges Leben. Daher gilt auch in Bezug auf sie das, was in den vorherigen Abschnitten dieses Kapitels sowie in den Kap. 6 und 7 generell über die begriffliche Artikulation von Werten ausgeführt wurde – nämlich, dass sie in heterogen-pluralen Diskursgemeinschaften gedeiht, deren Teilnehmende über unterschiedliche „Wertbiographien" verfügen und demnach unterschiedliche, womöglich gegensätzliche Wertintuitionen haben. Die

---

[21] Einige Autoren lokalisieren die Anfänge des Ansatzes des *reflective equlibrium* in der Mathematik (Gödel) oder der Linguistik (Chomsky). Hierbei geht es um die Feststellung, dass in diesen Bereichen viele wahre Erkenntnisse bzw. grammatikalisch richtige Satzkonstruktionen intuitiv zustande kommen, sodass das System expliziter mathematischer Theoreme oder grammatikalischer Regeln stets so zu erweitern und zu präzisieren ist, dass diese Gesetze oder Regel die intuitiv richtigen Erkenntnisse oder Satzkonstruktionen in ihren begrifflichen Inferenzen erfassen können (vgl. Margalit 1998, S. 285 f.).

unterrichtliche Absonderung der Kinder und Jugendlichen je nachdem, ob sie katholisch, evangelisch, islamisch, orthodox (und was ist mit buddhistisch?) familiär sozialisiert sind, widerspricht dem Prinzip dieser bildungsstiftenden Diskursgemeinschaften. Daher gehören der segregierende konfessionelle Religionsunterricht und sein Ethik-Ersatz zugunsten eines gemeinsamen Unterrichts in Praktischer Philosophie abgeschafft.

Die Bildung, die im Rahmen der Partizipation an wertebezogenen diskursiven Artikulationsgemeinschaften stattfindet, besteht im Wesentlichen darin, dass die Interessen und die Ideale der beteiligten Individuen eine klare Form und eine Gestalt, letztlich ein intelligibles Bild einnehmen, das für sie selbst, sowie für die anderen wahrnehmbar und begreiflich ist. Es ist wichtig, sich zu vergegenwärtigen, dass die Bildung, so verstanden, nicht nur Vorbereitung auf demokratische Teilhabe und Befähigung zu *human flourishing* darstellt, sondern in sich Erleben von Demokratie und eine Form von *human flourishing* bereits *ist*. Mit anderen Worten hat Bildung einen zentralen intrinsischen Wert; sie ist nicht nur und nicht primär Mittel zum Zweck. Dieser intrinsische Wert geht unter den Bedingungen einer einseitigen Kompetenzorientierung des Bildungswesens verloren, so wie sie in den letzten Jahren politisch „gepusht" wird. Daher ist es geboten, sie im Abschlussabschnitt dieses Buches kritisch und in der gebotenen Knappheit zu erörtern, und mögliche Alternativen zu ihr anzuvisieren.

Kompetenzorientierung überdenken

Aus der Sicht des in diesem Buch dargelegten Verständnisses von Bildung ist die aktuelle ziemlich grundlegende Reformierung von Unterrichtsplänen und -konzepten in Richtung „Kompetenzorientierung" eine sehr ambivalente Angelegenheit. Vor dem Hintergrund dieses Verständnisses positiv zu vermerken ist die gewisse „Ent-Kanonisierung" von Unterrichtsinhalten, die im Zuge der Kompetenzorientierung vollzogen wird. Die Kompetenzorientierung lehnt sich stark an das theoretische Konzept der PISA-Studie an, die konsequent darauf verzichtet, Leistungsmessungen an die Beherrschung bzw. die Reproduktion der Inhalte der Schulcurricula in den verschiedenen Fächern durch die Schülerinnen und Schülern anzuknüpfen. Stattdessen ermittelt die Studie – mehr oder weniger überzeugend – drei Grundkompetenzen, nämlich Lesekompetenz, mathematische Kompetenz und naturwissenschaftliche Kompetenz (*reading literacy, math literacy, science literacy*), die in der PISA Studie unabhängig von der Frage definiert und modelliert werden, welche Inhalte in den sprachlichen, mathematischen und naturwissenschaftlichen Fächern in den verschiedenen Ländern gelehrt und gelernt werden.[22] Diese Umorientierung der Unterrichtziele von Erwerb von kanonisierten Inhalten hin zur Kultivierung von bestimmten Kompetenzen ist m. E. deshalb als positiv zu bewerten, weil sie den Lehrerinnen und Lehrern mehr Flexibilität und Möglichkeiten gibt, solche Inhalte für ihren Unterricht auszuwählen, die anschlussfähig an die lebensweltlichen Erfahrungen und das intuitive Vorwissen ihrer Schüler/innen sind. Lehrerinnen und Lehrer können diese Inhalte im Flow des Unterrichtsgeschehens im jeweiligen Klassenverband unter Berücksichtigung der Individualität der beteiligten Schüler/innen so variieren, dass sie Bildung qua begrifflicher Selbst-Artikulation anstoßen und mittragen. Zudem lassen sich durch diese Umstrukturierung die strukturell exkludierenden, letztlich antidemokratischen Effekte von Schulkanons in Bezug auf sogenannte „bildungsferne" Schichten vermeiden, die im ersten Teil dieses Buches beschrieben wurden.

Schaut man sich allerdings an, wie die Kriterien für Entwicklung von Kompetenzen bestimmt werden, dann wird auch die Problematik der Kompetenzorientierung sichtbar, die letztlich leider ein ausschließlich instrumentelles Verständnis von Bildung transportiert. Dies wird besonders klar, wenn man sich die Definition des Kompetenzbegriffs vor Augen führt, die maßgeblich für sämtliche bildungspolitische Maßnahmen in Deutschland in Zusammenhang mit der Kompetenzorientierung, einschließlich (und gerade) für die Entwicklung von nationalen Bildungsstandards ist, in die sich Kompetenzorientierung in erster Linie verkörpert.[23] Diese Definition wurde 2001 vom bekannten Psychologen Franz Weinert formuliert, wobei Weinert seinem eigenen Anspruch nach lediglich das Kompetenzverständnis der OECD zusammenfasst, das seit den 1990er-Jahren die Bildungsinitiativen und die Bildungsstudien dieser Organisation prägt – einschließlich (und vor allem) PISA. Diesbezüglich stellt Weinert fest: „Die OECD hat in diesem Zusammenhang mehrfach vorgeschlagen, den vieldeutigen Leistungsbegriff generell durch das Konzept der Kompetenz zu ersetzen [...]. Dabei versteht man unter Kompetenzen die bei Individuen verfügbaren oder durch sie erlernbaren kognitiven Fähigkeiten und Fertigkeiten, *um bestimmte Probleme zu lösen*, sowie die

---

[22] Vgl. Deutsches PISA – Konsortium (Baumert, Jürgen et al.) (Hrsg.) (2001): PISA – 2000: Basiskompetenzen von Schülerinnen und Schülern im internationalen Vergleich. Opladen: Leske & Budrich, S. 19 f. Vgl. auch Stojanov, Krassimir (2005): Bildung und Education: Implizite bildungsphilosophische Annahmen der PISA-Studie in vergleichender Perspektive, in *Tertium Comparationis. Journal für International und Interkulturell Vergleichende Erziehungswissenschaft, Heft 11/2005 (2),* S. 229–242.
[23] Vgl. Klieme, Eckhard et al. (2003): Zur Entwicklung nationaler Bildungsstandards. Eine Expertise. Berlin/Bonn: BMBF, S. 21; S. 72.

damit verbundenen motivationalen, volitionalen und sozialen Bereitschaften und Fähigkeiten, um die *Problemlösungen in variablen Situationen* erfolgreich und verantwortungsvoll *nutzen* zu können (hervorgehoben von mir – K.S.)."[24] Kompetenzen bestehen demnach in der Verfügbarkeit von „Problemlösestrategien", die auf der Grundlage des kognitiven Erwerbs von Fachwissen sowie auf die Transferfähigkeit und -motivation aufgebaut werden, dieses Wissen in „variablen Situationen" anzuwenden.[25]

Möchte man (schulische) Bildung mit Weinert und seinen Nachfolgern als Kompetenzentwicklung verstehen, dann erscheint sie, pointiert ausgedrückt, als eine schwere Arbeit zum Erwerb von intellektuellen Instrumenten, um komplizierte Probleme zu lösen und mit schwierigen Situationen klarzukommen. Hingegen ist Bildung nach dem Verständnis von diesem Begriff, das in diesem Buch dargelegt wurde, kein „tool" zu einem problemlösend-erfolgreichen und gesellschaftlich nützlichen Leben, sondern eine zentrale Form des Lebens selbst, genauer: Eines erfüllenden und daher letztlich glücklichen Lebens. Die Tätigkeiten der begrifflichen Selbst-Artikulation und der praktischen Selbst-Verwirklichung, die die Bildung ausmachen, sind nicht als Lösungsversuche für externe Probleme zu verstehen und sie sind nicht primär durch solche Probleme motiviert. Vielmehr springen sie aus der internen Logik und Dynamik des menschlichen Selbst, der Subjektivität als solcher heraus, und sie hängen mit der Bestrebung des Individuums nach Anerkennung zusammen.

Wenn der Auftrag der Schule ist, Bildung zu initiieren, zu ermöglichen und zu fördern, dann soll sie letztlich die Schülerinnen und Schülern zu diesen Tätigkeiten der Selbst-Artikulation und Selbst-Verwirklichung in der objektiven Welt befähigen. Wenn dies der Fall ist, dann sollte man aber nicht eine „Kompetenzorientierung", sondern eher eine „Subjektivitätsentwicklungsorientierung" von schulischem Unterricht anstreben. Ihre Realisierung würde weniger fachdidaktische Modelle und ausgetüftelte „Bildungsstandards" erfordern, sondern die institutionelle Verankerung von Anerkennung für jedes einzelne Kind in der Form von Empathie, Respekt und Wertschätzung an Schulen und vor allem im Unterrichtsgeschehen. Diese Verankerung ist zugleich als der wichtigste Hebel für Demokratiebildung anzusehen. Von ihr ist aber nicht nur das Schulsystem strukturell weit entfernt. Darüber hinaus generieren viele aktuelle bildungspolitische Maßnahmen und

---

[24] Weinert, Franz (2001/2014): Vergleichende Leistungsmessung in Schulen – eine umstrittene Selbstverständlichkeit, in *Weinert, Franz (Hrsg.): Leistungsmessungen in Schulen (3. Auflage)*. Weinheim und Basel: Beltz, S. 17–31, insb. S. 27 f.
[25] Ebenda, S. 27.

in Bildungspolitik dominante rhetorische Figuren strukturelle Missachtung für viele Kinder und Jugendliche, tragen zur Ethnisierung der Gesellschaft bei und so arbeiten sie indirekt dem antidemokratischen Populismus zu, der sich in den letzten Jahren breitmacht.

Schlussbemerkung 9

Vor genau einem Jahr (Anfang August 2020) mitten in der Vorbereitung dieses Buchmanuskripts durften wir unsere beiden Kinder aus Bulgarien abholen. Dies war das überglückliche Ende eines internationalen Adoptionsverfahrens, welches wir in den vorausgegangenen fünf Jahren vorangetrieben haben. Unsere Tochter war zu diesem Zeitpunkt noch im Kindergarten-Alter, aber unser Sohn musste im September 2020 eingeschult werden – also nur fünf Wochen nachdem er nach Deutschland gekommen war. Seine Deutschkenntnisse beschränkten sich Ende August auf ein paar Vokabeln, die er sich vor allem aus Deutsch-Lernfilmchen für Kinder beigebracht hat, die wir uns sporadisch mit ihm und mit unserer Tochter im Internet angeschaut haben. Unsere Versuche, einen Deutsch-Crashkurs für die Kinder zu organisieren, schlugen vor allem wegen der Corona-Pandemie ins Leere.

In dieser Situation habe ich bei dem Schulamt angefragt, wie wir bei der Einschulung von unserem Sohn zu verfahren haben. Eine freundliche Mitarbeiterin erklärte mir am Telefon, dass er in einer „Deutschklasse" eingeschult werden soll – also in einer Klasse, in der ausschließlich Kinder „mit Migrationshintergrund" und geringen Deutschkenntnissen bis zu zwei Jahren abgesondert von den übrigen Kindern unterrichtet werden, um sie für die Regelklassen nach dieser Zeit fit zu machen. Nach dem expliziten Willen des bayerischen Ministerpräsidenten Söder umfasst dieser Unterricht nicht nur Deutsch, sondern auch Werteerziehung.

Allerdings müssten wir – so die freundliche Schulamt-Mitarbeiterin – unseren Sohn zunächst in der Grundschule in unserem Stadtteil anmelden, die ihn dann an eine andere, entfernte Schule überweisen würde, an der eben Deutschklassen angegliedert sind.

Wir gingen also mit unserem Sohn in die Stadtteil-Schule, um uns den Überweisungsschein für die Deutschklasse zu holen. Es stellte sich im Nachhinein aber als

© Der/die Autor(en), exklusiv lizenziert an Springer Fachmedien Wiesbaden GmbH, ein Teil von Springer Nature 2022
K. Stojanov, *Bildung gegen Populismus?!*,
https://doi.org/10.1007/978-3-658-37639-0_9

großes Glück heraus, dass sich die zuständige Lehrerin an der Stadtteil-Schule unseren Sohn genau als Individuum anschauen wollte, anstatt ihn sofort in die Deutschklasse anhand von formalen Kriterien zu überweisen. Sie wollte ein Gespräch mit ihm allein führen, obwohl wir ihr gesagt haben, dass dies aufgrund seiner kaum vorhandenen Deutschkenntnisse kaum möglich sein dürfte. Dennoch ist sie mit ihm in einen anderen Raum gegangen und als sie wieder rausgekommen war hat sie uns ganz bestimmt mitgeteilt, dass die Schule unseren Sohn gerne selbst aufnehmen würde, anstatt ihn in eine Deutschklasse woanders hinzuschicken.

So wurde unser Sohn in einer Regelklasse eingeschult, wobei er an dem Deutsch PLUS-Programm der Schule teilgenommen hat. Bei diesem Programm werden Kinder mit unzureichenden Deutschkenntnissen in einem Teil der Wochenstunden separat von einer zweiten Lehrerin unterrichtet, die Expertin für Deutsch als Zweitsprache ist; ansonsten sind die Kinder aber ganz normale Mitglieder der Regelklasse. Noch vor dem Abschluss der ersten Klasse sind die Deutschkenntnisse unseres Sohnes so gut geworden (obwohl – oder gerade weil? – wir in unserer Familie überwiegend auf Bulgarisch miteinander kommunizieren), dass seine Klassenlehrerin der Meinung war, er bräuchte das Deutsch PLUS-Programm nicht mehr. Insgesamt hat unser Sohn am Ende des ersten Schuljahres ein in allen Unterrichtsbereichen ausgezeichnetes Abschlusszeugnis bekommen – einschließlich dem sozialen Verhalten, und zwar ganz ohne einen Vorbereitungskurs in deutschen Werten!

Bei den vielen Elternabenden, sonstigen Treffen und Gesprächen mit den Lehrkräften während des Schuljahres und während der aktuell laufenden Einschulung unserer Tochter ist das unschöne „M-Wort" („Migrationshintergrund") kein einziges Mal gefallen. Dies obwohl vielleicht etwa die Hälfte der Schüler/innen an dieser Schule der gängigen Definition dieses Begriffs entsprechen. Offenbar besitzen die Lehrerinnen an der Schule (es sind ausschließlich Frauen) eine viel größere Sensibilität dafür, wie verletzend und wie bildungshindernd auf Dauer herkunftsbasierte Klassifizierungen von menschlichen Individuen sind, als viele Bildungspolitiker/innen und so manche Bildungsforscher/innen.

Und überhaupt scheint das Gespür für die Individualität der Kinder bei den Lehrerinnen der Schule sehr ausgeprägt zu sein. Dies vielleicht deshalb, weil sie tagtäglich mit etwa 25 Einzelfällen in ihren Klassen zu tun haben, deren Bildung sie, nach unserem Eindruck, nach bestem Wissen und Gewissen fördern möchten. Und das hätten sie nicht tun können, wenn sie die Kinder in verschiedene Schubladen mit abstrakt-allgemeinen Etiketten wie „Migrationshintergrund", „Herkunftskultur", oder „Begabung" gesteckt hätten.

9 Schlussbemerkung

Unter den Bedingungen des Gespürs für Individualität dieser Lehrerinnen und im Kontext einer heterogenen Schülerschaft, bei der Freundschaften und Konkurrenzkämpfe, Sympathien und Animositäten kreuz und quer durch Nationalitäten und soziale Schichten entstehen und vergehen, hat unser Sohn einen unglaublichen Bildungsprozess in seinem ersten Schuljahr in Deutschland durchlaufen. Er hat eine Vielzahl von Fähigkeiten entwickelt, deren Verwirklichung ihm im Rahmen seiner recht intensiven Partizipation an der hiesigen Gesellschaft sichtlich Spaß macht und mit einem Gefühl der Selbstbehauptung und des Anerkannt-Seins erfüllt. Wir sind zuversichtlich, dass dies auch bei unserer Tochter der Fall sein wird, da sie in dieselbe Schule wie unser Sohn gehen wird, die sich offenbar durch die oft kontraproduktiven Vorgaben und vor allem Slogans der bayerischen Bildungspolitik in ihrer pädagogischen Arbeit nicht beirren lässt.

Unsere Kinder haben es noch nicht realisiert, dass die Menschen in Deutschland in vielen Bereichen, und allem voran im Bildungswesen, oft in zwei große ethnisch konstruierte Gruppen aufgeteilt werden, und zwar je nachdem, ob sie eine „bio-deutsche", oder eine „ausländische" Herkunft haben. Es ist wahrscheinlich so, dass die meisten Kinder in diesem Alter diese Aufteilung nicht wahrnehmen, obwohl ich mir nicht sicher bin, ob dies auch für die Kinder zutrifft, die in segregierten „Deutschklassen" eingeschult werden. Jedenfalls hoffe ich sehr, dass unsere Kinder diese Aufteilung nie zu realisieren brauchen werden, weil sich hoffentlich allmählich die Erkenntnis in der Gesellschaft durchsetzen wird, dass diese quasi-ethnische Aufteilung Bildung und Individualität hemmt, mit Demokratie als Lebensform nicht vereinbar, Nährboden für Rechtspopulismus, und deshalb strukturell abzuschaffen ist. Falls dieses Buch einen kleinen Beitrag zur Durchsetzung dieser Erkenntnis geleistet haben sollte, so hat es seine Funktion erfüllt.

Literatur

Adorno, Theodor (1959/2006): Theorie der Halbbildung, Frankfurt a.M., Suhrkamp.
Adorno, Theodor (1971): Erziehung zur Mündigkeit. Vorträge und Gespräche mit Helmut Becker 1959–1969 (hrsg. von Gerd Kadelbach), Frankfurt a.M. Suhrkamp.
Adorno, Theodor (2019): Aspekte des neuen Rechtsradikalismus. Ein Vortrag (mit einem Nachwort von Volker Weiß), Berlin: Suhrkamp.
Alternative für Deutschland (2016): Programm für Deutschland. Das Grundsatzprogramm der Alternative für Deutschland, S. 52. Online unter https://www.afd.de/grundsatzprogramm/ (Letzter Zugriff am 06.04.2020)
Althof, Wolfgang/Stadelmann, Toni (2009): Demokratische Schulgemeinschaft, in *Edelstein, Wolfgang/Frank, Susanne/Sliwka, Anne (Hrsg.): Praxisbuch Demokratiepädagogik. Sechs Bausteine für Unterrichtsgestaltung und Schulalltag. Weinheim und Basel: Beltz*, S. 20–53
Anderson, Elizabeth (2007): Fair Opportunity in Education: A Democratic Equality Perspective, in *Ethics, Vol. 117, No 4*, S. 595–622
Anzlinger, Jana/Ciesielski, Rebecca/Zajonz Moritz (2017): Das sind Deutschlands Volksvertreter, in *Süddeutsche Zeitung vom 23. Oktober 2017*. Online unter https://www.sueddeutsche.de/politik/neuer-bundestag-das-sind-deutschlands-volksvertreter-1.3720219 (Letzter Zugriff am 14.09.2019).
Arjouni, Jacob (1993): Ein Mann, ein Mord. Ein Kayankaya-Roman. Zürich: Diogenes
Bundesamt für Migration und Flüchtlinge (2021): Integrationskurse – Inhalt und Ablauf. Online unter https://www.bamf.de/DE/Themen/Integration/ZugewanderteTeilnehmende/Integrationskurse/InhaltAblauf/inhaltablauf-node.html (Letzter Zugriff am 29.07.2021)
Bundesamt für Migration und Flüchtlinge (2021): Personen mit Migrationshintergrund in Deutschland. Online unter: https://www.bamf.de/DE/Themen/Forschung/Veroeffentlichungen/Migrationsbericht2018/PersonenMigrationshintergrund/personenmigrationshintergrund-node.html (Letzter Zugriff am 26.03.2021)

© Der/die Herausgeber bzw. der/die Autor(en), exklusiv lizenziert an Springer Fachmedien Wiesbaden GmbH, ein Teil von Springer Nature 2022
K. Stojanov, *Bildung gegen Populismus?!*,
https://doi.org/10.1007/978-3-658-37639-0

Bagheri, Khosrow/Khosravi, Zohreh (2006): The Islamic Concept of Education Reconsidered, in *American Journal of Islamic Social Sciences 23 (4)*, S. 88–103

Bayerische Staatskanzlei (2016): Bayerisches Integrationsgesetz (BayIntG) vom 13. Dezember 2016. Online unter: https://www.gesetze-bayern.de/Content/Document/BayIntG/true (Letzter Zugriff am 19.07.2021)

Bartosch, Ulrich/Schreiber, Waltraud/Thomas, Joachim (Hrsg.) (2018): Inklusives Leben und Lernen in der Schule. Bad Heilbrunn: Klinkhardt

Bender, Justus und Bingener, Reinhard (2016): Der Parteiphilosoph der AfD, in *FAZ von 15.01.2016*. Online unter: http://www.faz.net/aktuell/politik/inland/marc-jongen-ist-afd-politiker-und-philosoph-14005731.html (Letzter Zugriff am 14.09.2019).

Bernewasser, Julia (2018): Gleiche Leistung, schlechtere Note, in *Zeit Online vom 4. August 2018*. Online unter: https://www.zeit.de/gesellschaft/2018-08/rassismus-schule-metwo-diskriminierung-migrationshintergrund-namen (Letzter Zugriff am 19.03.2021)

Bertelsmann Stiftung (2017) Willkommenskultur besteht „Stresstest", aber Skepsis gegenüber Migration wächst. Online at https://www.bertelsmann-stiftung.de/de/themen/aktuelle-meldungen/2017/april/willkommenskultur-besteht-stresstest-aber-skepsis-gegenueber-migration-waechst (Letzter Zugriff am 22.01.2021)

Bieri, Peter (2005): Wie wäre es, gebildet zu sein? Online unter http://www.forum-allgemeinbildung.ch/files/Wie_waere_es_gebildet_zu_sein.pdf) (Letzter Zugriff am 22.09.2019)

Böhmer, Otto A. (2016): Der Geist im Hochgebirge, in *Frankfurter Rundschau vom 29.08.2016*. Online unter https://www.fr.de/kultur/literatur/geist-hochgebirge-11687638.html (Letzter Zugriff am 13.06.2021)

Brandom, Robert B. (1994): Making It Explicit. Reasoning, Representing, and Discursive Commitment. Cambridge: Harvard University Press

Brandom, Robert B. (2019): A Spirit of Trust: A Reading of Hegel's Phenomenology. Cambridge/London: The Belknap Press of Harvard University Press

Brighouse, Harry (2006): On Education. London/New York: Routledge

Brighouse, Harry/Ladd, Helen F./Loeb, Susanna/Swift, Adam (2018): Educational Goods. Values, Evidence, and Decision Making. Chicago: The University of Chicago Press

Brumlik, Micha (2018): Demokratie und Bildung. Berlin: Neofelis Verlag

Brun, Georg (2020): Das Überlegungsgleichgewicht. Was genau ist das? In *präfaktisch* von 01. Sept. 2020. Online unter: https://www.praefaktisch.de/methoden-der-praktischen-philosophie/das-ueberlegungsgleichgewicht-was-genau-ist-das. (Letzter Zugriff am 05.08.2021)

Budde, Jürgen/Weuster, Nora (2016): Persönlichkeitsbildung in der Schule. Potenzial oder Problemfall?, in Schulpädagogik heute, Heft 13 (20169. Online unter: https://www.uni-flensburg.de/fileadmin/content/zentren/zebuss/dokumente/projekte/persoenlichkeitbildung-in-der-schule-potenzial-oder-problemfall.pdf (Letzter Zugriff am 5.07.20121)

Czollek, Max (2018): Desintegriert euch! München: Hanser Verlag

Der Tagesspiegel (2019): Wagenknecht sieht Entfremdung von Armen, in *Der Tagesspiegel vom 06.04.2019*. Online unter: https://www.tagesspiegel.de/politik/abrechnung-mit-linken-wagenknecht-sieht-entfremdung-von-armen/24189768.html (Letzter Zugriff am 05.02.2021)

Derry, Jan (2013) Vygotsky Philosophy and Education. Chichester: Willey Blackwell

Literatur

Detjen, Joachim (2015): Bildungsaufgabe und Schulfach, in *BPP: Bundeszentrale für politische Bildung vom 19.3.2015*. Online unter: https://www.bpb.de/gesellschaft/bildung/politische-bildung/193595/bildungsaufgabe-und-schulfach (Letzter Zugriff am 24.06.2021)

Deutsches PISA – Konsortium (Baumert, Jürgen et al.) (Hrsg.) (2001): PISA – 2000: Basiskompetenzen von Schülerinnen und Schülern im internationalen Vergleich. Opladen: Leske & Budrich

Deutscher Bundestag (1998): Bericht über die Lebenssituation von Kindern und die Leistungen der Kinderhilfen in Deutschland (Zehnter Kinder- und Jugendbericht) mit der Stellungnahme der Bundesregierung. Online unter https://www.bmfsfj.de/resource/blob/94550/a8463439e42a143d8fc41a4636b98f65/prm-16045-broschure-10-kinder-und-juge-data.pdf (Letzter Zugriff am 29.03.2021)

Deutscher Bundestag (2018): Zu Teilaspekten der PISA-Studien, S. 12. Online unter: https://www.bundestag.de/resource/blob/589236/c56aa6d4a4dd9b6632a8bf4c43ef1a37/WD-8-134-18-pdf-data.pdf (Letzter Zugriff am 22.03.2021)

Dewey, John (1916): Democracy and Education: An Introduction to the Philosophy of Education, New York. The Macmillan Company.

Dirim, Inci/Mecheril, Paul u. a. (2018): Heterogenität, Sprache(n) und Bildung. Eine differenz- und diskriminierungstheoretische Einführung. Bad Heilbrunn: Klnikhardt

Edelstein, Wolfgang (2009): Demokratie als Praxis und Demokratie als Wert, in *Edelstein, Wolfgang/Frank, Susanne/Sliwka, Anne (Hrsg.): a. a. O.*, S. 7–19

Eder, Jacob (2018): Soros als Synonym, in *TAZ vom 11.11.18*. Online unter: https://taz.de/Debatte-Trumps-Rhetorik-und-Pittsburgh/!5546664/ (Letzter Zugriff am 18.04.2021)

El-Mafaalani, Aladin (2018): Das Integrationsparadox. Warum gelungene Integration zu mehr Konflikten führt. Köln: Kipenheuer & Witsch

Fachkommission der Bundesregierung zu den Rahmenbedingungen der Integrationsfähigkeit (2020): Gemeinsam die Einwanderungsgesellschaft gestalten. Berlin: Bundeskanzleram

Felder, Franziska (2015): Inklusive Bildung als Wert in der Gerechtigkeitsperspektive, in Manitius, Veronika/Hermstein, Björn/Berkemeyer, Nils/Bos, Wilfried (Hrsg.): Zur Gerechtigkeit von Schule. Theorien, Konzepte, Analysen. Münster: Waxmann, S. 256–269

Fend, Helmut (2006): Neue Theorie der Schule. Einführung in das Verstehen von Bildungssystemen. Wiesbaden: VS Verlag

Fraktion Identität und Demokratie im Europäischen Parlament (2019): Satzung der Fraktion Identität und Demokratie (ID) im Europäischen Parlament. Online unter: https://d3n8a8pro7vhmx.cloudfront.net/idgroup/pages/660/attachments/original/1598265044/DE_Statutes_of_the_ID_Group.pdf?1598265044 (Letzter Zugriff am 04.03.2021)

Frank, Susanne/Seifert, Anne/Sliwka, Anne/Zentner, Sandra (2009): Service Learning – lernen durch Engagement, in *Edelstein, Wolfgang/Frank, Susanne/Sliwka, Anne (Hrsg.): a. a. O*, S. 151–192

Freimuth, Ingrid (2018): Lehrer über dem Limit. Warum die Integration scheitert, München: Europa Verlag.

Fricker, Miranda (2007): Epistemic Injustice. Power and the Ethics of Knowing. Oxford: Oxford University Press

Fuhrmann, Martin (2002): Bildung. Europas kulturelle Identität. Stuttgart: Reclam

Gauland, Alexander (2018): Warum muss es Populismus sein?, in *FAZ vom 06.10.2018*.

Gesellschaft für Politikdidaktik und politische Jugend- und Erwachsenenbildung (GPJE) (2004): Anforderungen an Nationale Bildungsstandards für den Fachunterricht in der Politischen Bildung an Schulen. Ein Entwurf (2. Auflage). Schwalbach/Ts.: Wochenschau Verlag

Geyer, Christian und Stern, Elsbeth (2010): Jeder kann das große Los ziehen. Die Intelligenzforscherin Elsbeth Stern im Interview, in *FAZ vom 02.09.2010*. Online unter https://www.faz.net/aktuell/feuilleton/sarrazin/die-debatte/die-intelligenzforscherin-elsbeth-stern-im-interview-jeder-kann-das-grosse-los-ziehen-11026638.html?printPagedArticle=true#pageIndex_2 (Letzter Zugriff am 23.07.2021)

Giddens, Anthony (1994): Living in a Post-Traditional Society, in: *Beck, Ulrich/Giddens, Anthony/Lash, Scott: Reflexive Modernization*. Cambridge: Polity Press, S. 56–107

Giesinger, Johannes (2020): Against selection: Educational justice and the ascription of talent, in *Educational Philosophy and Theory, 2020*

Gomola, Mechtild/Radtke, Frank-Olaf (2002): Institutionelle Diskriminierung. Herstellung ethnischer Differenz in der Schule. Opladen: Leske + Budrich

Habermas, Jürgen (1992): Erläuterungen zur Diskursethik (2. Auflage). Frankfurt a. M.: Suhrkamp

Hacke, Jens (2019): Carl Schmitt: Antiliberalismus, identitäre Demokratie und Weimarer Schwäche, in *Zentrum Liberale Moderne (2019): Das alte Denken der neuen Rechte. Die langen Linien der antiliberalen Revolte*. Berlin: Zentrum für die liberale Moderne, S. 19–29

Havel, Václav (1985): The Power of the Powerless, in *Václav Havel et al.: The Power of the Powerless*. New York: Sharpe

Hegel, Georg W. F. (1809/1968): Gymnasialreden (am 29. September 1809), in Löwith, Karl/Riedel, Manfred (Hrsg.): *Georg Wilhelm Friedrich Hegel. Studienausgabe in 3 Bändern, Band I.*, Hamburg: Fischer, S. 29–39

Hegel, Georg W. F. (1810/1968): Gymnasialreden (am 14. September 1810), in Löwith, Karl/Riedel, Manfred (Hrsg.): *Georg Wilhelm Friedrich Hegel. Studienausgabe in 3 Bändern, Band I.*, Hamburg: Fischer, S. 39–51

Hegel, Georg W. F., Die Philosophie des Rechts. Vorlesungen von 1821/22. Hrsg. von Hansgeorg Hoppe (1822/2005). Frankfurt a.M.: Suhrkamp

Hegel, Georg W. F. (1821/1986): Grundlinien der Philosophie des Rechts (G. W. F. Hegel Werke 7). Frankfurt a.M.: Suhrkamp

Hoffman, Christian/Markova, Asya (2018): Paradigmen der Integration und der Inklusion, in *Spieker, Michael (Hrsg.): Migration und Integration. Materialien und Impulse zum 4. Tutzinger Diskurs*. Tutzing: Akademie für Politische Bildung S. 68–71

Höhne Thomas/Kunz, Thomas/Radtke, Frank-Olaf (1999): Bilder von Fremden. Formen der Migrantendarstellung als der „anderen Kultur" in deutschen Schulbüchern von 1981–1997. Frankfurt am Main: Goethe Universität

Honneth, Axel (1992): Kampf um Anerkennung. Zur moralischen Grammatik sozialer Konflikte, Frankfurt a. M.

Humboldt, Wilhelm von (1905): Über das vergleichende Sprachstudium in Beziehung auf die verschiedenen Epochen der Sprachentwicklung, in *Wilhelm von Humboldts Gesammelte Schriften (hrsg. von der Königlich Preußischen Akademie der Wissenschaften), Bd. 4*. Berlin: Behr's (photomechanischer Nachdruck de Gruyter & Co. Berlin 1968), S. 1–34

Humboldt, Wilhelm von (1809/1982): Der Königsberger und der Litauische Schulplan, in Flitner, Andreas/Giel, Klaus (Hg.): Wilhelm von Humboldt. Werke in fünf Bänden. Bd. IV. Darmstadt: Wissenschaftliche Buchgesellschaft

Humboldt, Wilhelm von (1980): Theorie der Bildung des Menschen, in Flitner, Andreas/Giel, Klaus (Hrsg.): *Wilhelm von Humboldt. Werke in fünf Bänden. Bd. 1.* Darmstadt: Wissenschaftliche Buchgesellschaft, S. 234–240.

Hußmann Anke/Wendt, Heike/Bos, Wilfried u. a. (Hrsg.) (2017): IGLU 2016. Lesekompetenzen von Grundschulkindern in Deutschland im internationalen Vergleich. Münster/New York: Waxmann

Ilien, Albert (2005): Lehrerprofession. Grundprobleme pädagogischen Handelns, Wiesbaden: Springer VS

Joas, Hans (2006): Wie entstehen Werte? Wertebildung und Wertevermittlung in pluralistischen Gesellschaften. *Vortrag gehalten am 15. September 2006 auf der Tagung „Gute Werte, schlechte Werte – Gesellschaftliche Ethik und die Rolle der Medien" der FSF (Freiwillige Selbstkontrolle Fernsehen)*, S. 2–5. Online unter https://fsf.de/data/hefte/pdf/Veranstaltungen/tv_impuls/2006_Ethik/Vortrag_Joas_authorisiert_061017.pdf (Letztr Zugriff am 23.04.2021)

Jongen, Marc (2017): Migration und Thymostraining, in *kanal schnellroda vom 24.02.2017.* Online unter https://www.youtube.com/watch?v=cg_KuESI7rY&t=261s (Letzter Zugriff am 27.02.2021)

Kannetzky, Frank/Tegtmeyer, Henning (2007): Begriff der Person und Theorie der Personalität, in *Kannetzky, Frank/Tegtmeyer, Henning (Hrsg.): Personalität – Studien zu einem Schlüsselbegriff der Philosophie.* Leipzig: Leipziger Universitätsverlag, S. 5–15

Kant, Immanuel (1803/1964): Über Pädagogik, in Weischedel, Wilhelm (Hg.): *Kant – Werke in zwölf Bänden, Band XII.* Frankfurt. a.M.: Suhrkamp, S. 695–761

Kekulé, Alexander (2010): Verquaste Theorie, in *Der Tagesspiegel vom 31.08.2010.* Online unter https://www.tagesspiegel.de/meinung/sarrazins-thesen-verquaste-theorie/1915770.html (Letzter Zugriff am 26.04.2021)

Kerstan, Thomas/Spiewak, Martin (2019): „Anlass für Alarm" (Interview mit Kristina Reiss und Olaf Köller, in *Zeit Online vom 3. Dezember 2019.* Online unter: https://www.zeit.de/gesellschaft/schule/2019-12/pisa-studie-schulleistungen-oecd-risikoschueler-schulsystem (Letzter Zugriff am 22.03.2021)

Kleines privates Lehrinstitut Derksen (2020): 60 Jahre unbequemer- fröhlicher Ort. München: Kleines privates Lehrinstitut Derksen

Klippert, Heinz (2010): Heterogenität im Klassenzimmer. Wie Lehrkräfte effektiv und zeitsparend damit umgehen können.Weinheim und Basel: Beltz Verlag

Kohut, Heinz (1971): The Analysis of the Self. A Systematic Approach to the Psychoanalytic Treatment of Narcissistic Personality Disorders. New York: International Universities Press

Kohut, Heinz (1977): The Restoration of the Self. New York: International Universities Press

Kohut, Heinz (1979): Die Heilung des Selbst. Frankfurt a. M.: Suhrkamp

Kohut (1996): The Chicago Institute Lectures (edited by Marian Tolpin and Paul Tolpin): Hillsdale: The Analytic Press

Koppetsch, Cornelia (2019): Die Gesellschaft des Zorns. Rechtspopulismus im globalen Zeitalter, Bielefeld: Transkript

Koppetsch, Cornelia/Schmermund, Katrin (2018): Sind Eliten ein Teil des Problems?, in *Forschung & Lehre* vom 04.06.2018. Online unter https://www.forschung-und-lehre.de/sind-eliten-ein-teil-des-problems-679/ (Letzter Zugriff am 21.01.2021)

Kulturministerkonferenz (2020): Zur Situation des Unterrichts in den Fächern Ethik, Philosophie, Lebensgestaltung-Ethik-Religionskunde (L E R), Werte und Normen in der Bundesrepublik Deutschland. Online unter: https://www.kmk.org/fileadmin/Dateien/veroeffentlichungen_beschluesse/2008/2008_02_22-Situation-Ethik-Unterricht.pdf (Letzter Zugriff am 01.08.2021)

Laclau, Ernesto/Mouffe, Chantal (1985/2001): Hegemony and Socialist Strategy. Towards a Radical Democratic Politics. Second Edition

Löwith, Karl (1968): Löwith, Karl. 1968. Einleitung, in Löwith, Karl/Riedel, Manfred (Hrsg.): *Georg Wilhelm Friedrich Hegel. Studienausgabe in 3 Bändern, Band I*. Hamburg: Fischer

Margalit, Avishai (1998): The Decent Society. Cambridge/London: Harvard University Press

Markova, Assya (2020): Zuckerbrot und Peitsche. Integration zwischen Anpassung und Ausgrenzung. Frankfurt a. M.: Büchergilde Gutenberg

Mattscheck, Markus (2021): Personal Branding: Grundlagen, Ziele, Strategie, Beispiele & Tipps. Online unter: https://www.onlinemarketing-praxis.de/online-pr/personal-branding-grundlagen-ziele-strategie-beispiele-tipps (Letzter Zugriff am 05.07.2021)

McDowell, John (1996): Mind and World: with a New Introduction. Cambridge MA/London: Harvard University Press

Mead, George Herbart (1934/1972): Mind, Self and Society. From the Standpoint of a Social Behaviorist.Chicago: University of Chicago Press

Metzker, Juliane (2018): Schluss mit der Meinungsmache! So machen wir aus #MeTwo eine echte Rassismus-Debatte, in *Perspective Daily vom 7. August 2018*. Online unter: https://perspective-daily.de/article/589/probiere (Letzter Zugriff am 18.03.2021)

Meyer, Thomas (2018): Identitätspolitik – worum es geht, in *Neue Gesellschaft – Frankfurter Hefte, Ausgabe 10/2018*. Online unter: https://www.frankfurter-hefte.de/artikel/identitaetspolitik-worum-es-geht-2572/ (Letzter Zugriff am 05.03.2021)

Moritz (2019): Ethnokulturelle Identität (Teil I), in *Originem vom 9. Dezember 2019*. Online unter: https://originem.info/ethnokulturelle-identitaet/ (Letzter Zugriff am 04.03.2021)

Mouffe, Chantal (2005): On the Political. London and New York: Routledge

Mouffe, Chantal (2019). Die Wette auf den Linkspopulismus, in Internationale Politik und Gesellschaft vom 28.08.2019. Online unter: https://www.ipg-journal.de/regionen/global/artikel/detail/die-wette-auf-den-linkspopulismus-3688/ (Letzter Zugriff am 04.02.2021)

Mrozek, Bodo (2019): Das populäre Feindbild der „kosmopolitischen Eliten", *in Deutschlandfunk vom 29.09.2019*. Online unter https://www.deutschlandfunk.de/gesellschaftskritik-das-populaere-feindbild-der.1184.de.html?dram%3Aarticle_id=455652&fbclid=IwAR0KyD5gQfIlllK153hoPy4jpKE4ZB90Vv4imq01td2ItF1xd-8b0Vu9OIU (Letzter Zugriff am 28.03.2020)

Mudde, Cas/Kaltwasser, Cristóbal Rovira (2017): Populism. A Very Short Introduction. Oxford: Oxford University Press

Müller, Jan-Werner (2016): Was ist Populismus? Ein Essay. Berlin: Suhrkamp

Nida-Rümelin, Julian (2013): Philosophie einer humanen Bildung. Hamburg: edition Körber-Stiftung

Nohl, Herman (2002): Die pädagogische Bewegung in Deutschland und ihre Theorie (12. Auflage). Frankfurt a.M.: Vittorio Klostermann

Ekkehard Nuissl, Ekkerhard/Popović, Katarina (2010): Populismus und Bildung, in *Zeitschrift für Weiterbildungsforschung (ZfW), Heft 43 (2020)*, S. 339–355

OECD (2019): Deutschland –Ländernotiz – Ergebnisse PISA 2018, S. 1. Online unter: http://www.oecd.org/berlin/themen/pisa-studie/PISA2018_CN_DEU_German.pdf (Letzter Zugriff am 26.03.2021)
Paulsen, Petra (2018): Deutschland außer Rand und Band. Zwischen Werteverfall, Political (in) Correctness und illegaler Migration. Mühlenbecker Land: Macht-steuert-Wissen Verlag
Pfahl-Traughber, Armin (2019): Sayyid Qutb: Ein „Klassiker" der islamistischen Ideologie, in *Zentrum Liberale Moderne (2019): Das alte Denken der neuen Rechte. Die langen Linien der antiliberalen Revolte*. Berlin: Zentrum für die liberale Moderne, S. 135–142
Pesty, Maria/Mader, Matthias/Schoen, Harald (2021): Why Is the AfD so Successful in Eastern Germany? An Analysis of the Ideational Foundations of the AfD Vote in the 2017 Federal Election, in *Polit Vierteljahresschr 62, (2021)*, S. 69–91
Peters, Bernhard (2007): Der Sinn von Öffentlichkeit. Mit einem Vorwort von Jürgen Habermas. Frankfurt a. M.: Suhrkamp
Prof. Armbrüster Leadership Services (2021): Persönlichkeitsentwicklung & Personal Branding. Online unter: https://armbruester-leadership.com/persoenlichkeitsentwicklung/?gclid=Cj0KCQjw24qHBhCnARIsAPbdtlIYCNa7hOhM04zytBmmKwKzlL7exMI4fB0Mkrh_luwouDpZLzgJ-awaAos0EALw_wcB (Letzter Zugriff am 05.07.2021)
Rawls, John (1999): Rawls, John (1999). A Theory of Justice. Revised Edition. Cambridge, MA: The Belknap Press of Harvard University Press
Reckwitz, Andreas (2019): Das Ende der Illusionen. Politik, Ökonomie und Kultur in der Spätmoderne. Berlin: Suhrkamp
Reiss, Kristina/Weis, Mirjam/Klieme, Eckhard/Köller, Olaf (Hrsg.) (2019): PISA 2018. Grundbildung im internationalen Vergleich. Münster/New York: Waxmann
Rosbach, Jens (2017): Was plante Stalin mit den sowjetischen Juden?, in *Deutschlandfunk Kultur vom 29.12.2017*. Online unter https://www.deutschlandfunkkultur.de/antisemitismus-in-der-udssr-was-plante-stalin-mit-den.1079.de.html?dram:article_id=407175 (Letzter Zugriff am 02.04.2020)
Rossmann, Ernst Dieter/Samsami, Behrang (2021): Gemeinsam Denken, in *der Freitag, Ausgabe 12/2021*. Online unter: https://www.freitag.de/autoren/behrang-samsami/gemeinsam-denken (Letzter Zugriff 25.03.2021)
Sammlungsbewegung Aufstehen (2021): Gründungsaufruf –Gemeinsam für ein gerechtes und friedliches Land. Online unter: https://aufstehen.de/web/gruendungsaufruf/ (Letzter Zugriff am 05.02.2021)
Sander, Wolfgang (2013): Politik in der Schule. Kleine Geschichte der politischen Bildung in Deutschland (3., aktualisierte Auflage). Marburg: Schüren
Schindler, Steffen (2013): Öffnungsprozesse im Sekundarschulbereich und die Entwicklung von Bildungsungleichheit. Wiesbaden: Statistisches Bundesamt, Wirtschaft und Statistik, S. 154. Online unter: https://www.destatis.de/DE/Methoden/WISTA-Wirtschaft-und-Statistik/2013/02/bildungsungleichheit-022013.pdf;jsessionid=CD72BFCB77D71D27AD95C7488A16351B.live741?__blob=publicationFile (Letzter Zugriff am 29.03.2021)
Schmitt, Carl (1923/2017): Die geistesgeschichtliche Lage des heutigen Parlamentarismus. 10. Auflage. Berlin: Duncker & Humblot
Schmitt, Carl (1932/2015): Der Begriff des Politischen. Text von 1932 mit einem Vorwort und drei Corrollarien. 9. Auflage. Berlin: Dunker & Humblot
Schirp, Heinz (2009): Partizipation im schulischen Umfeld, in *Edelstein, Wolfgang/Frank, Susanne/Sliwka, Anne (Hrsg.): a. a. O*, S. 114–150

Schwanitz, Dietrich (1999): Bildung. Alles, was man wissen muss. Frankfurt a.M.: Eichborn
Schuler, Katharina (2020): Oskar Lafontaine: Ein langer Prozess der Entfremdung, in Zeit Online vom 1.10.2020. Online unter: https://www.zeit.de/politik/deutschland/2020-10/oskar-lafontaine-thilo-sarrazin-fluechtlinge-buchvorstellung (Letzter Zugriff am 05.02.2021)
Seidensticker, Tilman (2014/2016): Islamismus. Geschichte, Vordenker, Organisationen. 4. Auflage. München: C.H. Beck
Selg, Manfred (2021): Ausgangspunkt [Konzeptpapier der pädagogischen Leitung des kleinen privaten Lehrinstituts Derksen]. Unveröffentlichtes Manuskript
Sen, Amartya (2007): Identity and Violence. The Illusion of Destiny. New York: Norton
Sliwka, Anne/Frank, Susanne/Grieshaber, Christian (2009): Demokratisches Sprechen, in *Edelstein, Wolfgang/Frank, Susanne/Sliwka, Anne (Hrsg.): a. a. O*, S. 193–233
Somers, Shaina (2019): Kanadas Migrations-, Flüchtlings- und Asylpolitik: Entwicklungen seit 2015, in *Bundeszentrale für politische Bildung (BpB) vom 14.10.2019*. Online unter https://www.bpb.de/gesellschaft/migration/laenderprofile/298203/entwicklungen-seit-2015 (Letzter Zugriff am 01.05.2021)
Spieker, Michael (2020): Warum (politische) Bildung bei den Affekten beginnen muss. *Vortrag gehalten am 01.12.2020 auf der Tagung „Bildung, politische Orientierung und Rechtsradikalismus" an der Akademie für Politische Bildung in Tutzing*. Unveröffentlicht
Stojanov, Krassimir (2005): Bildung und Education: Implizite bildungsphilosophische Annahmen der PISA-Studie in vergleichender Perspektive, in *Tertium Comparationis. Journal für International und Interkulturell Vergleichende Erziehungswissenschaft, Heft 11/2005 (2)*, S. 229–242
Stojanov, Krassimir (2006): Bildung und Anerkennung. Soziale Voraussetzungen von Selbst-Entwicklung und Welt-Erschließung. Wiesbaden: VS Verlag
Stojanov, Krassimir (2008): Die Kategorie der Bildungsgerechtigkeit in der bildungspolitischen Diskussion nach PISA. Eine exemplarische Untersuchung, in *Zeitschrift für Qualitative Forschung (ZfQ), Heft 1-2 2008*, S. 209–230
Stojanov, Krassimir (2010): What Is Ideology? An Attempt at Reactualizing a Category of Social Critique, in *Critique & Humanism, Vol. 35 (5/2010)*, 103–110
Stojanov, Krassimir (2012): Theodor W. Adorno – Education as Social Critique, in *Pauli Siljander, Ari Kivelä and Ari Sutinen (Eds.): Theories of Bildung and Growth. Connections and Controversies Between Continental Educational Thinking and American Pragmatism*. Amsterdam: Sense Publishers, S. 125–134
Stojanov, Krassimir (2018): Bildung gegen Populismus?, in *praefaktisch von 30.10.2018*. Online unter: https://www.praefaktisch.de/bildung/bildung-gegen-populismus/#more-776 (Letzter Zugriff am 13.08.2021)
Stojanov, Krassimir (2018): Education. Self-consciousness and Social Action. Bildung as a Neo-Hegelian Concept. London and New York: Routledge
Stojanov, Krassimir (2018): Bildungsfördernder Unterricht als praktizierende Anerkennung, in *schulheft 170/2018*, S. 46–56
Stojanov, Krassimir (2019): Childrens' Ideals as Philosophical Topic, in *Educational Theory, Vol. 69, Issue 3/ 2019*, S. 327–340
Stojanov, Krassimir (2021): Bildungsgerechtigkeit als gesellschaftskritische Kategorie, in *Zeitschrift für Pädagogik, 67. Jahrgang 2021, Heft 5*, S. 784–802

Vereinigung der Bayerischen Wirtschaft (Hrsg.) [Wiss. Koordination Dieter Lenzen, Vorsitzender des Aktionsrates Bildung] (2007): Bildungsgerechtigkeit. Jahresgutachten 2007. Wiesbaden: VS Verlag

Warnecke, Tilmann und Küjne, Anja (2018): Twitter-User entdeckt Parallelen zwischen Gauland-Text und Hitler-Rede, in *Der Tagesspiegel vom 09.10.2018*. Online unter https://www.tagesspiegel.de/wissen/populismus-beitrag-in-der-faz-twitter-user-entdeckt-parallelen-zwischen-gauland-text-und-hitler-rede/23165376.html (Letzter Zugriff am 28.03.2020)

Weinert, Franz (2001/2014): Vergleichende Leistungsmessung in Schulen – eine umstrittene Selbstverständlichkeit, in *Weinert, Franz (Hrsg.): Leistungsmessungen in Schulen (3. Auflage)*. Weinheim und Basel: Beltz, S. 17–31

White, John (2016): Justifying Private Schools, in *Journal of Philosophy of Education, Vol. 50, No. 4/2016*, S. 496–510

Wöllenstein, Julia (2019): Von Kartoffeln und Kanaken. Warum Integration im Klassenzimmer scheitert. Eine Lehrerin stellt klare Forderungen. München: mvg Verlag

ZDF (2018): Maybrit Illner vom 05.04.2018 – Schule: Armut – Gewalt – Ausgrenzung. Online unter: https://www.youtube.com/watch?v=Y5y2c1XV5XA (Letzter Zugriff am 17.03.2021)

Zeit Online (2017): Oskar Lafontaine fordert konsequente Abschiebungen, in: *Zeit Online vom 6.02.2017*. Online unter: https://www.zeit.de/politik/deutschland/2017-02/oskar-lafontaine-linke-abschiebungen-fluechtlinge-afd (Letzter Zugriff am 05.02.2021)

Zeit Online (2018): Markus Söder: Wertekunde für Zuwandererkinder in Bayern, in *Zeit Online vom 08.04.2018*. Online unter: https://www.zeit.de/politik/deutschland/2018-04/markus-soeder-wertekunde-grundschule-bayern (Letzter Zugriff am 29.07.2021)

Zentrum Liberale Moderne (2019): Das alte Denken der neuen Rechte. Die langen Linien der antiliberalen Revolte. Berlin: Zentrum für die liberale Moderne

GPSR Compliance
The European Union's (EU) General Product Safety Regulation (GPSR) is a set of rules that requires consumer products to be safe and our obligations to ensure this.

If you have any concerns about our products, you can contact us on

ProductSafety@springernature.com

In case Publisher is established outside the EU, the EU authorized representative is:

Springer Nature Customer Service Center GmbH
Europaplatz 3
69115 Heidelberg, Germany

www.ingramcontent.com/pod-product-compliance
Lightning Source LLC
LaVergne TN
LVHW020346260326
834688LV00045B/1557